国家社会科学基金（15BGL137）“我国生鲜农产品流通渠道模式比较与
清华大学中国农村研究院研究课题（CIRS2018）“实施质量兴农战略研
南京市农业委员会重点课题（2018年度）“南京品牌农业的研究与探索

农业品牌

农业品牌运营管理

Agricultural Brand Operation and Management

耿献辉 牛 佳 葛继红◎编著

经济管理出版社
ECONOMY & MANAGEMENT PUBLISHING HOUSE

图书在版编目（CIP）数据

农业品牌运营管理/耿献辉，牛佳，葛继红编著．—北京：经济管理出版社，2019.7
ISBN 978－7－5096－6718－7

Ⅰ．①农…　Ⅱ．①耿…②牛…③葛…　Ⅲ．①农产品—品牌营销—研究—中国
Ⅳ．①F323.7

中国版本图书馆CIP数据核字（2019）第137210号

组稿编辑：曹　靖
责任编辑：曹　靖　郭　飞
责任印制：黄章平
责任校对：陈晓霞

出版发行：经济管理出版社
（北京市海淀区北蜂窝8号中雅大厦A座11层　100038）
网　　址：www.E－mp.com.cn
电　　话：（010）51915602
印　　刷：三河市延风印装有限公司
经　　销：新华书店
开　　本：720mm×1000mm/16
印　　张：15.5
字　　数：296千字
版　　次：2019年11月第1版　　2019年11月第1次印刷
书　　号：ISBN 978－7－5096－6718－7
定　　价：68.00元

课题组主要成员及编著分工

耿献辉　教　授　南京农业大学（审校）
牛　佳　博士生　南京农业大学（统稿，第八章、第十一章）
葛继红　副教授　南京农业大学（组稿）
赵海燕　教　授　北京农业学院（第一章）
王　艳　副教授　南京农业大学（第四章、第九章）
黄炳凯　博士生　南京农业大学（第四章）
陈凯渊　博士生　南京农业大学（第八章）
刘珍珍　博士生　南京农业大学（第十三章）
张武超　硕士生　南京农业大学（第二章）
高梦茹　硕士生　南京农业大学（第三章、第十五章）
刘　晨　硕士生　南京农业大学（第五章、第十章、第十六章）
王许沁　硕士生　南京农业大学（第六章）
王文钰　硕士生　南京农业大学（第七章）
汪诗萍　硕士生　南京农业大学（第十章）
王白羽　硕士生　南京农业大学（第十二章）
陈　戈　硕士生　南京农业大学（第十四章）

序

随着经济形势的不断发展，传统的经济发展模式已经无法适应新的发展需求，在新的市场经济条件下，企业已经成为市场经济的主体，而品牌作为企业的一种无形资产，在产品的优势、质量差异的基础上，通过商标、认证标志、包装等信息来传递产品的有效信息，从而使得产品更加具备市场竞争优势，消费者可以根据商品的品牌影响力和美誉度来选择商品，这在一定程度上促使现在的市场经济加速走向“品牌时代”。

作为传统的农业大国，农业一直是我国国民经济的基础产业，保障了国计民生的基本需求。随着消费升级，我国原有的农产品生产方式已经难以满足人民日益增长的对美好生活的需求，如今广大消费者对优质安全的农产品提出了更高的质量要求。与此同时，随着国际市场的不断开放，国外品牌农产品将大规模进入我国市场，受到人口、土地等资源禀赋条件的约束，我国生产的农产品与国外农产品相比，在价格等方面并不具有普遍优势。基于农产品质量的差异化，今后我国农产品与进口农产品在产品质量方面的竞争将成为常态，这也是我国农业供给侧结构性改革的动力所在。

生产者与消费者之间的信息不对称成为困扰我国农产品优质优价的难题，而品牌可以有效传递产品质量信息，在一定程度上缓解信息不对称，由此农业品牌建设已成为我国农业战略竞争力提升的迫切需求。与工业产品相比，农产品不仅具有易腐、品质复杂、生产周期长、需求弹性低等特点，而且农业生产经营者也大多是以小农户为基础发展起来的，品牌意识普遍淡薄；与其他国家相比，我国的农业品牌建设起步较晚，相关理论和政策研究体系也不够完善。这些都导致我国农业品牌的建设和管理工作存在较大的困难，整个过程也较为复杂，具有一定的特殊性。

本书基于笔者长期教学科研的积累，在对农业品牌与其他工业品牌进行对比分析的基础上，阐述了品牌是什么，论述了农业品牌的重要性，分析了农产品需要什么样的品牌，提出了农业品牌的建设与管理路径，从理论、实务和案例三大角度对农业品牌的运营管理进行了系统、深入的研究。

全书一共分为三篇，分别是理论篇、实务篇和案例篇。理论篇主要是从理论分析的角度，从一般意义上的“品牌”结合农业经济理论过渡到“农业品牌”，并对农业品牌进行了全面梳理和系统分析；实务篇主要是依托营销理论和管理理论对农业品牌从建设到管理以及品牌的延伸和拓展进行了完整的解析，也可以称之为农业品牌建设的操作指南；案例篇主要挑选了区域品牌、企业品牌和个体品牌中具有广泛影响力和指导价值的优秀国内外农业品牌，从品牌建设初期的思想萌发到后期的管理延伸都逐一进行了深入剖析，以期能为更多的农业品牌建设者提供宝贵经验和借鉴启示。

品牌化是企业提升销售量、增加附加值的重要途径。对于农产品来说，其品牌化不仅意味着产品质量有所保证，更揭示了农产品背后深刻的文化内涵，也唯有品牌化，才能更容易获得消费者认知，才能与其他同类产品实现差异化竞争，才能更好地获得市场，实现农产品的优质优价。本书在农业供给侧结构性改革和农业高质量发展的政策背景下，系统回答了农产品品牌建设和管理一系列理论难题与实践问题，为丰富我国农业品牌发展提供了理论武器、操作指南和案例经营借鉴。

苏州市阳澄湖大闸蟹行业协会原会长

杨维龙

目　录

理论篇

案例篇

理论篇

第一章　品牌是什么

第一节　品牌的定义

一、品牌的由来

“品牌”（Brand）一词最早来源于古斯堪的纳维亚语“Brandr”，意思是“烙印”。其产生源于人们用这种标记的方式以便与其他人的私有财产相区别。其中，在欧洲中世纪时期，生产者为了方便顾客更好地辨别自己的产品以及产地等问题，让手工艺匠人用烙印的方法在自己的产品上做了标记，这就产生了最初的商标，并以法律的形式为消费者提供担保和服务。在16世纪早期，蒸馏威士忌酒的生产者为了防止不法商人偷梁换柱，将生产的威士忌装到了烙有生产者名字的木桶中。到了19世纪早期，苏格兰的酿酒者为了维护酒的质量声誉，就使用了“Old Smuggler”这一品牌，来保护采用特殊蒸馏程序酿制的酒。自此以后，品牌的概念在人们的意识中逐渐被建立起来。

二、品牌的定义

（一）美国营销学会（AMA）对品牌的定义

1960年，美国营销学会（AMA）给出了对品牌较早的定义：品牌是一种名称、术语、标记、符号和设计，或是它们的组合运用，其目的是借以辨认某个销售者或某销售者的产品或服务，并使之同竞争对手的产品和服务区分开来。

（二）现代营销学之父菲利普·科特勒对品牌的定义

现代营销学之父菲利普·科特勒给予品牌的定义是：品牌是一个名称、名词、符号或设计，或者是它们的组合，其目的是识别某个销售者或某群销售者的产品或劳务，并使之同竞争对手的产品和劳务区别开来。这个定义已为学界和产业界广为接受。

（三）《牛津大辞典》中对品牌的定义

在《牛津大辞典》里，品牌被解释为“用来证明所有权，作为质量的标志或其他用途”，即用以区别和证明品质。随着时间的推移以及零售业态不断变迁，人们对于品牌的研究越来越深入、细化，使得品牌在商业竞争格局中显得尤为重要，甚至形成了专门的研究领域——品牌学。

（四）现代品牌延伸的定义

随着经济的发展，品牌的定义变得越来越广泛。综合有关品牌的各种定义，总结归纳出四种不同侧重的表述：即符号说、综合说、关系说和资源说。

符号说。品牌就是商品价值，它以特定的形象符号作为标记，或是体现服务的综合价值。

综合说。品牌将诸多要素最大限度地加以整合，体现其综合性特征，它包括了品牌名称、属性、价格、历史、包装和广告风格等要素内容。

关系说。品牌是连接消费者和品牌产品的桥梁，它主要强调了消费者对品牌产品的感受，是信任、相关性和意义的总和。

资源说。品牌是一种无形资产，是一种超越生产、商品及所有有形资产以外的价值。

马云谈品牌：品牌是口碑相传的，广告砸出来的只是知名度

在品牌建设方面，很多企业都有这样的误区，觉得做品牌就是打广告，用钱就能解决品牌问题。品牌学家魏义光曾指出这是品牌运营的严重误区，广告公司认为品牌就是广告，营销专家认为品牌就是营销，设计人员甚至认为品牌就是标志（Logo），这是国内大部分企业对品牌没有进行系统化学习的结果。

马云说，品牌不等于广告，广告砸出来的只是知名度，品牌是口碑相传的，品牌的“品”就是口碑相传，“牌”是要有品位，有文化内涵的，绝不是广告砸出来的。

马云对于品牌的认识超越了绝大多数企业家，这也是阿里巴巴为什么能成功的原因之一。被阿里巴巴连续三年压制的苹果公司，其创始人乔布斯也是塑造品牌的专家，乔布斯去世后继任的CEO库克是单纯的营销大师，他将苹果的市值带到了一个全新的高度，而在品牌建设方面，如今的苹果显然不是阿里巴巴的对手，苹果的品牌价值连续三年不敌阿里巴巴，相信苹果市值被阿里巴巴赶超也只是时间问题。

宣传品牌价值已经成为企业走向国际化的重要途径，一个强有力的品牌能给企业创造出超过一般有形资产、无形资产能创造的超额利润，塑造品牌也是阿里巴巴在国际化进程中一直在做的。

资料来源：品牌通，2018年2月16日。

三、品牌与商标的区别与联系

（一）品牌与商标的区别

1. 从各自概念看

品牌（Brand）是一个集合概念，主要包括品牌名称、品牌标志、商标和品牌角色四部分。商标（Trademark）是指文字、图形、字母、数字、三维标志和颜色组合。

2. 从领域角度看

品牌是一个经济名词。它需要打动消费者的内心，让人们认可它的产品，才可以产生出一定的市场经济价值。商标是一个法律名词，它需要经过法定程序注册之后，才享有法律规定的独占权，任何人都没有独占它的权利。

3. 从规定形式看

品牌的形式较为丰富，由静态和动态两部分组成。静态部分包括名称、图案、色彩、文字、个性、文化及象征物等；动态部分包括如品牌的传播、促销、维护、管理、销售、公关活动等。商标的形式则较为简单，主要表现为图案、文字等形式，或是文字图案的结合体。

4. 从范围大小看

品牌不一定指公司具体的商标，品牌包括商标。而商标经过宣传和市场的作用，可以成为特定公司或产品服务的品牌，商标是品牌的一个组成部分。

5. 从存在形式看

品牌属于消费者，存在于消费者头脑中。商标所有权属于企业，属于其注册者。

6. 从具体形态看

品牌是无形的，存在于人的内心，是企业的无形资产。商标是具体的，是企业的外在图标。

7. 从区域范围看

对于品牌来说，它的使用范围是无国界的。但是，商标的使用是有国界的。世界上每个国家都有自己的商标法律，在一国注册的商标仅在该国范围内使用并受法律的保护，超过国界就失去了该国保护的权利。品牌与商标的区别如表1－1所示。

表1－1　品牌与商标的区别

	品牌	商标
从领域角度	经济名词，打动消费者获得市场价值	法律名词，需要法律注册产生效力，有独占性权利
从规定形式	形式较为丰富，由静态和动态部分组成	形式较为简单，仅由静态组成
从范围大小	范围大	范围小
从存在形式	属于消费者，存在于消费者头脑中	所有权属于企业，属于注册者
从具体形态	无形，存在于人的内心，是企业无形资产	具体事物，是企业外在图标
从各自概念	是一个集合概念，主要包括品牌名称、品牌标志、商标和品牌角色四部分	是指文字、图形、字母、数字、三维标志和颜色组合
从区域范围	无国界	有国界

（二）品牌与商标的联系

品牌与商标的联系表现在：第一，品牌包括商标，商标是品牌的基本组成部分，是品牌的识别标识；第二，两者都是一个公司或者一种产品或服务的标志，都对特定的产品或服务有制定作用；第三，两者在一定程度上、一定范围内都可以代替产品或服务出现在社会宣传中；第四，两者都以一定的文字、数字、字母、图形等形式出现。

第二节　品牌的内涵与特征

一、品牌的内涵

品牌的内涵不仅要从符号学出发，还应该从关系学、商品学、行为学、文化学等多个角度进行研究。品牌的内涵需要销售者向购买者长期提供一定的利益或服务。因此，品牌内涵是一个复杂的有机结合体，不仅能够体现出产品质量，而且还能反映品牌形式和品牌内容等问题。

（一）从关系学的角度来看

品牌连接品牌拥有者和使用者，促进其形成一种持久、强韧的合作关系。品牌拥有者致力于打造个性化的品牌产品，品牌使用者则付出较高的溢价和品牌忠诚度。

（二）从传递信息角度来看

品牌是品牌拥有者向消费者传递差别化产品信息或服务信息的载体。品牌与市场信息不是同步产生的，它是市场经济发展到一定阶段的产物。

（三）从使用者的角度来看

品牌标志着特定的使用者，传递出目标消费者对品牌的认同。消费者需求日益多样化，品牌拥有者则需要不断调整自己的战略，以满足市场变化与消费者的需求。

（四）从商品学的角度来看

品牌代表着一种差别化的利益。一种商品只有经历从产品—普通商品—品牌商品的转变，才能成为消费者真正喜欢的品牌商品，最终赢得消费者的忠诚度。

（五）从行为学的角度来看

品牌标示使用者的个性、形象。首先，人的个性形象通过语言表现出来，其次，通过使用的产品反映出来。因此，品牌具有反映使用者的个性、形象的功能，促使形成品牌与消费者个性相匹配。

（六）从文化学的角度来看

品牌代表着特定的文化，是物质文化与精神文化的高度结合体。品牌的内涵主要表现在它的物质文化、材料、产品设计、功能、特性等方面。所以，人们通过创新，创造了不同的品牌，挖掘出它的文化价值，提高品牌的综合影响力。

二、品牌的特征

（一）品牌的无形性

品牌自身没有物质实体，不占有空间。它与厂房、设备等有形资产不同，人们不能仅凭感官直接感觉到它的存在与大小，但是它却客观存在，无形存在于品牌产品当中。

（二）品牌的独特性

品牌是用于区别生产者或销售者的产品或者服务的，具有法律保护的专有权。从法律层面上看，品牌是经过法律程序认定的，具有独特性，他人或企业不得仿冒、伪造其他企业品牌。

（三）品牌的不确定性和风险性

随着社会环境、市场行情等不断变化，品牌的不确定性特征是品牌的潜在价值可能会随之波动。此外，品牌的风险性特征表现为企业的产品质量可能出现意外、服务不过关、品牌资本盲目扩张等问题，这些问题都会给企业品牌的维护增加难度。

（四）品牌的价值性

品牌作为无形资产，其价值是可以量化的。当品牌进行商品交易时，无形资产起到了推动的作用，促使品牌通过入股的形式组建企业，通过品牌的号召力实现特许经营，加盟到名牌旗下以图发展，体现出品牌的价值性。

（五）品牌的表象性

品牌的表象性是通过一系列的物质载体表现出来的。品牌的载体直接表现为文字、图案和符号等形式；间接表现为产品的质量、服务、知名度、美誉度、市场占有率等形式。

（六）品牌的扩张性

品牌的扩张性主要表现在两个方面：一方面，企业可以通过展示品牌的优点进行市场的开拓，增加市场占有率；另一方面，通过品牌的无形资产价值进行资本扩张，提高资金利用率。

（七）品牌的延伸战略性

品牌延伸性是指一个品牌从原有的业务或产品延伸到新业务或产品上，多项业务或产品共享同一个品牌。

三、品牌的作用

品牌作为一种无形资产，越来越受到人们的重视。品牌的作用一般包括以下三方面：

（一）品牌对消费者的作用

1. 识别产品来源，简化购买决策

品牌首先就是一个标识，具有识别功能。它可以帮助人们更快地做出决策。随着社会生产力水平的不断提高，市场上的商品越来越丰富，种类也越来越多。让消费者在有限的时间里挖掘有效信息，进行科学决策是很难的一件事。尤其是一些高科技产品，更是难区别其真假。所以，为了节省时间和降低成本，人们经常根据品牌来进行取舍。

2. 追溯生产者责任，降低购买风险

品牌作为一种产品的标记，代表着产品的生产者。当产品出现问题时，消费者可以追溯到产品的生产者进行解决，降低购买风险，从而保障自己的权益。产品一旦打上品牌标识，就意味着生产者给了消费者一份承诺、一种保证，必须对产品的所有方面承担责任。

3. 反映文化价值取向，满足情感需求

品牌体现一个人的个性与价值追求，成为表达人们生活状态的重要方式。品牌具有象征功能，富有感性利益和自我表现性利益，可以满足消费者表达自我的情感需求。随着人们生活水平的不断提高，很多人购买产品不仅仅是为了获得功能利益，更主要是为了获得一个表达自我的途径。

（二）品牌对企业的作用

1. 区隔竞争对手，保障形成独特优势

品牌在法律上属于品牌主。经过商标注册的品牌在法律上具有排他性，任何公司未经许可都不得仿冒本品牌的标识设计、专利技术等。企业由此保证自己提供给消费者独特的产品特征、个性和文化内涵，从而形成独特优势，阻击竞争对手，使其模仿者无法模仿企业的灵魂。在一定意义上，有效地阻隔竞争者进入。

2. 提高产品市场竞争力，增加产品附加值

品牌有了知名度和美誉度后，企业就可以利用品牌优势占领市场主体地位，形成强大的市场竞争力。具体来说，品牌可以给企业造就忠诚的顾客，让消费者愿意为自己喜爱的品牌多付出溢价。因此，强势品牌比无品牌或弱势品牌附加价值高，企业可以溢价销售，这就是所谓“品牌溢价”。从而使品牌溢价给企业带

来更大的利润收益。

3. 造就无形资产，助力企业业务扩展

品牌是一种重要的无形资产，它不仅自身有价，更可贵的是它还能够创造更多的价值。例如，很多投资者趋向于把强势品牌公司的股票作为最主要的投资对象。一些著名企业品牌资产的价值，比其有形资产的价值还要高，尤其是一些世界顶级品牌，其资产价值高达数百亿美元。

（三）品牌对国家的作用

1. 品牌对综合国力的作用

品牌不仅是一个企业开拓市场、战胜竞争对手的有力武器，同时也是一个国家经济实力和形象的象征。例如，日本前首相中曾根康弘曾经说过："在国际交往中，索尼是我的左脸，松下是我的右脸。"又如美国的苹果、中国的海尔、法国的香奈儿、德国的宝马、韩国的三星等，这些都体现了一个国家的综合国力。

2. 品牌对国家经济发展水平的作用

据联合国工业计划署的不完全统计，当今世界共有品牌产品约8.5万种，其中90%以上的品牌属于发达国家或亚太新兴国家。品牌的多寡，尤其是世界级品牌的多寡，成为一个国家或地区综合经济实力的重要标志。所以，一般来看，一个国家的经济越发达、经济实力越强大，其拥有的品牌也就越多，品牌的地位也就越高。

3. 品牌对国家发展形象的作用

一个良好的品牌是其他国家了解本国的窗口，提高本国知名度、美誉度的关键。在品牌建设中，优秀的品牌能够树立良好的口碑，营造融洽的氛围，开拓和谐的外交，推进国家形象的提升，维护国家长远利益。

第三节　品牌的构成要素

一、品牌构成要素的组成

品牌主要由显性要素和隐性要素两方面构成。显性要素是直接体现出来的，表现为外在的、具象的，可以直接给消费者带来较强视觉方面的冲击。隐性要素是品牌内含的因素，不能被直接观察到的，存在于品牌形成的整个过程当中，是品牌的精神、品牌的核心（见图 1－1）。

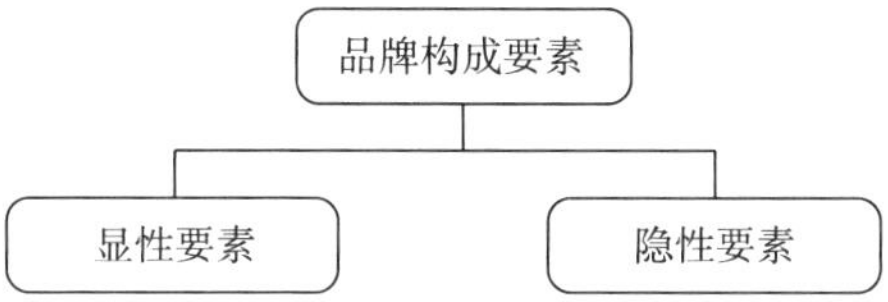

图 1－1　品牌构成要素

二、品牌构成要素的具体表现

（一）品名

品名即品牌名称，是人们可以用语言称呼的部分。在形成品牌之初，需要有一个好的品名，因为一个好的品牌名称不仅将产品本身的内容加以概括，还反映着企业的经营理念、价值观念等。它在整个品牌中起着引领的作用，是消费者记忆品牌和品牌传播的主要依据。

（二）品记

品记即品牌标记，是品牌中可以被识别，但不能用语言简洁而准确地称呼的部分，如符号、标志、图形、图案和颜色等（见图 1－2）。

图 1－2　品牌汇总

（三）品类

品类是品牌所涵盖的产品类别，即品牌具有哪些类别的产品。如海尔是家电、娃哈哈是饮料、容声是冰箱、爱立信是手机等，这些都是品牌所具有的产品品类概念。

（四）品质

品质是衡量品牌品质高低的重要因素。它涵盖了耐用性、可靠性和精确性等价值属性。一般而言，优秀的品牌其品质的核心能力、核心价值、抗风险能力和自我修复能力相对强大。

（五）品位

品位是体现时代特征和精神气质的主要因素。一方面，从生产者的角度来看，品位体现了生产者的价值观、风格和个性等特点，反映了生产者的修养和智慧。另一方面，从消费者的角度来说，品位一旦在消费者的心中形成，就会产生不自觉的关联性，使之更倾向于该产品的消费。

（六）品德

品德是在品牌宣传中倡导的企业文化、价值观念与经营理念。它体现了一个企业的品牌德行，约束着企业的言行，是企业的道德要求。良好的品德将成为提升企业品牌知名度的支撑点。

（七）品行

品行是指企业通过管理行为、广告宣传行为、公关行为、销售行为、服务行为等企业组织和员工个人在社会上的表现，给公众留下的印象，给品牌留下的积累。公众对一个品牌的信赖感和忠诚度，不仅取决于产品的品质和企业宣扬的理念与做出的承诺，更取决于企业的实际行动（见图1－3）。

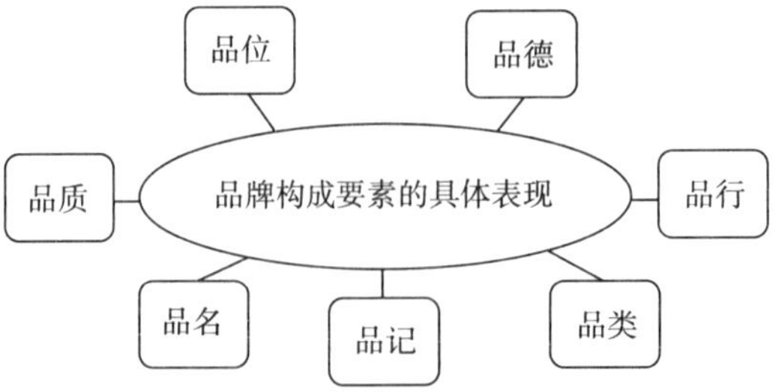

图1－3　品牌构成要素

第四节　品牌的分类

为了使企业能够更好地了解自己的品牌，并根据相应的条件制定可行的品牌战略，进行科学的品牌策划和品牌管理，有必要对品牌进行科学的分类。品牌可以从不同的角度、采用不同的标准进行划分。本书采用以下四种方式进行分类：按照品牌化的对象进行分类、按照品牌的权属进行分类、按照品牌辐射区域进行分类和按照品牌生命周期进行分类。

一、按照品牌化的对象进行分类

按照品牌化的对象来划分，品牌一般分为六类，即产品品牌、服务品牌、组织品牌、个人品牌、事件品牌和地点品牌。

（一）产品品牌

产品品牌是指运用在有形产品上的品牌。例如，可口可乐、康师傅、宝马、美的等。在日常生活中人们容易接触到的就是产品品牌，这类品牌通常与特定的产品相联系。比如，“白加黑”感冒片、佳洁士牙膏、海飞丝洗发水、邦迪创可贴等。

产品品牌又可以分为两大类：消费品品牌和工业品品牌。

消费品是最早引入品牌理念的行业。有学者认为，如果以品牌对企业销售或利润所做的贡献大小来衡量，品牌在消费品领域的贡献是最大的。英国每年公布的品牌 100 强排行榜中，消费品品牌所占比例最大，例如苹果、三星、奔驰、本田、耐克等都属于消费品品牌。

工业品属于 B2B 行业，其顾客面向的都是公司客户，它们一般具有丰富的专业知识和行业经验，因此以前认为工业品不需要做品牌。但近年来这种情况发生了很大改变，许多 B2B 公司也开始创建品牌并进行营销推广工作，利用品牌的知名度和美誉度帮助企业开发客户和政府采购。像英特尔、IBM、思科、美孚、卡特彼勒、立邦等工业品品牌，在世界品牌排行榜中名列前茅（见图 1 –4）。

图 1－4 产品品牌

（二）服务品牌

服务品牌是以服务产品为主的品牌，例如麦当劳、星巴克、联邦快递、中国的顺丰快递、德邦物流、维萨卡、中国银联等。与有形产品相比，服务产品的质量具有无形性、多变性和不稳定性的特征，顾客在购买这些无形和抽象的服务产品时，选择的难度更大。因此，需要通过创建服务品牌传递企业的质量、特色、理念和文化（见图 1－5）。

图 1－5 服务品牌

（三）组织品牌

组织品牌是运用在公司或非营利性组织上的品牌。例如，三星、西门子、联想、索尼等。对于企业来说，有些企业采用了公司名称和产品名称一致的品牌策略，如三星、西门子等；也有些企业采用了公司名称与产品名称不一致的策略，例如宝洁公司、联合利华、莫里斯公司等。前者属于典型的组织品牌，后者又分为两种情况：一种是同时打造组织品牌和产品品牌，即既宣传企业，也宣传产品，如宝洁公司和联合利华；另一种则专门打造产品品牌，公司名称却不为人熟知，如生产万宝路香烟的莫里斯公司，生产康师傅方便面、饮料的顶新集团。

组织品牌的优势在于可以在人们心目中树立专业的、有实力的、可信赖的组织形象，进而使得这一品牌旗下推出的产品都得到顾客的青睐。例如，海尔作为中国人比较信赖的家电品牌，海尔公司生产的电视机、洗衣机、冰箱、空调、微波炉等产品都得到了大众的喜爱，有助于公司推陈出新。此外，许多非营利性组织也着力打造组织品牌，以期得到社会各界的支持。例如哈佛、牛津、剑桥、国际奥委会、红十字会等（见图1－6）。

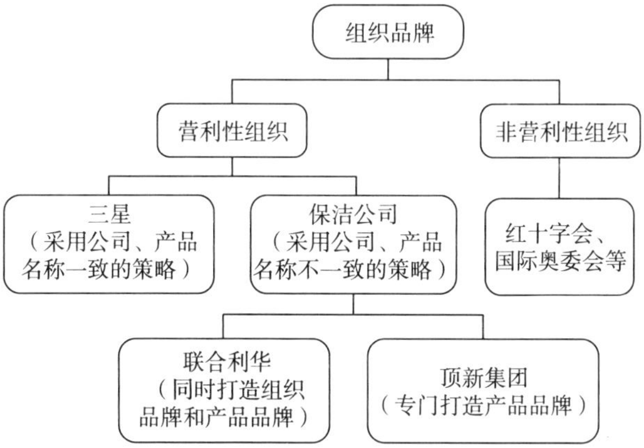

图1－6　组织品牌的划分

（四）个人品牌

个人品牌是指以个人作为品牌化对象的品牌。现在，对个人进行营销、建立个人品牌已经逐渐被大众所接受。个人品牌一般分为以下两种情况：

1. 公众人物

公众人物本身就是广义概念上的产品，如政治家、演艺人员、体育明星等，他们要想赢得公众的支持和喜爱，就必须打造符合公众期望的形象，只有获得了知名度和美誉度，才能更好地发挥出公众人物的带动作用。

2. 企业 CEO

企业首席执行官（Chief Executive Officer，CEO），是指在一个企业中负责日常事务的最高行政官员，又称作行政总裁、总经理或最高执行长。现在有些高科技企业或者互联网公司企业，由于专业技术过强，如果直接对外宣传产品，大众很难理解产品的特色和优势，但是借用 CEO 的名字，着力打造成功的 CEO 个人品牌，通过 CEO 品牌的宣传，所达到的效果会比常规的营销传播效果好得多。例如苹果公司的乔布斯、微软公司的比尔·盖茨、阿里巴巴的马云、脸书的扎克伯格等，都是通过打造成功的个人品牌，吸引了大量使用者。

（五）事件品牌

事件品牌是指以事件为载体的品牌，事件可以是体育、会展、节庆、演出等，如奥斯卡颁奖、奥运会、G20 峰会、达沃斯经济论坛等。企业或组织者希望通过举办活动吸引更多的参与者，从而获得相应的社会效益或经济效益。例如，世界杯不仅获得全世界足球迷的关注，而且每届都可以获得丰厚的收入，包括电视转播收入、赞助收入、标识许可收入、门票收入、纪念品收入等（见图 1－7）。

图 1－7　事件品牌

（六）地点品牌

地点品牌是指以地理位置作为对象的品牌。凯文·凯勒说过："如同产品和人一样，地理位置也可以品牌化，它的功能就是让人们认识和了解这个地方，并对它产生一些好的联想。"城市、地区和国家可以通过广告、邮件和其他方式向外界推销自己，以提高知名度，吸引消费者或投资商来此旅游、居住或投资。目前我国许多地方都在以当地特色定位，打造个性化的地区品牌，比如"最美乡村”婺源、“时尚之都”大连等。国际上许多国家也在着力打造自己的地点品牌，比如澳大利亚的大堡礁、“音乐之都”维也纳、“浪漫之都”巴黎等。

二、按照品牌的权属进行分类

按照品牌的权属来划分，品牌可以分为自主品牌、特许品牌和联合品牌三种类型。

（一）自主品牌

自主品牌是指由企业自主开发，拥有自主知识产权的品牌。根据品牌产品在生产经营环节的不同，自主品牌又可以分为两大类，即生产商品牌和中间商品牌。

1. 生产商品牌

生产商品牌是指企业自己创建的品牌。在日常生活中人们接触到的品牌绝大多数是生产商品牌，如索尼、三星、英特尔、苹果、华为、联想、欧莱雅等。

2. 中间商品牌

中间商品牌是指中间商根据市场上消费者对某种产品的需要，自设生产基地或者委托某个生产企业根据自己的要求生产产品，然后冠以中间商的商标将产品出售。中间商品牌中最常见的就是零售商品牌。某些零售企业，利用其在市场上的知名度和消费者的信任，用自己创建的零售企业品牌推销产品，吸引一些市场上知名度较低的企业将自己的产品卖给它，然后用零售商的品牌把商品卖出去，从而获得更多的收益。20 世纪 80 年代以来，中间商品牌得到迅速发展，许多欧美国家的大型超市、连锁店、百货商店几乎都出售标有零售商自有品牌的商品。例如在中国市场上经常可以看到的欧尚大拇指商品、苏果超市的苏果商标产品，英国马斯百货大部分销售的商品都冠以马斯的品牌标识。

（二）特许品牌

特许品牌是指一些企业经过申请得到许可，使用另一家知名度高的企业品牌，企业在使用知名度高的企业品牌符号和标识之前只要向其支付一笔费用即可。例如，一些企业获得迪士尼的许可，使用迪士尼的商标、符号以及米老鼠标志等卡通形象来提高收益。

（三）联合品牌

联合品牌是指两个已经创立了不同品牌的企业把品牌名称用在同一个产品上。联合品牌有很明显的优势，由于两个品牌在各自的产品领域中占据统治地位，因此联合起来的品牌可以强强联合，更具有吸引力和品牌价值。此外，还可以使企业把已有的品牌扩展到其他领域中，如“索尼”和“爱立信”联合推出“索爱”品牌手机，就是充分利用了索尼具有设计、创新等特点和爱立信作为全球知名通信设备生产商的优势（见表1－2）。

表1－2　品牌的分类

按照品牌的权属分类	含义		举例
自主品牌	指由企业自主开发，拥有自主知识产权的品牌。根据品牌产品在生产经营环节的不同，自主品牌又可以分为两大类：生产商品牌和中间商品牌	生产商品牌是指企业自己创建的品牌	三星、英特尔、苹果、华为等
		中间商品牌是指中间商根据消费者对某种产品的需要，自设生产基地或者委托某个生产企业根据自己的要求生产产品，然后冠以中间商的商标将产品出售	欧尚、苏果超市等
特许品牌	指一些企业经过申请得到许可，使用另一家知名度高的企业品牌，企业在使用知名度高的企业品牌符号和标识之前只要向其支付一笔费用即可		迪士尼、麦当劳等
联合品牌	指两个已经创立不同品牌的企业把品牌名称用在同一个产品上		索爱手机

三、按照品牌辐射区域进行分类

按品牌辐射区域来划分，一般分为区域品牌、国内品牌和国际品牌三大类。

（一）区域品牌

区域品牌是指在某一特定区域范围内获得公共认知的品牌，具体来说是在一定区域内生产、销售的品牌，其主要受地理条件、产品特性、文化特征等影响。例如，地区性生产、销售的特色产品，怀仁酱香酒、泸州白酒和佛山陶瓷等。

（二）国内品牌

所谓国内品牌是指被国内消费者认同的品牌，产品辐射全国，在全国销售的产品。国内品牌一般知名度较高，有大规模、长期的广告投入。例如海尔、娃哈哈、华为等。

（三）国际品牌

国际品牌是指在国际市场上知名度、美誉度较高，产品辐射全球，被国际上众多消费者认同的品牌。例如可口可乐、麦当劳、万宝路、奔驰、微软、皮尔·卡丹等（见表1-3）。

表1-3 品牌的分类

按照辐射区域进行分类	含义	举例
区域品牌	区域品牌是指在某一特定区域范围内获得公共认知的品牌	怀仁酱香酒、泸州白酒、佛山陶瓷等
国内品牌	国内品牌是指被国内消费者认同的品牌，产品辐射全国，全国销售的产品	海尔、娃哈哈、华为等
国际品牌	国际品牌是指在国际市场上知名度、美誉度较高，产品辐射全球，被众多消费者认同的品牌	可口可乐、麦当劳、万宝路、奔驰等

四、按照品牌生命周期进行分类

品牌会经历从进入市场到老化，直至消亡的过程。如同产品生命周期一样，品牌的发展也有生命周期。“现代营销之父”菲利普·科特勒认为：与产品生命周期的概念相对应，品牌在市场上也经历一个从出生、成长、成熟到衰退，最后消失的过程；但也不排除现实情况中许多老品牌仍经久不衰。根据品牌的生命周期，可以将品牌分为短期品牌和长期品牌。

（一）短期品牌

短期品牌是指某种原因导致在市场竞争中昙花一现或持续一时、品牌生命周期较短的品牌。

（二）长期品牌

长期品牌是指随着产品生命周期的更替，仍能经久不衰的品牌，例如全聚德、内联升等老字号，以及可口可乐等经过长久发展而来的世界知名品牌。

第五节　与品牌有关的概念

一、品牌资产

（一）品牌资产的提出

品牌资产（Brand Equity）是20世纪80年代在营销研究和实践领域新出现的一个重要概念。20世纪90年代以后，品牌资产鼻祖大卫·艾克（David A. Aaker）和品牌管理的先驱凯文·凯勒（Kevin. Keller）等相继提出并逐步完善了基于消费者的品牌资产（Customer Based Brand Equity）概念，特别是大卫·艾克的著作《品牌资产管理》于1991年出版之后，品牌资产就成为营销研究的热点问题。

品牌资产的实践意义促使不同领域的学者相继投入到品牌资产的研究中。国内外学者对品牌资产概念的界定各有不同，从已有研究成果看，主要从消费者和企业的角度来解释品牌资产。

基于消费者角度的观点认为，品牌对企业和经销商有价值是因为其对消费者有价值，强调是消费者最终决定了品牌资产价值。品牌资产的价值本质上来源于消费者，消费者认可度越高，品牌的价值就越高；消费者越不认可，品牌就越没有价值。

基于企业角度的观点认为，品牌资产是企业一项重要的无形资产，它把品牌在市场中的竞争能力、盈利能力和拓展能力等方面作为核心。品牌资产价值用公司总的市场价值减去有形资产部分，得到品牌等无形资产的价值，进而得到品牌资产价值。

结合消费者和企业这两个角度，本书认为品牌资产是与品牌、品牌名称和标志相联系，能够增加或减少企业所销售产品或服务的价值的一系列资产与负债，这些资产通过多种方式向消费者和企业提供价值。

（二）品牌资产的构成

大卫·艾克认为品牌资产分为五个部分，即品牌知名度、品牌认知度、品牌联想、品牌忠诚度和品牌其他资产，建立了五星模型（见图1－8），并认为品牌知名度、品牌认知度、品牌联想、品牌其他资产有助于品牌忠诚度的建立。其中，品牌知名度、品牌认知度、品牌联想代表的是顾客对品牌的反映，而品牌忠诚度是以服客为基础的忠诚度，并构成品牌资产的核心。

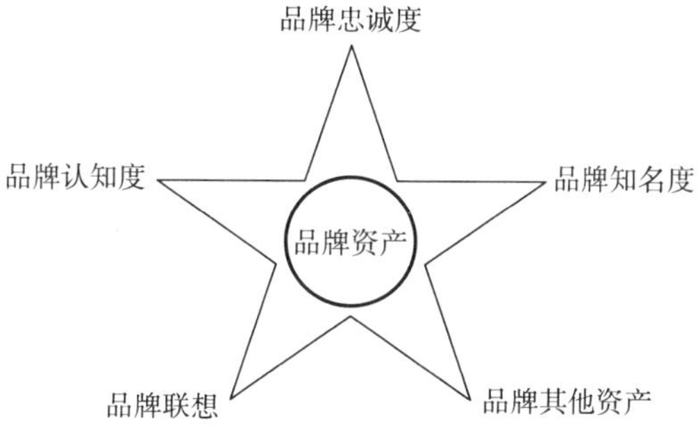

图 1－8　品牌资产的五星模型

必胜客品牌资产的成功推广

作为百胜中国旗下的大型西式休闲餐饮品牌，必胜客在自身发展的同时，一直秉承“回报社会”的宗旨，让关爱社会成为品牌的核心价值之一。

2008 年，必胜客所属的百胜中国联合中国扶贫基金会共同发起“捐一元”项目，致力于改善贫困地区孩子的营养健康状况，项目历程中也汇聚了必胜客餐厅一线员工积极募款的辛勤汗水和无数动人故事。

“请问需要为您的账单加上 1 元爱心捐款吗?”每年夏天，当你走进必胜客欢乐餐厅、肯德基餐厅，总会听到餐厅服务员亲切地询问。这个持续了九年的“捐一元”公益项目，如今在必胜客餐厅开启第十年的爱心之旅。

必胜客企划副总裁钟芳华在动员仪式现场回顾了必胜客参与“捐一元”项目的初衷，她说:“必胜客除了致力于为消费者提供美味和美好的体验之外，一直注重为社会、为消费者带去精神的正能量。从 2008 年开始，必胜客就积极响应母公司的号召，帮助贫困地区的孩子募集营养加餐，希望通过自身打造的桥梁，连接孩子和公众，让更多人有机会为需要帮助的群体献出爱心。”

必胜客“捐一元”项目，使消费者对其产生了很强的认同感，不仅使必胜客的知名度上升到了前所未有的高度，而且也持续提升了必胜客的品牌形象，为其品牌忠诚度的树立奠定了坚实的基础。

显然，为了建立优良的品牌资产，企业就必须围绕着品牌定位，充分利用品牌资产的各种要素，向品牌持续地注入新的元素、新的内容，并借用各种机会、各种手段，不断地展示和提升品牌形象。

资料来源：红网，2017 年 7 月 9 日。

1. 品牌知名度

品牌知名度是指潜在购买者认识到或记起某一品牌是某类产品的能力，它涉及由某类产品到某一品牌的联想，它反映的是品牌的影响范围或影响广度。换句话说，品牌知名度是品牌名称或符号在消费者头脑中的排序。消费者往往喜欢购买自己熟悉的、知名度高的品牌产品。

2. 品牌认知度

品牌认知度是品牌资产的重要组成部分，它是衡量消费者对品牌内涵及价值的认识和理解的标准。品牌认知是公司竞争力的一种体现，有时会成为一种核心竞争力，特别是在大众消费品市场，各竞争对手提供的产品和服务的品质差别不大，这时消费者会倾向于根据品牌的熟悉程度来决定购买行为。认知度高的品牌，消费者对品牌的了解更彻底、更全面；认知度低的品牌，可能不会对消费者产生任何影响。

3. 品牌联想

品牌联想是指通过品牌或产品而产生联想，是人们对品牌的感受、想法及期望等一系列的集合，它是对产品特征、消费者利益、使用场合、产地、人物、个性等的描述。这些想法可能来自消费者在日常生活中的各个层面，如消费者本身的使用经验、朋友的口耳相传、广告信息以及市面上的各种营销方式等。上述各个不同来源的品牌联想，均可能在消费者心中树立起根深蒂固的品牌形象，进而影响消费者对该品牌产品的购买决策。品牌联想往往能够组合出一些有意义的结果，形成品牌形象，提供购买的理由和品牌延伸的依据。

4. 品牌忠诚度

品牌忠诚度是品牌资产的核心要素，不仅是消费者对品牌偏爱的心理反应，还是消费者在购买决策中，多次表现出来的对某个品牌有偏向性的（而非随意的）行为反应，反映出消费者对该品牌的信任和依赖程度。品牌忠诚度对一个企业的生存与发展来说极其重要，品牌忠诚度越高，顾客受其他公司竞争行为的影响就越弱。

5. 品牌其他资产

品牌其他资产是指与品牌有直接关系的、附着在品牌上的资产，如专利、特许权、专有技术以及特有的销售网络或特有的顾客服务系统等。品牌其他资产可以使品牌差别化变为可能（差别化是竞争优势的源泉），也可以让竞争对手较难模仿。企业要重视对品牌其他资产的保护，打击假冒品牌，保护企业品牌资产。

二、品牌价值

（一）品牌价值的提出

品牌价值（Brand Value）概念是从“品牌资产”演变而来的。由于对品牌价值的考量视角不同、目的不同，品牌价值的概念也呈现了多样性，迄今为止尚未形成统一的概念。目前，主要从资产、消费者和利益相关者三个不同的视角对品牌价值的概念进行研究。

1. 基于资产视角的品牌价值概念

品牌价值能够体现企业的盈利水平和盈利能力，是企业利润的组成部分。资产化视角下的品牌价值概念将“财务”视为核心因素。品牌的盈利情况、净值等与财务有着密切联系的所有部分之和构成品牌价值。

2. 基于消费者视角的品牌价值概念

这种品牌价值的概念不仅考虑到企业因素，还考虑了消费者因素，强调了企业与消费者之间的互动关系。品牌价值是消费者对品牌的一种认识以及由此引发的一系列效应，这些观念和行为能够帮助企业获得更大的收益，并且能够帮助品牌获得长久的竞争优势。

3. 基于利益相关者视角的品牌价值概念

品牌价值是一个多维度的、综合的体系，它是由与品牌有关的各方利益相关者在相互影响的作用下形成的。品牌价值是品牌在企业、顾客、经销商等利益相关者的推动下，使品牌的产品或服务比无品牌时能够取得更大的利益、市场竞争力和竞争优势。

综合以上三个角度，本书认为品牌价值是由企业、消费者和经销商等利益相关者的相互作用下，为企业带来的货币形式的超额收益。

（二）品牌价值的构成

品牌价值的构成取决于品牌价值为消费者、市场、社会等相关主体带来的价值，因此，品牌价值主要由三个因素构成：企业价值、消费者价值和社会价值。企业价值主要指企业产品的价值，即产品的技术工艺、产品创新、市场情况等；消费者价值主要指品牌的广告宣传、品牌认知度、消费者满意度等；而品牌的社会价值包括品牌关系价值和权力价值等。

从消费者角度对品牌价值构成来看，品牌价值主要由成本价值、创新价值、服务价值、情感价值四个因素组成。由此，品牌价值的高低由消费者愿意支出的价格来衡量。其中，成本价值是指为了获得某一品牌所付出的货币和非货币代价；创新价值是指企业通过创新的设计方案，引领新的消费理念或生活方式，是为消费者提供价值增值的有效途径；服务价值是消费者期望获得的一种重要的品牌价值，高价值的品牌与优质的服务存在必然的联系；情感价值是指顾客从品牌中获得的情感效用，是在顾客使用产品或服务后产生的一种顾客与品牌之间的情感联系。

第六节　国外对品牌的相关研究

一、国外品牌的发展阶段

中世纪欧洲出现了很多手工业协会，手工艺匠人用打烙印的方法在自己的手工艺品上烙下标记，以便顾客识别产品的生产者和产地，避免模仿，保护自己和消费者的利益。这就产生了最初的商标，并以此为消费者提供担保，同时向生产者提供法律保护。因此，一个名称加一个商标，就是品牌在最初期的一个典型例子。

随着资本主义的发展，18 世纪末商标在西方开始出现。由于产品种类与数量的增加，企业之间的竞争加剧，商标的使用逐渐推广起来，成为销售商品和打击竞争对手的重要工具。许多经营者开始宣传自己的商标，刺激消费者购买自己的产品。西方各国的商标法也纷纷出台，使商标时期的品牌运作有了法律依据和保护，从而使品牌的发展变得日益规范、有序。

19 世纪末 20 世纪初，资本主义进入垄断时期后，品牌作为竞争手段的作用凸显出来。随着生产力和生产技术的快速发展，人们的消费能力逐渐增强，对产品质量和服务的要求越来越高，人们将品牌作为选择产品的依据。在这一时期，出现了一批名牌，如可口可乐、强生、肯德基等。

第二次世界大战以后，随着计算机技术和生物技术的产生，市场竞争到了一个全新的阶段，一些大型企业走向成熟，人们的消费开始出现高档化、多样化等特点，品牌逐渐成为企业经营的重心。这一时期，企业对品牌的理解不仅是停留在“标记”这一层面，而是一个含义更广、更抽象的概念，它存在于消费者的心中，成为企业最重要的无形资产，由此出现了具有现代意义的品牌，如万宝路、耐克等。

20 世纪 80 年代是品牌发展的分水岭，因为在这一时期发生了几次著名的并购案，引起了各界极大关注。在这几次巨额的并购案中，企业收购价格远远超过了被收购企业的账面价值，正是因为品牌使得这些被收购的企业获得了巨额收益，此后在全球兴起了品牌热。

近年来，发达国家依靠其强大的品牌优势在国际市场竞争中依然占据主导地位。企业的市场竞争经过产品竞争、价格竞争、服务竞争之后，进入了品牌竞争的新阶段。在日新月异的 21 世纪，产品极度丰富，竞争已呈白热化，加强品牌建设也就成为争夺消费者最好的武器（见图 1－9）。

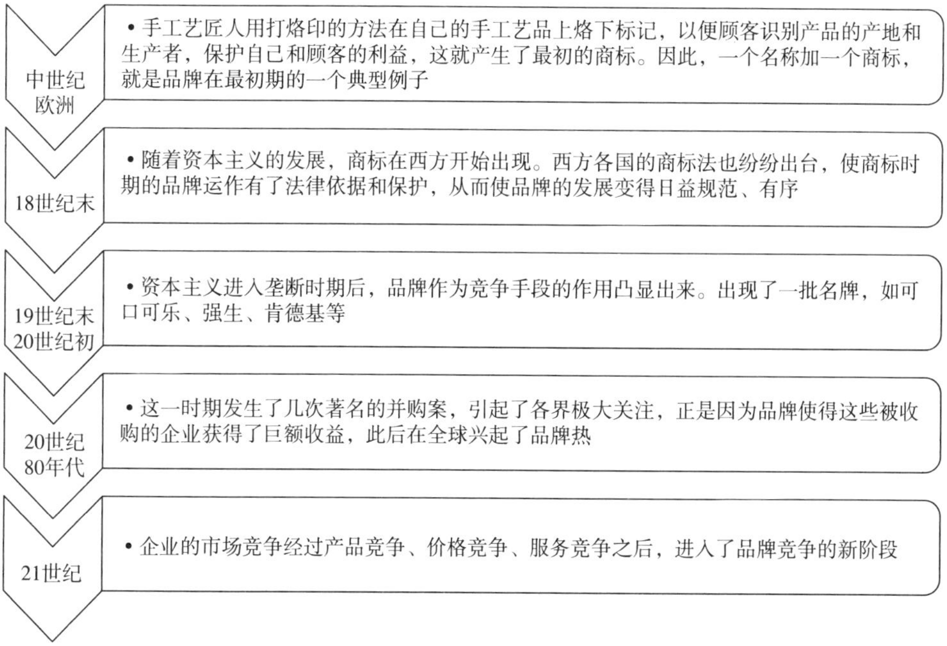
中世纪欧洲
• 手工艺匠人用打烙印的方法在自己的手工艺品上烙下标记，以便顾客识别产品的产地和生产者，保护自己和顾客的利益，这就产生了最初的商标。因此，一个名称加一个商标，就是品牌在最初期的一个典型例子
18世纪末
• 随着资本主义的发展，商标在西方开始出现。西方各国的商标法也纷纷出台，使商标时期的品牌运作有了法律依据和保护，从而使品牌的发展变得日益规范、有序
19世纪末20世纪初
• 资本主义进入垄断时期后，品牌作为竞争手段的作用凸显出来。出现了一批名牌，如可口可乐、强生、肯德基等
20世纪80年代
• 这一时期发生了几次著名的并购案，引起了各界极大关注，正是因为品牌使得这些被收购的企业获得了巨额收益，此后在全球兴起了品牌热
21世纪
• 企业的市场竞争经过产品竞争、价格竞争、服务竞争之后，进入了品牌竞争的新阶段

图 1－9　国外品牌的发展阶段

可口可乐的品牌故事

艾萨·坎德勒原是亚特兰大的一名药剂师，多年来，他一直被头痛折磨得受不了。直到1886年的某一天，艾萨从另一名叫约翰·潘普顿的药剂师的店里喝下了一种新配方的药剂后（也就是可口可乐的前身），头痛立即减轻了很多，艾萨立即意识到这种新配方的巨大市场潜力，一定要想方设法将其弄到手。艾萨如愿以偿，他只用了2300美元就买到了这个新配方，并且对它进行了调整，并给它取一个奇妙的名字“可口可乐”。

为了保密，所有的可口可乐配方都是由艾萨和他的大儿子亲自来配，而且从来不以书面的形式出现在公众面前。在正式进入市场销售前，所有瓶身上的标签都会被撕去。接下来，艾萨展开了可口可乐的销售大战，他是一个天生的营销天才，发放体验赠券，打广告，贴海报，并且在一些旅行袋和小钱包上印上可口可乐的信息，然后发放到成千上万人的手中……艾萨无师自通地发明了这一系列的促销方法。

随后，他又请来了大都会歌剧院里的明星、女杂技员和棒球运动员，请她们来帮助自己打广告，因为当时的人们喜欢跟富有的明星和名人联系在一起的产品。艾萨满足了人们的这一喜好，20世纪初，艾萨让可口可乐的广告超过任何一种其他商业广告，可以说是铺天盖地。

1906年，可口可乐流线型瓶体包装正式投入市场，随后立即产生轰动效应，大卖不止，99%的是水和糖浆，1%是非常物质，但最终创收5000万美元，平均每天赚了3000美元。很快跟风复制者接踵而至，有153家饮料公司开始效仿可口可乐，如快乐可乐、寻欢可乐、王中王可乐……但最终它们都无法比肩可口可乐。艾萨让可口可乐成为了一种专有名词，代表着一种时尚，风靡整个世界，“Coca－Cola”也成为继“OK”之后，在全世界流行最广的第二大英语词汇。而达到这一切，艾萨仅仅用了13年的时间。

资料来源：加盟网，2016年10月14日。

二、国外对品牌的相关研究

（一）国外品牌发展历程的研究

随着营销业务量的增加，品牌理论的研究发展到了一定程度，西方关于品牌发展主要经历了以下五个阶段：

1. 品牌阶段

主要是以品牌的定义，品牌的命名，品牌的标识等为起点，并为市场营销理论研究领域提供一个参数，同时以此作为介入点，继续深入研究品牌建设问题。

2. 品牌战略阶段

品牌战略阶段的理论已经不仅仅局限于初期的品牌概念，本阶段对于品牌形象的研究和定位有了一定的概念，并提出了怎样进行品牌建设的规划，怎样延伸与品牌相关研究的课题。

3. 品牌资产阶段

品牌出现大量收购现象起源于 20 世纪 80 年代，市场为品牌赋予了价格，这让人们意识到了品牌价值的前景、品牌本身的价值以及它的附加值，这就推进了品牌资产理论领域的研究和发展。90 年代提出的品牌资产理论是品牌理论领域最重大的进展，学者们主要围绕品牌价值链、品牌资产进行深入研究。

4. 品牌管理阶段

正是由于品牌价格的形成，政府出台了相应的管理办法，并组建管理机构组织对市场上的品牌进行正常运作和维护。产生了一系列关于品牌管理的研究和理论。

5. 品牌关系阶段

随着顾客关系与关系营销的发展，促进了品牌关系领域的研究。许多学者针对品牌关系质量、品牌社区和品牌体验等进行研究。

（二）国外对品牌研究的成功经验

1. 注重科技创新发展

随着科技的不断进步，产品更新换代加快，缩短了产品走向市场的周期。国外很多企业都意识到科技创新是品牌长期发展的有力武器，要充分发挥自身先进的技术优势才能拥有核心竞争力。因此，许多企业逐渐将品牌发展的重心转移到技术上来，针对目标客户制定出相应的品牌发展战略。例如，日立公司致力于发展技术，重视科学研究和产品开发。目前它共拥有 25 个研究所，在国内外共获得 52000 项专利权，具有较强的市场竞争能力（见图 1－10）。

HITACHI
Inspire the Next
日立

图 1－10　日立公司

2. 以人为本的品牌形象

国外品牌通过调查以及对消费者心理的研究，根据消费者个性化需求设计符合他们期望的产品，以满足不同的需求，树立以人为本的品牌形象。例如，瑞典著名电器公司伊莱克斯在中国广州推出的世界上第一台为消费者量身定制并可按其要求自由搭配的冰箱，消费者可以选择冰箱的容积、功能系列、内置颜色和材料等，技术人员按照顾客要求，为其设计出独特的个性化冰箱（见图 1－11）。

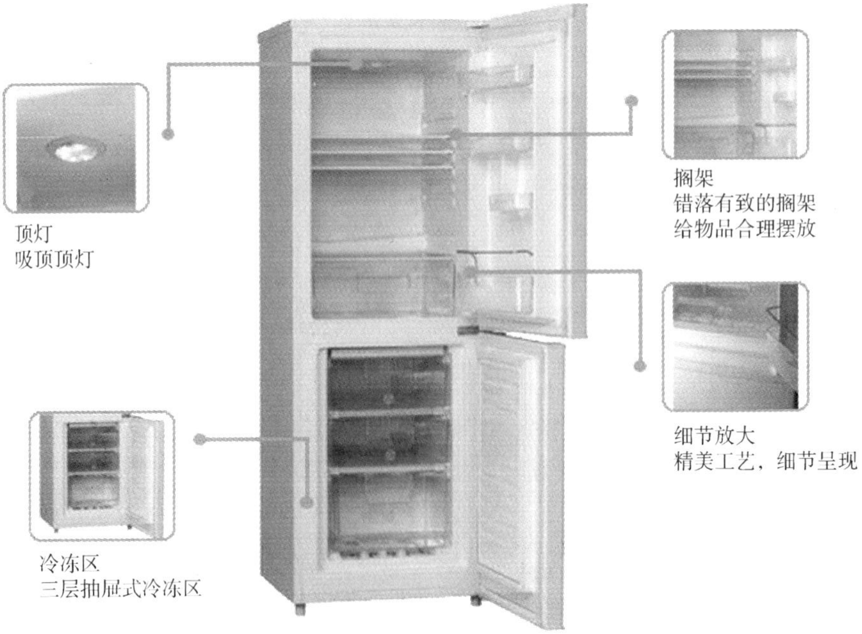

图 1－11　伊莱克斯冰箱

3. 有效的品牌本土化战略

国外品牌在不断研究当地文化和消费心理的基础上，结合当地的市场特点，设计出适合当地的营销模式，不仅降低了生产成本、缩短了生产周期，还有利于提高市场份额，增强品牌的本土市场竞争能力。例如，美国 Coca－Cola 公司为了开拓中国市场，结合中国的文化特点，起了可口可乐这一音形义俱佳的中文译名，“可口可乐”四个字生动地暗示出产品给消费者带来的感受——好喝、快乐，深受消费者喜爱（见图 1－12）。

图 1－12　可口可乐

4. 合理的品牌推广策略

国外企业在进行品牌推广时有明确的广告需求，对企业品牌及产品特色分析得比较透彻。在确立了良好的企业和产品定位的同时，通过广告等推广方式树立企业长期的品牌形象，在品牌推广方面投入较大，以此来提高品牌知名度、美誉度和特色度，增加企业经济效益。例如，飞利浦通过赞助中国足协杯，使中国消费者快速熟知了这一品牌，飞利浦通过这一举动扩大了其品牌的影响力（见图 1－13）。

图 1－13　飞利浦赞助中国足协杯

（三）国外品牌研究对我国的启示

1. 提高科技创新水平

科技创新是一个品牌长期发展的重要前提，企业要努力打造拥有自主知识产权的产品，提高自主创新能力，由中国制造向中国创造转变。优质的产品是企业品牌长期发展的一个必要条件，因此，企业还要加大对科技研发的投入，不断提升产品的研发水平，生产出满足消费者需求的优质产品。

2. 树立以人为本的品牌形象

品牌在进入市场的初期，由于经济、文化和宗教等多方面存在差异性，市场中的消费者会对品牌有不同的需求。因此，企业在打造品牌之前要深入关心目标顾客的需求，充分考虑到他们个性化的需求，并对品牌价值进行准确定位，树立以人为本的品牌形象，增强企业竞争力。

3. 实施品牌本土化战略

在对当地文化、消费心理等作出研究的基础上，确立企业独有的、能使当地消费者认知并喜爱的品牌定位，实现品牌的本土化战略。此外，在不同的市场环境下，企业品牌营销在广告内容的制定和营业推广方式的选择上都要结合本土化的特点进行品牌营销活动。

4. 加大品牌推广力度

中国品牌的传播力度较为薄弱，让世界各国耳熟能详的品牌并不太多。因此，企业要根据顾客需求确立品牌定位，在此基础上打造品牌价值，通过广告、活动、事件等传播手段，让消费者了解品牌的产品和文化，加强品牌传播的意识与能力，达到品牌推广的目的。

第二章　农产品是否需要品牌

第一节　工业产品为什么需要品牌

一、工业产品的概念及特征

（一）工业产品的概念

工业产品是指购买者购买后以社会再生产为目的的产品。从生产目的的角度划分，工业产品可以分为两类：第一类工业产品是指中间产品，也可以称为中间型工业品（如原辅材料、零部件等），如发动机、杜邦莱卡、彩棉、电脑 CPU 等，服务于下游工业品企业，最终产品可能是工业品也可能是消费品，其中消费品可能是耐用消费品，也可能是快速消费品；第二类工业产品是指最终工业产品，主要服务于工业或工程，但亦有可能是民用产品，比如医疗设备、工程机械等。从参与生产过程的程度和价值大小角度可划分为材料和部件、资本项目、供应品和服务三大类：①材料和部件。指完全参与生产过程，其价值全部转移到最终产品的那些物品，又可以分为原材料以及半制成品和部件两大类。②资本项目。指辅助生产进行，其实体不形成最终产品，价值通过折旧、摊销的方式部分转移到最终产品之中的那些物品，包括装备和附属设备。③供应品和服务。指不行成最终产品，价值较低、消耗较快那类物品。

（二）工业产品的特征

根据工业品的定义，工业品的特点概括性论述为：处于政府、企事业单位、用户等中间环节，交易主要介于单位与单位之间或单位与其他机构之间进行交易，为间接生产消费品服务。对于某些产品并不能割裂地被看作是“工业品”或“消费品”，应考虑到该产品的购买动机。例如，像电子计算机这类产品，如果卖给个人消费者，它是纯粹的消费品，而卖给使用它的企业或学校等组织性消费者时，它就成了工业品。工业品具体特征如下：

1. 购买频率较低，客户群体比较集中

工业品不像消费品价格低，购买频率高。工业品属于技术含量比较高的产品，用户数量较少，价格高，应用领域有针对性，具有行业化的特征，甚至客户数量少到可以数得清楚都是正常现象。购买者主要是企业或者组织，是理性购买，参与决策的人数较多，且购买过程较为冗长。

2. 科技含量大，产品寿命长

与消费品不同，工业品科技含量较高，使用寿命也比较长。一般来说，同类型工业品的竞争除了价格因素之外，区别主要体现在技术含量，使用性能和寿命等因素。

3. 技术服务要求较高

工业品的销售在对客户提供售前及售后的服务方面要求极高。不仅需要积极及时的反应速度，高效专业的服务质量，专业的服务团队，必要的时候还要第一时间赶至客户现场进行技术指导和系统调试。能否提供高效率的技术支持，也是工业品企业差异化营销的关键之一。

4. 采购方计划性较强

从工业品的采购过程看，首先是提出采购计划，制定详细的技术要求和规范，反复确认要达到的使用效果和到货时间等；其次是下达招标文件；最后是根据报价综合评比，来确定最终的供应商。由此来看，工业品的生产具有较强的计划性，甚至非标设计等特点。

5. 严格的货期要求

工业品的计划性和特殊定制性的特征，决定了它的不可替代性。生产设备的制造设计诸多的产品和供应厂商，一旦一方出现交货延迟，势必会影响整个项目的进展。除此之外，顺畅的产品流通还能有效防止在设备出现故障时的停机停产，防止导致企业经济效益受损，避免因货物断档而为竞争对手带来更多的机会。

6. 可持续性较强

工业品的使用方往往是一些生产性企业，对于产品使用或者维护者要求有一定的技术功底。除了使用方的习惯问题外，随意地更换设备品牌都意味着面临一定的风险和责任，因此，在没有严重的产品质量问题、成本等原因的前提下，用户延续旧品牌的可能性还是很大的。

从消费弹性来看，工业品的市场需求缺乏弹性，在短期内受价格变动的影响较消费品要小得多，但对于化工钢铁等战略性产品，其市场的需求受宏观经济等影响的波动性较大。

二、工业品营销

（一）工业品营销内涵

美国的市场销售协会（AMA）1985 年根据市场营销的定义，按照顾客类型的不同，将市场分为满足个人消费需求的消费品市场和满足组织需求的工业品市场。其中，工业品市场是指为企业或其他组织购买者的生产经营提供基础性工业产品或服务的企业构成的市场。但是 20 世纪中期以前，工业品营销并没有作为一个单独的领域进行相应的理论研究。美国哈佛大学的营销学教授 Melvin T. Coperland 首次在《营销问题》和《推销原理》中将工业品营销和消费品营销作为分列的章节进行叙述。目前学术界对工业品营销有不同的定义，但从本质上来看，都是一样的。工业品营销是指为了满足各种机构、组织的需要将某种设计、方案、产品或服务进行策划、定价、促销及分销等，并努力通过达成交易满足企业或组织机构的需求展开活动的全过程。工业品营销的主要特性为产业客户，团体采购，供购双方关系密切，目标客户群体相对明确，购买者数量少但购买量大。工业品的采购是衍生需求，即工业品市场的需求随消费者市场的变化而变化，从消费弹性来看，工业品的市场需求缺乏价格弹性。

（二）工业品营销模式

传统营销模式可以分为直销和分销两个大类。直销又可以细分为几种，比如工业品企业直接设立的大客户部、行业客户部或直接成立的销售公司及其分支机构等；而分销则可以进一步细分为代理和经销两类。根据工业品的市场销售方式和销售途径，一般分别为工业品的直销营销、分公司营销、分销营销、关联营销以及混合营销五种营销类型模式。除此之外，目前在工业品市场营销渠道的构建上还出现了销售联合体的模式。

1. 直销营销模式

是指生产企业直接向产品的最终客户销售其产品，没有中间商和中间机构。其特点是生产和消费双方直接见面，双方沟通及时，信息传递准确单件产品营销成本高，营销成功率不易控制，对营销人员的能力水平要求高；不仅技术水平要高，还要求商务沟通能力强，这种高素质复合型人才的成本一般也比较高，营销风险完全由生产企业承担。

2. 分公司营销模式

是指生产企业通过其外设分支机构分公司或办事处、代表处直接向产品的最终客户销售产品，存在中间机构，但该中间机构不存在独立性。其特点是生产和消费双方直接见面，双方沟通及时，产品信息准确传递，单件产品营销成本降低，营销成功率相对容易控制，对营销人员的专业技术能力要求不高，营销人员专注于商务工作。营销风险由生产企业和分公司等共同承担，对生产企业的管理水平要求高。

3. 分销营销模式

是指生产企业通过分销商，包括代理商和经销商，向最终客户销售产品，存在独立的中间机构。其特点是生产和消费双方一般不直接见面，产品和技术信息是否可以及时、准确地传递，依赖中间机构的工作能力和工作效率。单件产品营销成本低，但是存在对中间机构的价格折扣，营销风险主要由中间机构承担。由于价格折扣，对生产企业管理水平要求高。由于中间机构对产品的技术性能比较了解，营销人员可以专注于商务工作。在许多工业领域内，除了部分产品因技术含量高而需要进行延伸的服务式营销以外，很多产品已经不存在技术障碍，不需要企业进行直接的专业性销售，而是通过业内渠道销售，即采取分销模式，分为代理和经销两种。

代理是工业品企业将产品委托其他代理商销售的方式。双方事先签订协议，确定佣金比例，一旦项目销售成功，原则上代理商不承担资金投入和销售风险，只按协议提取代理佣金。代理销售一般有以下特点：代理商负责企业与客户双方关系的建立与协助业务的成交，因协助成交或推荐而发生的费用由代理商承担，代理商不购买产品，不作库存。应收账款的风险与代理商无关，但是款项收不回来则无佣金可以提取。一般需指定行业客户、区域等，而且须事先约定代理期限，在签约期间内，指定的产品代理商均可提取佣金，销售合同条款由企业与客户直接协商签订，售后服务由企业直接承担。

经销是一种商业企业向生产企业购买产品，通过提供各种相关的服务，然后再卖给客户的方式。经销一般具有以下特点：企业不管经销市场内的售价高低，经销利润由经销商决定，但一般会提供参考价，企业不承担经销商应收账款风险问题，但间接承担“三包”售后服务。企业与经销商可事先划定市场区域，规定经销权责，并给予授权，确定独家经销还是多家经销，经销商必须作库存以满足市场紧急供货需要，须有售后服务技术队伍负责市场区域内的售后服务。

4. 关联营销模式

是指生产企业借助关联产品的营销，向最终客户销售产品，存在独立的中间机构集成商。其特点基本与分销营销模式相似，但产品销量完全取决于集成商的产品销量。

5. 混合营销模式

是指根据产品客户的不同，采取有针对性的营销模式，生产企业与关联公司和分销商组成一个高效的营销网络。其特点是整个网络覆盖面大，灵活性较好，生产企业可以对整个销售网络进行准确的调整以适应客户的需求和特点。工业品企业在构建营销模式时应考虑以下几方面因素：首先是资金实力，实力强的企业倾向于建立自己的销售渠道如分公司、办事处或代表处等，而相对较弱的企业可能考虑选择分销商来销售它的产品；其次是管理能力，如果企业缺乏营销管理手段，选择分销商是最理智的做法；最后是对销售渠道的控制，企业选择直销，不但可以建立自己的营销通路网络，掌握市场价格，而且可以掌握第一手的市场信息，随时改变市场策略，在与竞争品牌较量时，不会被动挨打。与直销相比，分销的缺点是显而易见的，由于销售网络在分销商手里，市场的主动权也相应被人控制，一旦分销商发生变动或企业自身的营销体系发生变化，往往就会影响到双方的合作，这种情况在工业品营销中比比皆是。

6. 销售联合体模式

从市场经济的发展规律来看，在当今社会企业完全脱离社会横向关系而仅靠自身实力获得成功的可能性较小。企业在选择区域市场拓展中，其策略就应当充分地估计到区域特征，为了避免直销的过高成本，也为了避免选择分销后使企业主动权被他人掌握，可以选择一条将分销与直销结合为一体的新型合作途径，形成“销售联合体”。一是选择当地市场实力强大而且有一定营销网络的经销商作代理，巧妙地利用经销商的网络优势和地域优势；二是企业再选择素质较为突出，对企业忠诚度较高，善于公关交际的营销员融合于经销商，并长期驻扎，以经销商当中的一员身份出现，与他们一起跑市场，一起开发客户，一起收款，一起参与各种推广促销活动。这样既能迅速准确地将企业的各种营销策略及各种最新市场运作信息传达给经销商，又能及时将当地市场的各种最新动态，尤其是竞争对手的市场动态反馈给企业决策部门。同时还从根本上掌握经销商的客户网络，掌握经销商的资金运作情况，达到一般直销与分销所无法达到的效果。

（三）工业品营销策略

工业品营销的开始必然是从营销策略来着手，从公司以及营销团队的既有关系的分析梳理来进行客户的选择定位，再通过交往沟通与客户建立信任，从而形成合作。工业品营销策略主要包含：关系营销、服务营销、差异化营销、价值营销、低风险营销、品牌营销。

1. 关系营销

关系营销是指识别、建立、维护和巩固企业与顾客及其他利益相关人关系的活动，并通过企业努力形成合作。关系营销在操作层面可细分为客户甄别、客户沟通、客户服务、客户提升四大部分。客户甄别，是工业品营销的第一步，相当于消费品营销中的市场细分以及目标市场选择。工业品营销的客户甄别，首先是进行产业研究，把握发展趋势；其次是行业研究寻找自身的战略定位，并以此来寻找、设计行业的关系路径；最后是收集所有可能的客户信息，并在此基础上进行客户甄别。

2. 服务营销

工业品营销理性的购买动机、营销周期长等特点对服务提出了更高要求，尤其是在工业产品同质化、渠道平行化、价格透明化的市场环境下，服务营销成为营销策略中不可忽略的关键因素。服务营销策略的制定可以从服务对象、服务标准、服务程度以及服务成本四个方面进行考虑。按照营销过程中的参与程度、决策影响程度以及接触顺序这三个因素对所要服务的对象进行排序，并分别赋予相应的权重，再分别计算出相应的服务成本，据此拟定单个项目或者某个客户单位的服务预算与服务计划。一方面是为了服务过程中的成本控制与结算；另一方面是当项目结束时，某一个服务对象出现不利于项目合作的事宜时，可以用数据来证明曾付出的服务以及服务对应的成本。

3. 差异化营销

在工业品的购买决策中，客户注重的是使用价值。生产厂商必须能够提供确保客户设备正常运转，并且降低生产运营综合成本，提高生产运营效率的工业产品。生产厂商在满足客户对产品高质量基本需求的情况下，还要能够提供独特的产品，即进行差异化营销。差异化因素主要包含：产品特征、工作性能、一致性质量、耐用性、可靠性（即衡量产品在一段时期内会不会发生故障或无法工作的指标）、易修理性。差异化营销能够满足客户的多样性需求，展现出产品强大的生命力。

4. 价值营销

工业品的价格由技术、质量、附加服务等因素综合作用而成。撇开质量、技术、附加服务等要求而谈价格，对于工业品营销来讲是没有意义的。因此，营销策略的制定必须通过市场价格，从产品的内涵价值进行考虑，把价格转化为价值体现出来。价值营销策略包含价值构成、价值标准、价值谈判、价值回报等阶段。

5. 低风险营销

是指分别站在客户和自身两个角度从风险结构、风险计算以及风险防范三个方面进行设计，最后用榜样客户来予以例证，从而使得客户理性地得出同意合作的结论，赢得客户的信任以获得订单。工业品由于购买数量大、价值高、购买决策复杂，从各个方面降低自身和客户风险显得尤为重要。针对仪器设备等产品类型，可以采用免费试用的方式；对于原材料类型的工业产品，当质量优于对手时，可以采用打折销售让顾客使用，以获得潜在客户。

6. 品牌营销

在工业品的营销中，品牌并不是可有可无的成分，是企业重要的资产，是企业竞争优势的集中体现。一般来说，工业品的直接购买者是消费品的生产商，普通消费者的购买决策对生产商会产生重要影响。工业品品牌的树立不能仅仅局限于生产商，而应当延伸到最终消费者。

三、工业品品牌

（一）品牌定义

品牌是消费者或客户对一个企业、一种产品所有期望的总结。它包含质量、价值、文化、社会、地位、服务水平等有关产品和企业的信息，是长期文化、技术、品质的沉淀与积累。品牌首先是一个企业用来区别其产品的名称、标志、符号或设计等。通过品牌，可以将产品的属性、价值、文化、个性和使用者形象等信号传递给相关的消费群体。品牌的本质是企业向消费者传递所售产品、服务或形象的一种信号，而且它本身体现了企业以往和现阶段对该品牌产品所进行的一系列营销活动和发展业绩。英语中品牌（Brand）一词源于古斯堪的纳维亚语的“Brandr”，表示打上烙印之意。古代的牧民们在其牲口身上打上标记，来表明主人的身份；先人们在制造陶器的时候，趁陶土未干时，在器皿不显眼的地方按上指印或以其他形式的标识来表明陶工和产地。对技艺高超的技工来说，这是购买者识别其产品的主要方法。时至今日品牌的概念早已超越识别的范畴，特别是工业革命为品牌的发展提供了巨大的动力。随着全球经济一体化时代的到来，品牌价值的多少成为衡量一个企业综合实力的重要标准，实施品牌策略成为企业经营战略的重要内容。

（二）工业品品牌核心价值构成

工业品品牌核心价值的构建包括三个基本要素，即客户价值、核心能力和资源整合。企业的品牌价值创造围绕这三个要素展开，其具体工作内容如表2－1所示。

表2－1　工业品品牌核心价值构成

价值构成要素	企业价值定位
客户价值	1. 营造以客户为中心的营销文化和组织文化
	2. 建立客户关系管理系统，维系持久、稳定的客户关系
核心能力	1. 产品：基于客户需求的产品质量、产品组合和新产品开发能力核心
	2. 服务：专业化、差异化的服务能力
	3. 供货：迅捷、稳定、通畅的运输保障能力
	4. 人员：建立专家型、顾问式的营销队伍和技术支持队伍
资源整合	1. 通过渠道规划，进行渠道垂直一体化整合，从而实现协同效应资源
	2. 实行资源导向型战略，走规模化经营之路，形成成本优势
	3. 通过内部资源的优化配置，提高适应市场变化的能力和运营效率

工业品市场营销策略的确定必须适应工业客户的理性需求特点，发展价值取向型的品牌营销战略，以客户为中心，构建品牌的核心价值，即通过客户价值的形成，维系持久、稳固的客户关系；通过核心动力的打造，树立客户对产品品牌的信心、信任和信赖；通过资源配置，在与分销商或代理商的一体化合作方面，实现协同效应，构建竞争壁垒；在原材料资源控制方面，形成跨区域的资源优势和规模优势，在规模化的基础上形成独特的成本优势，从而提升价格竞争力；在内部资源优化方面，提高组织的市场应变力和运营效率。企业品牌核心价值构成要素之间相辅相成，互为促进，在持续完善和发展产品品牌核心价值的过程中，企业的核心竞争力得以不断强化，最终使企业步入内外互动、企业价值和品牌价值不断增值的良性循环的发展轨道。

奔驰车的品牌故事

“二战”结束后，奔驰公司董事长哈斯佩尔意识到，随着战争的结束，军用汽车市场估计很快就过时了，订单会越来越少，商用车一定会再次回到人们的视野。他据此提出战略性转变，恢复投入商用车生产。1949年，公司推出170s、170d两款小轿车。新车一推出，销售额迅速攀升。到了1950年，奔驰公司生产了近3.4万辆汽车，这在它们生产史上绝对是一个空前的年产量。哈斯佩尔的战略性眼光极具远见卓识，在其他厂商还没有嗅到商机的时候，迅速出击，使得奔驰公司在20世纪50年代初期迅速崛起，牢牢占据了德国汽车行业头把交椅。

然而随着全球各大汽车品牌的崛起，如宝马、奥迪、萨博、捷豹等，加上奔驰管理者妄自尊大、故步自封，完全不把竞争和变革放在眼里，也没有意识到品牌建设的重要性，到了1978年，公司销量急速下滑；到了20世纪80年代初期，公司的产品几乎无人问津，1993年的产销量，竟然比六年前还少了10万辆，出现了财政赤字。

危急时刻，赫伯特·科勒针对公司产品线不断老化、品牌形象削弱、越来越糟糕的市场地位现状，一次又一次地对大家陈述自己的观点，强调必须改革，必须抛弃陈旧的观念，必须从顾客的角度出发，把适合顾客的产品生产出来，重新塑造自己的产品品牌。根据科勒的建议，公司调整市场规划，重新研制、生产出第一款经济型奔驰C系列新型汽车。这款车迅速成为当年市场上的热销品，几乎成了奔驰的救护车，公司业绩开始回升。直到现在，C系列依然是奔驰的主打产品。

改革的成功激励着奔驰进行着后续一系列品牌建设工作，如将前卫概念融入到设计之中，在保证质量的同时，不断增加产品的差异性。时至今日，奔驰已拥有48个车系，180款车型，产品遍销全球。

资料来源：财经故事，2017年5月13日。

（三）工业品品牌意义

随着工业革命的爆发，技术的不断更新，以及经济的不断发展，工业品中除了少数初级原材料外，产品同质化的趋势越来越明显，一些国际工业品企业为了提高产品的竞争优势，正面向最终客户进行沟通、宣传，培育企业品牌，期望形成最终客户的偏爱。同时，随着市场秩序的进一步规范，品牌在工业品购买决策中将发挥越来越大的影响力，工业品品牌将越来越受到重视。

工业品企业明确地认识到，品牌并非可有可无，而是企业重要的无形资产，是企业竞争优势的集中体现。品牌不仅仅是一种符号结构，一种错综复杂的象征，更是企业、产品、社会文化形态的综合反映和体现，不仅仅是企业一项产权和消费者的认知，更是企业、产品与消费者之间关系的载体。工业品品牌的意义主要表现在：品牌可以为企业获得更大利润空间；成熟的工业品品牌有利于企业获得长远的竞争优势，是工业品市场不断健全发展的需要，能够提高传播和沟通效率，有利于新产品打入市场，有利于工业品企业提升整体价值。

具体意义如下：

品牌是一种使高度无差异化的产品种类“与众不同”的，有效且引人注目的重要手段。一个强有力的品牌企业，可以获得差异化的竞争优势，而且是竞争对手无法模仿的。这种优势还可以在营销传播中受益，与那些完全无名的产品或服务相比，营销将更容易被接受。Intel、IBM、通用电气、ABB、上海电气等都是很好的例子（见图2－1）。

图2－1　差异化品牌

1. 创造品牌忠诚

品牌可以帮助公司从以交易为基础的推销模式，转型为以品牌为基础的长久合作关系。客户永远是最重要的，企业在始终如一地根据品牌承诺竭力递送品牌价值时，就能创造客户对企业的忠诚，从而获得更多的购买机会。同时，品牌对塑造企业员工的忠诚度也是大有裨益的，使企业更容易招聘和留住人才，一个积极的品牌形象可以吸引所有的利益相关者。

2. 创造用户的购买偏好

品牌偏好能有效地造成对竞争性品牌的区隔和排斥。品牌偏好在消费品市场已经是司空见惯了，在工业品市场也是如此。一个强势品牌传递的信念、利益、功能、特征等品牌价值，将阻碍用户转向竞争者的产品或服务。比如大多数电脑爱好者对英特尔 CPU 的偏爱就是一个很好的证明。

3. 获得更多的溢价空间

企业的最终目标是追求利润最大化，工业企业也是如此。因此，工业企业也应培育品牌，保证中间商能获得合理的利润，也才能使自己获取最大的利润。据统计，名优品牌和一般品牌价差国外一般是 30% ~60%，在国内一般是 10% ~30%，据此确定培育名优品牌可以使经销商获得更多的利润，同时也可使工业企业获得合理、稳定的利润。通过企业品牌，把工业企业、商业企业、中间商连接起来，形成一个利益共同体，才能真正实现工业企业、商业企业和中间商的“多赢”、利益共享。而在这个利益共同体中，必须达成品牌关系的共识，获利的重要手段是有好的品牌。国际营销大师米尔顿·科特勒曾指出，高品质工业产品进入发达市场时中国企业需要从品牌上获得 30% 的利润，而不是 10% ~15% 的市场加工费。拥有品牌之后，工业品企业可以利用品牌对客户的吸引力、品牌拉动力来获取更大的利润空间，却依旧具有极强的竞争力，这就是做品牌的魅力。

4. 获得更多竞争机会

随着市场选择的增加，买方无疑更加偏好自己已经知道的公司和品牌，因为这样既节省调研时间又降低了风险，还能更快、更好地完成采购任务。通常，买方没有太多的时间和资源彻底核查和评价所有的潜在供应商。显然，在公司潜在采购来源的简短名单上，大多数无疑是著名的企业和品牌。所以，要想在激烈的市场竞争中突围，成为知名的供应商，或者至少挤入买方采购的简短供应商名单中，那就需要建立一个强势的品牌。

5. 增加销售量

建立强势的品牌，不但可以从较高的利润中受益，还可以从较大的销售量中受益。相反，企业往往只能通过降价、折扣等来获得订单，利润大大降低，而且销量往往上不去。

6. 增强企业抗危机能力

借助强势品牌，利用品牌各利益相关者的忠诚度，能帮助企业比较容易地度过产品质量、营销事件等各种企业危机。由于客户长期以来对品牌形成的偏好和忠诚度，即使企业一时出现了负面问题，但客户仍会最大限度地“不离不弃”，给了企业解决问题、处理危机的机会和时间。

第二节　农产品的概念及特征

一、农产品的概念

农产品是一大宗商品，包含商品种类繁多，国际上对其范围的规定和理解并没有统一的标准，一般可将其分为广义农产品和狭义农产品两类。广义农产品包括：农作物（粮食和经济作物）、水产品、畜产品、林产品；狭义农产品则不包括林产品和经济作物中的橡胶纤维等。

联合国贸易与发展会议（UNCTAD）是按照国际贸易标准分类 SITC 来定义农产品范围的，这一定义认为农产品包括食品和农业原料两部分，食品包括 SITC 第 0 类、第 1 类及第 4 类，农业原料包括 SITC 第 2 类，减去其中的第 27 章（天然肥料及矿物，煤、石油及宝石）、第 28 章（金属矿砂及金属废料）的商品。

世贸组织秘书处的《国际贸易统计报告》（ITS）对农产品的定义与联合国贸易与发展会议对农产品的定义基本一致，也是按 SITC 来分类。只是把第 22 章（油菜籽及含油果实）纳入了食品范围，而不是如 UNCTAD 将其列入农业原料范围。

世界贸易组织的《农业协议》（AOA）按 HS 来分类定义农产品的贸易统计范围的，农产品分布在第一、第二、第三、第四等众多类别中，并不包含木材、木浆及天然橡胶等林产品。

联合国粮农组织（FAO）对农产品的定义范围相对狭窄，仅包含狭义农产品，不包含水产品及林产品。

本书在进行研究时，采用按广义定义法定义农产品。国家规定初级农产品是指种植业、畜牧业、渔业产品，不包括经过加工的各类产品。包括：烟叶，毛茶，食用菌，瓜、果、蔬菜，花卉、苗木，药材，粮油作物，牲畜、禽、兽、昆虫、爬虫、两栖动物类，水产品，林产品，其他植物。

二、农产品的特征

来源于农业的初级产品是人类生活必不可少的物质，农产品本身的特征决定和影响了农产品市场的特征，农产品的特点会直接关系着农产品市场的特征。具体情形如下：

（一）基础性

食物是人类赖以生存的物质基础，也是城乡居民日常生活的必需品，农产品具有一定的需求弹性，这是不同于一般的商品和服务品的特征，因而人类要生存和社会需要稳定发展都离不开农产品。

（二）季节性和周期性

季节性是农产品生产的一个显著特征，每次农产品产量上发生较大变动都是随季节的变化而产生的。农产品市场也会出现季节性的变化，主要是因为农产品的季节性特征导致的。农产品如果进行季节性营销将导致农产品的市场面临一定程度的影响，其影响力度的大小主要是依赖于农产品自身的耐腐性和贮存新鲜程度。农产品还具有周期性特征，表现在农产品供给在一年中有淡季也有旺季之分。

（三）生产制约性

农产品在生产过程中受到土地、技术、气候、环境、人力等资源的制约，这些因素影响着农产品的生产。土地资源的稀缺性将导致农产品生产受到限制；生产技术水平的高低将影响着农产品生产产量和质量的提高；由于农产品的季节性特征导致农产品对极端气候十分敏感，气候的极端变化直接影响着农产品的产量和价格发生重大变动；农产品生产环境的好坏也会直接影响到农产品的质量，环境如果遭到污染，生产出来的农产品有毒物质含量就会很高，相对应的农产品的质量难以得到保障；农村劳动力投入多少将影响农产品产出高低。

（四）地域性

农业对土地、水、气候等自然资源的依赖性很强，因此，影响动植物生长的光、热、水、土、地貌等自然因素就成为影响农业生产与发展的重要资源条件，其时空分布及其组合直接影响到区域间农产品品种、产量和品质方面的差异。农业生产的地区性特点，必然会引起农产品生产布局上的差异，从而会引起流通路径和流通渠道的一系列差异。

三、农产品的市场特征

（一）市场主体规模小而分散

农产品的生产地市场基本上都是小而分散的市场，即市场的主体规模小而分散。农产品生产往往具有分散性，主要是因为交易的地域性特点导致的，通常采用规模小而分散的集市贸易的形式。相对于农产品的批发市场则一般分布在全国大中型城市、交通运输的中心地带。农产品市场主体规模小也决定其抗风险的能力比较差，从事农产品、农副产品批发的个体经营者面对市场风险时往往会倒闭。农户规模小而分散导致其市场信息收集分析能力比较差，以及市场销售过程中的谈判能力也比较差，在其生产过程中做出的决策也就具有较大的盲目性，农户的利益也更容易受到损害。众多小规模农户和零售商的存在会导致流通环节增多，成本也就相应地增加，这样不利于提高经济效益。

（二）经营风险较大

农产品经营风险是由于农产品市场供求关系变化和农产品恶劣的经营环境以及自然环境造成的。农产品不耐储存的特性导致农产品在运输和销售过程中容易发生变质，经常因为这个原因受到经济损失。农产品需要尽量缩短产品市场的流通时间，改善存储和运输设备，在较短时间内将农产品出售出去，才能尽量地降低这种风险。

农产品市场行情信息不能及时地掌握，也是农产品经验风险较大的一个原因。很多贩运商在收购农产品的时候，对于农产品产销地信息的动态不能全面及时地了解，掌握的信息往往是过时的，这样就增加了他们在市场销售过程中的风险性，同时也增加了与其相关联的其他经营者的风险性。

（三）农产品市场的流通渠道不畅，物流成本过高

农产品流通由于流通环节多、流通成本高、市场秩序混乱，导致农产品流通渠道不顺畅，农村经济的发展遭到严重阻碍，同时也影响到农民的收入增加，影响农民生产的积极性。

四、农产品与工业产品的区别与联系

（一）农产品供给特性与工业品供给特性存在区别

农产品供给与工业品供给度量时间不同，工业品的特点是采用连续化生产方式，没有明显的年度界限，而农产品的供给通常以作物年度作为度量时间。当收获期结束后，当期的产量就已经确定。农产品和工业产品供给弹性不同，同一种工业产品，在不同阶段其供给弹性大小也不同。一般而言，当生产能力利用不充分，即闲置能力较大时，供给弹性比较大；反之，当生产能力充分利用，闲置能力较小时，供给弹性就较小。这时，由于短期内扩大供给的能力有限，价格的上涨幅度会非常惊人。而农产品供给量在收获期内几乎是固定的，供给量不会因价格低而少，也不会因价格高而多，其供给弹性几乎为零，其供给曲线将退化为一

条与纵轴平行的直线。

（二）农产品和工业产品对销售渠道功能要求不同

农产品对销售渠道的要求较高，工业产品对销售渠道的要求较低。另外，由于生产的地域性与消费的普遍性之间的矛盾，使农产品的销售渠道变得更加复杂。

（三）农产品和工业品产出存在区别

由于受自然条件的制约和影响，农产品的产量一般不稳定，不是丰收便是歉收，有供给与需求之间的矛盾。而工业品的生产能够人为控制，保证产量的稳定性。农产品和工业产品也存在着密切的联系，二者相辅相成。农产品可以为工业产品生产提供原材料；反之，工业产品在农业生产中的应用可以增加农产品的产量。同时从农产品和工业产品的本质出发，两者的生产均是由于要满足消费者的某种特定需求而被生产出来的。

第三节　农产品营销

一、农产品营销内涵

农产品市场营销是指为了满足人们的需求和欲望，而实现的农产品潜在交换的活动过程。农产品营销是农产品生产者和经营者的个人与群体，在农产品销售的过程中所包括了农产品采集、生产、加工、运输、零售、批发和服务等全部营运活动。农产品生产和农产品经营的个人和群体，是农产品营销的主体，农产品营销活动贯穿于农产品生产、流通和交易的全过程。农产品营销概念体现了一定的社会价值或社会属性，其最终目标是满足社会和人们的需求欲望。由农产品的含义可以得知，农产品市场营销不再局限于农产品的流通和销售领域，而是渗透到了生产和消费领域，体现与传统观念不同的性质。农产品营销的具体内涵如下：

（一）按照消费者需求开展农产品营销

农产品经营者以消费者的需求为核心，生产产品和销售产品。也就意味着农产品企业要根据消费者的需求来确定农产品的生产任务。农产品企业面临着既要调查消费者的现实需求，又要发掘消费者对农产品的潜在需求，同时还要运用营销手段创造需求，最后通过掌握的需求信息有针对性地生产农产品、销售农产品。

（二）农产品市场营销是一个整体营销过程

完整的农产品市场营销，包括农产品生产、采集、加工、运输、批发、零售和服务营运活动在内的整体营销过程。传统的农产品流通过程是指农业产品生产出来所进行的商业营销活动，而农产品市场营销把农业生产活动视为营销活动的一个环节，这是与传统营销的区别。农产品市场营销作为一个整体营销过程，不能因为农业生产过程是一个分工活动的过程，就把每个环节从整体中分割出来，只有将每个环节组成一个有机整体才能更有效地服务市场需求。这一过程不仅仅包括种植和饲养过程，还包括能创造或者能增加产品效用的过程，农产品营销的每个环节体现了农产品生产过程的延续。

（三）农产品营销通过每个活动环节不断创造出多种产品效用

农产品市场营销的加工环节，能够为消费者创造形式效用；农产品营销在运输环节，能够为消费者创造产品的区域效用；农产品市场营销的储藏环节，能够为消费者创造产品的时间效用。农产品市场营销通过各个环节提供的服务，不断地提高农产品消费者的效用满足度。

二、农产品营销模式

农产品营销是指农产品从产品生产者向终端消费者的流通过程，整个过程以生产者为开端，以消费者的购买为终点，中间由部分经销商和代理商参与，最终实现产品所有权的转移。农产品营销模式主要有以下几个方面：

（一）农产品直挂的营销模式

简单来说，农产品直挂营销渠道是指农产品生产者与终端销售者直接达成采购协议，农民不再依靠中间商来进行农产品交易，从而减少农产品的流通环节。这种营销渠道一般适合经济发展缓慢，或者以区域性交易为主的地区，不需要任何外部环节，只采用简单的运输工具，运送到集市上，直接销售给消费者，省去了中间环节的费用和差价，降低了消费者的购买成本。但这种营销渠道受到地域性的限制，空间有限，市场的需求量小，农产品在供给大于本地需求的情况下，便会出现压价或者滞销的情况，影响农民增收。同时在经济相对落后以及交通不便的地方，直挂模式的建设难度非常大。这种营销模式只适合零散的、小规模的农产品销售。

（二）多层次的营销渠道模式

随着经济高速发展，我国农产品营销渠道有了一定的增长，然而规模小、碎片化及组织化程度低仍是目前我国农产品营销渠道的主要特点。独立的农户由于信息搜集与处理能力不强，在剧烈变化的市场中，很难建立或者找到完全符合自身农产品特点与生产方式的营销渠道，更多时候还是依靠农产品经销商一层层地建立渠道，中小农户对经销商的依赖十分严重。这种多层次的营销模式因农产品经过的环节太多，且各层经销商都会进行利润附加，导致消费者最终买到的农产品价格相比农户的批发价翻了几倍，因此容易造成市场价格信号机制失灵。同时，一些偏远地区则出现了批发商定价完全从利益角度出发、随意加价的现象。这种以中间商为桥梁的营销渠道模式，不利于农户增加收入，也在一定程度上侵害了消费者的利益。

（三）宽渠道模式

宽渠道模式中，农产品加工、销售公司是这一模式的核心，在此模式下中介渠道商既负责农产品的收购，也会对农产品进行必要的加工，统一包装后再面向市场。相比多渠道模式，这种渠道模式只有中间一层，可更好地对接消费与生产。

（四）订单销售的营销渠道模式

订单销售是指合作社、企业、超市等与农户签订购买合同，农户按照合同的规定，长期稳定地将农产品销售给合同的另一方。这样，既保证了农产品的定向销售，企业、超市等也有了稳定的货源，有利于自身的稳定和发展需要。农户将农产品销售后，企业和超市可以对初级农产品进行加工和包装，提高农产品的附加价值，延伸产业链条。另外，农户在合作过程中，可以了解更多的市场信息，根据市场的需求种植农产品，可以将土地的价值利益最大化，种植适应市场需要的农产品，避免盲目种植，规避陷入农产品销售难、价格低的困境。

三、农产品营销策略

农产品市场营销的策略与其他行业一样，分为纵向营销（Vertical Marketing）和水平营销（Lateral Marketing）。农产品营销策略主要包含：优价化策略、优质化策略、差异化策略、渠道策略、品牌策略。

（一）优价化策略

价格的定位是影响营销成效的重要因素。对于求实、求廉心理很重的中国消费者，价格高低直接影响着他们的购买行为。为满足消费者差异化的需求，要对产品进行分级分类，实行优质优价、低质低价。根据不同地区收入水平的差异分别定价，对价格策略的调整，不仅有利于满足不同阶层、不同地区消费者差异化的需求，而且可以提高企业的收益。另外，农产品价格由于受国家宏观调控，由于要规范市场秩序，避免盲目无序的现象出现等原因，农产品生产者个人创新的余地不大。在对农产品定价的过程中，主要考虑与其他营销策略的配合。农产品要贯彻优质优价、劣质低价的原则，特别是绿色农产品，要将价格定得高一些，以促进绿色农产品的发展。但在发挥价格杠杆作用的同时，要注意价格的真实性，让价格反映真实的市场供求状况。

（二）优质化策略

随着经济的发展，物质条件不断变好，人们对食品质量的要求越来越高，不再满足于吃饱，更重视吃好。实行“优质优价—高产高效”策略，把引进、选育和推广优质农产品作为抢占市场的一项重要策略，以质取胜，以优发财。

（三）差异化策略

差异化营销策略是农产品营销策略的重要策略。差异化包含两方面的内容：一方面是向消费者提供不同于竞争对手的产品，即营销产品的差异化；另一方面则是采取与竞争对手不同的形式或程序，即营销过程的差异化。营销产品的差异化取决于农产品需求层次的差异。消费者对农产品的需求基本上可分为基本需求、期望需求、附加需求和潜在需求等几个层次。农产品营销过程的差异化，强调的是农产品营销手段、服务形式、运作程度等方面。在满足程度上，比对手更周到地为消费者服务；在满足方式上，比对手更具创意；在满足速度上，比对手更快。也有研究者把差异化策略叫作多样化策略，但两者的实质内容存在差别，差异化是从不同的角度找新鲜点，多样化是使一个产品多个式样。

（四）渠道策略

目前的农产品市场在渠道方面，除了国家收购和交通便利的大中城市设立的农产品批发零售市场外，在收购渠道上存在着零散、盲目的问题，缺少大的中间商和中介组织，产销衔接不畅，偏远地区出售农产品就更加困难。因此，要大力拓展农产品渠道，发挥中间商的作用。如有的地区采取的“公司 + 农户模式”“合作社 + 农户”模式，都较好地解决了农产品销售的问题。

除此之外，还要培育造就一支开拓国内外市场的经纪人队伍。经纪人是市场开拓的主体要素，培育造就一支开拓国内外市场的经纪人队伍，提高其组织化程度，就能推动农产品市场营销的发展。一方面要大力发展农民合作运销组织，让农民组织起来进入市场，解决一家一户生产经营活动的信息不对称，进入市场难、风险大、产品运销环节多、成本高，从而导致农民增产不增收的问题。另一方面要培育农民经纪人队伍和代理商、中间批发商组织，扩大营销规模，提高交易效率。可以组建行业协会，充分发挥协会作用。行业协会是会员自愿参加的跨部门、跨地区、跨所有制的非营利性、自律性行业组织，是独立的经济社团法人，是企业合法利益的代表，也是政府的助手。

农产品市场的渠道，既要建立有形市场网络，如生鲜超市、批发市场、配送中心等；又要建立无形市场网络，积极推行网上营销，实施电子商务。农产品网上直接销售的途径很多，既可在自己的站点上直接销售，也可加入电脑网络广场和虚拟电子商场。

（五）品牌策略

随着人们生活水平的提高，对产品的质量要求越来越高。要实现农产品的高质量，农户在选择品种方面，就必须注重农产品的高产高效。可以通过多方市场的对比，适时关注市场信息，选择优良的品种，利用多样化的产品在市场上抢占先机，逐渐淘汰产量低、不适合地方水土资源特性的产品。广泛应用新技术，开发新品种，完全能依据市场的需求生产出相应高质量的产品。树立品牌意识，打造生产精品的意识，产品的标识认证是对产品价值的肯定和附加。树立品牌是保证农产品质量的方法，也为农户的利益提供保障。

第四节　农产品品牌

一、农产品品牌营销的含义

农产品品牌营销，主要是指企业为了满足农产品市场的需要，通过市场营销使消费者形成对农产品企业品牌和产品的认知过程，适应市场外部环境的变化，使农产品企业的品牌长期稳定发展下去，从而实现农产品企业经营战略目标。同时，还要战略性地谋划品牌，对品牌进行有效管理。农产品品牌营销的目的，就是通过塑造企业和产品的品牌形象，达到扩大农产品销售和提高农产品在市场上的占有率，提高顾客的忠诚度，进而达到满足消费者的需求和实现农产品企业发展的目的。

“好想你”枣的品牌故事

28年前，中国消费者对红枣的认识普遍还停留在“一方人吃一方枣”的阶段，对枣类产品的营养价值没有太多认识，销售方面也仅停留在种植户拉着枣到市场上兜售，未经加工的产品卖不起价，只有1000元/吨。

然而，有着丰富阅历的“枣庄人”石聚彬对此却有着不同的看法，认为南方人喜欢用枣煲汤进补，对于广州、深圳等消费意识成熟的市场而言，产品只要能贴合顾客的需求，必定热卖。石聚彬根据南方人用枣煲汤进补的思想，在生产枣产品时着重突出营养价值，摒弃常人用糖液煮枣的方式，改用人参煮枣，突出枣药食兼用的价值。同时在包装上也独具匠心，做成100克的小袋包装，还将15公斤的黄色包装箱换成了5公斤的白色箱子。仅半年时间，销售额达到30万元。随后，石聚彬注册了“奥星”实业。

注册后，石聚彬一边卖枣一边继续做市场调查，他了解到南方人不喜欢吃枣吐核，便迅速设计生产出一款类似缝纫机的半自动机器，可以把枣核打下来。然而，无核枣并没有直接量产，而是先送样品到广交会展览，被新加坡三和贸易公司预订2吨后才开始量产。产品拿到广交会上一炮走红，以每吨2.6万元的价格被哄抢，一下子大赚100万元。但好景不长，“无核鸡心枣”很快被友商模仿，大家一拥而上，生生把无核枣的价格拼到了每吨7000元。

被模仿，对于任何一个企业在所难免，但如果演化出不同形态的产品和味道，这个品牌便会与众不同。2000年，奥星实业在郑州市纬二路开了第一家直营店，石聚彬注册了“好想你”品牌。不仅如此，好想你在其品牌战略下，还相继打造了中华枣文化博览中心、红枣文化节、枣乡风景游、好想你万佛苑等诸多看似与好想你实业毫不相干的项目。然而，正是这些项目为好想你滋生出更深厚的企业文化土壤，让好想你的红枣事业得以生根、发芽、开花、结果，品牌产品难以被模仿。

资料来源：网易新闻，2017年1月19日。

二、农产品品牌意义

我国是农业大国，但农产品的营销在我国起步较晚。而农产品初级生产者几乎没有品牌意识。长期以来，初级农产品生产者只看重产品的数量，完全没有质量的概念和要求。特别是一些传统的小零售店，只是觉得卖的就是货物，品牌应该是那些工业商品才具有的特性。受传统观念的影响，用户在购买初级农产品时，往往只看到物品的本身，导致很多农产品没有形成一定的品牌效应，这也是由初级农产品的自然属性决定的，直接影响到我国农产品在国际上的竞争力。国内有很多产品都是以初级农产品的形式出口到国外，经过外国的一些简单加工，再销售回国内。以高价格购买自己原产的农产品，这是目前农产品营销渠道的窘境。

农业是我国的基础性产业，农产品供给已经成为区域内城乡老百姓食品消费的主要来源。推进农业品牌战略，培育品牌农产品，是促进传统农业向现代农业转变的重要手段，具有重要意义。

三、农产品品牌与工业产品品牌的区别与联系

（一）消费主体导致的区别与联系

农产品质量安全是关系到全体消费者健康的大事，农产品供给又关系到国家政治稳定、社会安定和经济发展，所以各个国家对农产品的供给都非常重视。在农产品供给中既有量的供给也有质的供给，质的供给就是保障优质农产品的供给。同时，农产品品牌建设本身涉及的主体较多，单纯依靠农业企业控制农产品质量、建设农产品品牌也很难收到好的效果，客观上要求政府必须利用政策、法律来规范有关主体行为，以保证农产品的质量水平和农产品品牌建设的法制化、制度化。农产品品牌建设与工业品牌和服务业品牌相比，具有受到国家政策、法规影响大的特点。

（二）农产品和工业品复杂程度不同导致的区别与联系

农产品品牌的复杂性导致了农产品品牌建设的复杂性。首先，农产品品牌既有质量标志，又有集体标志，还包括种质标志。这些标志的建设需要多个主体通力合作、全力以赴才能实现。政府、农户、农业行业协会和农业企业是独立的经济主体，其利益取向各不相同，协调一致相当困难。其次，部分农产品的食用性特征要求部分农产品具有较高的质量标准，也使农产品品牌建设难度高于工业产品和服务产品，再加上农产品的生物性特征使农产品质量每时每刻都在发生变化，质量保证难度也格外大。最后，农户在农产品的生产过程、销售过程中的组

织性较差，农产品质量的保证也相当困难。这些因素都导致农产品品牌建设过程要比一般工业产品和服务产品复杂得多。

（三）农产品和工业品的附加值不同导致的区别与联系

农产品大多属于日常消费品，其单位产品价值量一般不大，农产品品牌的单次品牌信息对消费者的刺激作用比较小。在人们农产品品牌意识还不太强的今天，消费者对农产品的品牌极容易忽视。工业品的单位价值通常较高，消费者在购买时会比较慎重，品牌信息对消费者的刺激比较大。相比较而言，农产品品牌建设过程具有长期性特征。

第三章　农产品需要什么样的品牌

品牌化是企业提升销售量、增加附加值的重要途径，农产品也不例外。因为唯有品牌化，才能更容易获得消费者认知，才能与其他同类产品实现差异化竞争，也才能够更好地获得市场。产品品牌化不仅意味着产品质量有保证，更意味着产品背后深刻的文化内涵，也是产品能够溢价销售的根本。但农产品由于其特殊性，品牌管理必然与工业品等有所区别。因此，农产品究竟需要怎样的品牌，又如何对这些品牌进行管理，是亟待思考的问题。本章列举了农产品品牌中较为常见的区域品牌、渠道品牌和个人品牌，并逐一对其进行深入分析，以求寻找适合农产品的品牌化方式。

第一节　区域品牌

一、区域品牌的概念

目前，学术界对于区域品牌并没有一个十分清晰的界定，国内外不同的学者对区域品牌都有不同的见解。

从国外的研究成果来看，凯文·莱恩·凯勒（2003）认为“像产品和人一样，地理位置或某一空间区域也可以成为品牌”。可以说国外的研究更多强调“区域品牌化”，即“Place Branding”。该词应是对以地理区域命名的公共品牌的统称，是涵盖了国家品牌、城市品牌、地区品牌、目的地品牌、地理品牌、集群品牌等多种类型区域品牌的属概念（孙丽辉等，2009）。它是标示企业产品品牌辐射范围的营销学概念，指在一定区域内享有良好声誉、拥有较高市场占有率的产品品牌，如区域品牌、国内品牌、国际品牌存在显著不同（吴传清，2008）。

从国内研究的成果来看，区域品牌是指某个行政地理区域范围内形成的具有相当规模和较强生产能力、较高市场占有率和影响力的产业产品（贾爱萍，2004），它有赖于产业基础雄厚程度，有赖于行业核心竞争优势，更有赖于名优产品的多寡（夏曾玉和谢健，2003），它通过类似于“产地名+产品”的格式，为某个地域的特定产品给予定位，使这一定位受到广泛认可，成为一个区域声誉、质量和历史文化的综合体现，成为有价值的地区资源（洪文生，2005）。

由以上分析不难看出，区域品牌与一个地区的产业及特色是分不开的，是某个行政或地理区域内的某一优势产业，经过努力而形成或创建的，为该产业内企业所共同拥有的，在产业市场上具有较高市场份额和影响力的品牌、形象或商誉，是区域内产业、企业、产品或服务及其品牌集体行为的综合表现。区域品牌主要包含三个要素：一是区域性，一般限定在一个地区或一个城市的范围内，带有很强的地域特色；二是品牌效应，它能够诱发人们的联想，刺激人们的购买欲望，对本地区的经济发展起着举足轻重的作用，较之单一品牌更利于培养市场偏好，更易于增强企业和区域的竞争力，获得更广泛、更持久的品牌效应；三是产业特色，它往往代表着一个地方产业产品的主体和形象，是区域产业个性特色的反应载体，体现了本地产业特色，这种特色往往不容易被模仿与复制而成为区域的代表。

二、区域品牌的特征

（一）区域性

区域品牌最大的特点就是区域性。享有区域品牌的农产品都集中于某一地域范围之内，依托区域独特的资源，带有很强的区域特色，它是区域资源禀赋、区域历史文化的积淀，能够为区域经济发展带来集聚效应和规模效应，体现了历史渊源的沉淀，是各个生产经营者品牌积聚后的产物。正是这种区域独特性的特点使得区域品牌很难被模仿与复制，成为一个区域的核心竞争力。

（二）公共物品

在微观经济学理论中，物品可分为两种类型，即公共物品和私人物品。农产品区域品牌具有公共物品两个方面的特征：一是农产品区域品牌的非排他性，即农产品区域品牌可以被众多的经济主体同时使用，任何使用者都不能阻止他人使用该品牌；二是非竞争性，即该区域范围内的经济主体，使用农产品区域品牌并不影响他人的使用，新增使用者并不会增加社会成本。该特征导致农产品区域品牌在发展过程中缺乏建设的动力，容易出现“搭便车”行为，甚至会损害到农产品区域品牌的形象。

（三）外部性

外部性是指一个经济主体的行为对另一个经济主体的福利所产生的效果，这种影响可以是正面的，也可以是负面的。农产品区域品牌的外部性表现为：当某些经济主体通过大量的经济行为，如向市场提供优质产品，对农产品区域品牌进行大量的宣传，使区域品牌形象得以提升，该区域内所有经营同一产品的经济主体都可受益。即一个知名度高和美誉度高的农产品区域品牌能够给区域带来巨大利益，区域企业的产品可以在区域品牌的光环下，给区域企业带来巨大利润，这是农产品区域品牌的正外部性。相反，如果使用该农产品区域品牌的经济主体出现了某些不良的经济行为，将损害区域品牌形象，这时就会产生负外部性，会使该区域内所有共享该农产品区域品牌的经济主体或多或少地受到牵连。

（四）柠檬市场

“柠檬市场”效应主要是在信息不对称的情况下，在价格水平一定的条件下，信誉差、质量低的经销商大量涌入，如此恶性循环在极端状况下会导致市场关闭。在所有共享农产品区域品牌的生产经营者中，在缺乏强有力的管制措施的情况下，往往会有一些经营者向市场提供劣质产品，由于消费者难以在高质量产品与低质量产品之间做出判别，于是消费者就倾向以较低价格去购买低质量产品，而使得同一区域品牌的高质量产品难以出售，从而产生“劣品驱逐良品”的现象。这种现象的存在将使优质农产品的市场难以扩大，农产品质量难以提高，导致农产品区域品牌形象提升成为一个难题。

三、区域品牌的建设主体

（一）政府是区域品牌建设的重要主体

农产品区域品牌建设是一项同技术工程一样需要投入人力、物力、财力的系统工程，具有很强的政策性和专业性，依靠行政力量来塑造区域品牌的整体形象，是区域品牌建设的基础和保障，各级政府是推动这一进程最重要的力量。政府是培育和增强农民品牌意识的主体。在中国农户生产规模小的客观条件下，政府在对农民进行引导、支持和关心，鼓励其增强品牌创建的信心方面，发挥的作用不可替代。政府是基础设施、公共产品的提供者和管理者，农业生产中基础设施的建设如水利、道路交通、农村电网、通信、能源供给设施等，能够增强农业抗自然灾害的能力，提高农产品竞争力，对区域农产品品牌建设是有力的支持。

政府对公共产品的投入和改善是区域品牌建设必要的基础支撑。政府又是食品安全、农产品检疫、农业技术标准化等制定与实施的管控主体。没有技术标准，农产品生产就没有规范；有标准而落实不严格，农产品质量就没有保证，直接损害区域品牌，而这一过程均需要政府的管控。政府还是产地形象的宣传、规范农产品市场和竞争秩序的主体，农产品区域品牌认证体系的构建，区域品牌竞争行为的仲裁和监理等，均有赖于政府的作用。各级政府通过建立本区域品牌，促进农业产业集群发展，获取聚集效应，提高农业生产效益，已成为一种明智的选择。

（二）农业龙头企业和农民专业合作组织、专业协会同样是不可或缺的

政府是区域品牌建设的重要主体，却并非唯一主体。区域品牌培育是政府、农民专业合作组织、龙头企业多重主体的集体行为。农业龙头企业是带动区域经济发展的主体，是农产品的生产者和提供者，也是区域品牌建设中的主体力量。在市场经济条件下，一方面，龙头企业为适应竞争和追求效益，会不断优化和配置自身的资源要素，通过“公司＋基地＋农户”的模式，使生产和流通的各个主体互相协作、共同发展，既提升了农产品的附加价值，也有利于市场化运作。另一方面，一些已具规模的龙头企业通过增加产业链，不断提高产业聚集度，获取规模效益。这两种情况都要求农业龙头企业推动区域品牌的建立。农民专业合作经济组织同样是区域品牌建设的重要力量。农产品是农户分散生产，标准化程度低，需要把单家独户的小农经济整合成为现代农业组织，与农户建立起利益共享、风险共担的产业经营体系。建立农民专业合作经济组织，将分散的农户组织起来，实施标准化生产，是现代农业发展的必然选择。在区域品牌的建设中，合作组织在协调利益方面，在维护农民利益和竞争方面，在促进农业标准化生产方面，在开展技术培训方面，在品牌推广和信息传达方面等，都具有独特的、不可忽视的作用。

（三）主体之间的关系

区域品牌是一种集体性的公共品牌，在品牌建设中，政府、合作经济组织（协会）和龙头企业三者是缺一不可的。三者的关系是“政府主导、合作经济组织（协会）运营、龙头企业参与”：政府是组织、规划和调控的主体，它们通过“协调、服务、监督、管理”，为区域品牌建设营造良好的发展环境。合作经济组织（协会）以非营利的方式，致力于将区域品牌定位、区域品牌塑造、品牌传播、品牌保护等工作的实施并加以规范化、系统化。龙头企业通过资金、技术、人才的组合，强化企业产品品牌的建设，并推进区域品牌的发展，从而实现自身利益的最大化。

这三个建设主体，在区域品牌发展的不同时点上，地位和作用不尽相同。一般而言，在既定的制度条件下，区域品牌创建初期，由于品牌利益难以实现或效益低下时，政府往往具有主导性的作用；在区域品牌经营和品牌提升阶段，合作组织（协会）和龙头企业往往具有更为重要的意义。

四、区域品牌的运行现状

在我国，区域品牌为数众多，一一列举数量太大，因此，表 3－1 列举了第十五届中国国际农产品交易会组委会公布的“2017 年中国部分百强农产品区域公用品牌”名单。

表 3－1　2017 年中国部分百强农产品区域公用品牌

省份	品牌名称
北京市	大兴西瓜、平谷大桃、北京鸭
天津市	沙窝萝卜
河北省	临城薄皮核桃、巨鹿金银花、围场马铃薯
山西省	沁州黄小米、岚县马铃薯、大同黄花
内蒙古自治区	乌兰察布马铃薯、锡林郭勒羊肉、五原向日葵、科尔沁牛
辽宁省	盘锦大米、辽参、北镇葡萄、鞍山南国梨
吉林省	梅河大米、榆树大米、双阳梅花鹿、长白山人参
黑龙江省	五常大米、庆安大米、九三大豆、东宁黑木耳
上海市	南汇水蜜桃
江苏省	射阳大米、高淳鸭蛋、阳澄湖大闸蟹、盱眙龙虾、南京盐水鸭
浙江省	金华两头乌猪、奉化水蜜桃、舟山带鱼、三门青蟹
安徽省	砀山酥梨、霍山石斛、滁菊
福建省	平和琯溪蜜柚、永春芦柑、连城红心地瓜干、宁德大黄鱼
江西省	赣南脐橙、宁都黄鸡、泰和乌鸡
山东省	烟台苹果、滕州马铃薯
河南省	正阳花生、新乡小麦、郑州黄河鲤鱼、南阳黄牛
湖北省	潜江龙虾、宜昌蜜橘、监利黄鳝、秭归脐橙
湖南省	华容芥菜、宁乡花猪、黔阳冰糖橙
广东省	德庆贡桔、斗门白蕉海鲈、清远鸡、罗定稻米
广西壮族自治区	百色芒果、钦州大蚝、荔浦芋、南宁香蕉
海南省	文昌鸡、三亚芒果

续表

省份	品牌名称
重庆市	奉节脐橙、涪陵榨菜、荣昌猪
四川省	四川泡菜、攀枝花芒果、新津黄辣丁
贵州省	虾子辣椒、兴仁薏仁米、威宁海芋
云南省	昭通苹果、文山三七、宣威火腿
西藏自治区	帕里牦牛、亚东黑木耳
陕西省	洛川苹果、眉县猕猴桃、大荔冬枣
甘肃省	庆阳苹果、定西马铃薯
青海省	互助八眉猪、大通牦牛肉
宁夏回族自治区	盐池滩羊肉、中宁枸杞、沙湖大头鱼
新疆维吾尔自治区	库尔勒香梨、阿克苏苹果、和田红枣
新疆生产建设兵团	石河子鲜食葡萄

由表3－1可知，我国的区域农产品品牌为数众多且分布较为广泛。但是以上区域品牌中，较为著名的不多，很多区域品牌鲜有耳闻。由此可见，我国区域品牌在数量上很大，但是质量、知名度以及竞争力方面较弱。

五、区域品牌的管理模式

区域农产品品牌是一个整体品牌，地方政府在前期申请、中期管理和后期维权中应发挥重要作用，同时也可以通过生产基地、“农户＋企业”等方式来保障农产品品质的一致性。

（一）行政推动机制

区域品牌具有公共产品的特征，众多生产者的使用必然会产生负外部性，政府的介入与保护，是提升区域品牌竞争力的客观要求。根据坦兹的政府干预理论，如果政府不进行干预，净经济收益为零，但是干预超过一定的界限，则会出现负收益。在区域品牌的建设中，离不开政府宏观调控，政府是最重要的主体。关键问题是这种调控的方向、范围和力度的界定。当前政府的工作重点应从品牌认定转向对品牌的培育、品牌的提升、品牌的延伸上来。

（二）社区自治机制

国际经验表明，准公共用品的社区自治模式能够实现资源的有效管理和使用。合作经济组织是社区自治实现的主要路径。合作经济组织根据整个群体的长远利益要求选择相互信任与合作行为，制定共同遵守的契约性规则来克服“搭便车”行为，以有偿使用机制防止区域品牌的滥用。这种介于政府和企业之间的第三种机制是区域品牌建设不可忽视的力量。

（三）质量标准保障机制

区域品牌的建立源于标准化的管理和产品的不断创新，要打造农产品区域品牌，提供质量标准是现实的途径之一。农产品区域品牌完整的标准体系，是涵盖从田头到消费这一全过程的标准，涉及生产和加工基地、销售场所及其周边环境、设施建设标准等环境质量标准；产品生产、加工、销售的每道工序操作技术规程标准；产品优质、安全品质、检测及其技术操作规程等标准；生产者、经营者等操作人员的健康状况要求标准。通过标准化的建立，实现农产品质量有标准、生产有规程、产品有标志，夯实农产品区域品牌建设的基石。

（四）法律保障机制

通过法律来规范区域品牌建设，健全知识产权保护制度，特别是以惩罚性的制度安排来防范区域品牌使用中的机会主义行为，是区域品牌建设的重要保障。实行产地名称、原产地名称和商标等综合的产权法律保护，为区域品牌申请集体商标和原产地注册商标、地理标志，从法律的角度防止外来企业侵占或共享区域品牌。这也是国际上的一种通行做法。如目前欧洲有原产地保护产品 1000 多种，法国有 423 种，而我国只有 100 多种。

（五）文化融合机制

文化元素是沟通产品和消费者之间情感关系的特殊支点，没有文化色彩的产品仅仅具有使用价值，所形成的产品与消费关系是不牢固的。文化底蕴厚重的区域品牌是赢得忠诚消费者不可缺少的条件。有效地挖掘区域品牌的文化内涵，从农产品自身的特点、农产品生长的地理和历史环境以及农产品生长区域内的人文气息等方面，充分展现区域农产品品牌应有的历史、地理、传统、风俗等文化元素，确立区域品牌文化的价值内涵，是打造持久、深远、稳定区域品牌的一个关键环节。

（六）舆论导向机制

区域品牌的塑造离不开正确的舆论导向。新闻媒体对农产品区域品牌的正向宣传有助于驱动品牌联想的形成，诱导消费动机的产生，强化消费者对品牌质量的感知，引导民众民族品牌意识的增强。在报纸、杂志、广播、电视、网络等媒体的宣传舆论作用下，通过商品展销会、推介会等形式，形成农产品区域品牌的宣传合力，在国内外市场塑造区域品牌的良好形象。这也是国际上的一种通行做法。

（七）教育保障机制

区域品牌的创建与管理需要科学的理论为指导，需要专业人士来掌控。通过普通高等院校和职业院校，培养品牌研究、策划、设计、营销等方面的专门人才，通过有关机构开展品牌知识、品牌经营和相关法律法规等方面的培训，构筑品牌建设的人才梯队，是区域品牌建设不可或缺的人才保障。推进区域品牌建设的主导机制，在不同的发展阶段上也不尽相同。在创建区域品牌的初期，主要由政府出面，创建和注册一个“公共品牌”，以政府、协会为主体，打造农产品区域品牌。在这一阶段上，行政推动机制对区域品牌的建设有着举足轻重的影响。然而，经过一定的发展，区域品牌凭借优良的品质和卓有成效的品牌建设成长为市场上具有影响力的区域品牌时，龙头企业也得到发展，龙头企业的产品具备了一定市场知名度。这时，政府及行业协会工作重心转移到品牌管理和品牌推荐上，将品牌建设的舞台让位于龙头企业，以龙头企业为主体，打造农产品区域品牌。同时，由企业、政府和产业协会三方协作，培育出若干的龙头企业和一批质量信得过的骨干企业，使得区域性品牌具有丰富的内涵和持久的生命力。

丽水山耕区域公共品牌

浙江省丽水市是一个九山半水半分田的地方，农业品牌多且分散。2013 年，丽水市成立国有农投公司，对精品农业实行生态化规划、标准化生产、品牌化经营、电商化营销。2014 年，丽水市委托浙江大学 CARD 中国农业品牌研究中心进行品牌战略规划，于 9 月创建了公用品牌“丽水山耕”。“丽水山耕”是全区域、全品类、全产业链的区域公用品牌。作为全品类的区域公用品牌，“丽水山耕”包含了粮食产业、食用菌业、水果业、茶叶产业、蔬菜产业、畜禽业、笋竹业、油茶产业、中药材业和水产业这十个产业。

“丽水山耕”由国资公司丽水市农业投资发展有限公司运营，既有政府背书的公信力，又有市场主体的灵活性。“丽水山耕”采取的是双商标运营模式，为了约束企业，确保农产品质量安全，丽水专门推出了保证金制度。另外，农投公司则利用产权交易平台，通过产权价值评估、融资担保、流转处置、信托等办法，为加盟的生产主体解决资金短缺问题，助推企业品牌成长。

丽水山耕

LISHUI SHANGENG

法自然·享淳真

最初，消费者并不认可这一品牌，但经过政府的支持与公司的运营推广，“丽水山耕”逐渐从丽水市推广至宁波、上海等全国各地，在促进当地农业品牌整合的同时也提高了农产品的附加值。

由浙江省“丽水山耕”这一品牌可见，成功的区域公用品牌离不开政府的主导和相关组织或公司的运营。在管理方式上，政府应采取措施推动其规范发展，为区域公用品牌进行背书，相关组织以及运营公司也应制定标准，提升品牌的公信力。除此以外，还应加强宣传和推广，塑造品牌良好形象，提高品牌知名度。

第二节　渠道品牌

一、渠道品牌的概念

邱爱梅认为，渠道品牌化实质上不仅是渠道优化的解决良方，而且也是产品品牌延伸与深化的重要策略。韦桂华（2006）认为，渠道品牌和制造品牌是一枚硬币的两面，制造品牌是渠道品牌赖以生存和强大的品牌基础，渠道品牌是制造品牌深入消费者心中的关键。渠道是指为厂家的商品通向一定的社会网络或卖向不同的区域，以达到销售的目的。因此，笔者认为，渠道品牌是指整合同类商品进行销售的品牌，是渠道品牌化的结果。如卖水果的百果园、卖家电的苏宁、国美等。我国绝大部分零售企业都属于渠道品牌。渠道品牌改变了消费者的认知习惯，使消费者从关注产品系列或产品本身变为更关注在舒适的购买场所以及购物环境下带来的便利性。

区域品牌代表——百果园

百果园作为一个水果销售的渠道品牌，成立于2001年，2002年开出中国第一家水果特许连锁专卖店。截至目前，百果园门店已遍布全国13个省份，40多个城市，门店数量超2600家。百果园以“让天下人享受水果好生活”为使命，并率先推出“不好吃，三无退货”的服务承诺，即不好吃可无小票、无实物、无理由的退货服务。从销售上来看，2002年销售额约56万元，2016年销售额达60亿元，14年内增长了599944万元。

百果园之所以能做大做强，最主要的一个原因在于其对于产品质量的把控。百果园将水果按照“四度一味一安全”分级标准，即“糖酸度、鲜度、脆度、细嫩度、香味、安全性”分成A级、B级和C级，店里出售的大多数是A级水果，消费者可以得到与价格相匹配的商品，实现了“优质优价”。

由百果园案例可知，渠道品牌整合了同类商品，在同一渠道进行销售，可免去消费者选择与比较的时间。且渠道商对于产品质量进行一定的把控，优质优价可以得到实现，加上品牌自身的宣传与消费者口碑，渠道品牌会得到较好的发展。

二、渠道品牌的特征

（一）是不同品牌的集合

在概念分析中可以看出，渠道品牌是整合同类的、不同品牌的商品进行销售，因此在渠道品牌中销售的商品不是自身所创立的品牌，而是多种商品的集合。如苏宁电器中同时存在美的、松下、飞利浦等不同品牌的同类商品，而在百果园这一渠道品牌中有各种不同产地和品牌的水果。因此，渠道品牌强调的是渠道的品牌，而并非商品本身的品牌。

（二）消费者为最大受益者

一方面，由于渠道品牌专营场所内集合多家同类型不同品牌的产品，使产品品牌之间竞争加大，从而让消费者享受更低价格、更优质量的产品与服务。如国美集团终端空调零售价格在2011年继续保持低于其他渠道的竞争优势，并力争在2011年空调旺季来临之前，抑制空调价格上涨苗头，维持空调低价水平。另一方面，对于消费者来说，由于渠道品牌内集中不同品牌的商品，这也为消费者省去了收集信息和比较的时间，这一系列行为均可在渠道品牌专营场所内实现。因此，渠道品牌的最大受益者是消费者自身。

三、渠道品牌的建设主体

（一）渠道品牌的建设最主要的主体应为渠道商

消费者之所以选择渠道品牌是因为看中了该品牌，因此，渠道商对于渠道品牌，有着建设和维护的义务。渠道商前期应根据自身品牌的行业以及涉及目标人群进行精准的定位，制定出符合自身渠道品牌特点的概念。渠道品牌的品牌商也应加强自身的宣传力度，目的在于两个方面。首先，渠道品牌作为一个品牌而言，为的是树立在消费者心目中的地位，因此，加强品牌建设有助于打开市场，获得消费者的信任。其次，渠道品牌由于其特殊性，是各种商品以及品牌的集合，加强宣传推广也有利于优质的品牌和商品的入驻，从而进一步促进渠道品牌本身的发展。

（二）各大入驻品牌也应加强自身建设

渠道品牌是品牌的集合，除了渠道商本身加强自身渠道品牌的建设以外，各大组成部分也应履行自己的职责和义务。入驻品牌的品牌商应该加强自身建设，加强产品的质量控制，提高产品的质量和口碑，促进产品优质优价的逐步实现。

四、渠道品牌建设的意义

（一）减少渠道盲目行为

渠道成员是一个个独立的经济实体，他们的决策与行动听命于利益最大化。如果任其多样化发展，则对产品的市场运作是一种灾难与打击。而企业对其输入品牌管理，则会规范渠道企业的行为，减少其盲目性。渠道整体上思想一致，则会大大降低与消费者之间的沟通成本，从而降低交易成本。

（二）增加产品和服务的附加值

渠道的一个重要功能是使产品与服务增值，而单纯依靠渠道成员自身的努力，这种增值是有限的和不足的。渠道品牌战略的实施，使渠道成员能深入挖掘产品服务内涵，深入理解企业的文化理念，从而在促销和宣传过程中，更好地传递信息，提高产品附加值，而不必再花费成本使用其他手段去提高价值。

（三）提高企业知名度

渠道品牌战略是企业品牌化的一个方面。它的实施，一方面，让更多的人和企业来推广其品牌，从而增加产品含金量和企业效益；另一方面，渠道品牌战略的实施让消费者更亲近企业产品。

第三节 个人品牌

一、个人品牌的概念

中国个人品牌委员会（IBF）秘书长徐浩然认为："个人品牌是指在特定的工作中显示出的独特的、不同于一般的价值，以个人为传播载体，具有鲜明个性特征，符合大众的消费心理或审美需求，能被社会广泛接受并长期认同，可转化为商业价值的一种资源。"个人品牌是向他人传达一种积极的期望，是一个人在受众中的首要印象，不受年龄、职位、行业的限制，一旦形成很难受到挑战。

个人品牌农产品不仅意味着以个人信誉为农产品质量担保，更意味着以个人人格魅力来赢得消费者的青睐，所以名人自身的受关注程度直接影响消费群体的规模。在农产品个人品牌领域，最具代表性的个人品牌有褚橙、柳桃。

褚橙因为褚时健而得名，褚时健原为红塔集团的董事长，但由于严重的经济违纪而入狱。后来，因为从监狱里保外就医回到家乡，褚时健承包荒山种褚橙，每天穿梭在云南哀牢山上的橙园里，细心培育着自己的果树，直到 85 岁褚时健的橙子终于进入了北京市场开始销售，种植十载，不屈不挠，不仅褚橙的美味口感远近闻名，这个老人家从人生的谷底再次攀上了人生的高峰。"柳桃"是联想集团董事长柳传志第一次用自己的名字命名的水果。柳传志起先并不以赚钱为目的，而是为了提供营养、安全、放心的水果。对水果品质的要求近乎苛刻，注重水果种植全过程跟踪管理、全产业链控制，决不把有毒水果流向市场终端。因而"柳桃"也有"良心桃"之称。"柳桃"全产业链安全控制，如今，柳传志把现代农业看成是联想控股多元化战略中最重要的一环。

个人品牌主要依靠创建人的个人影响力，运营的好坏取决于宣传以及个人品牌背后的故事。由“褚橙”“柳桃”的案例可知，若将个人品牌经营好，则会获得较大的市场以及溢价。当然，在个人品牌的建设中，需要极大的个人影响力和宣传推广的能力。对于农户和普通人来说，个人品牌并不是一个最优的选择。

二、个人品牌的特征

（一）强调个人影响力

个人品牌是个体创建的品牌，因此不论从品牌名称还是品牌文化，均与创建的这个人息息相关。消费者之所以选择某一个人品牌，最初一定是源于对于创建者的信任和敬仰。因此，个人品牌在宣传方面，必定与创建者密切联系，且主要依赖于创建者个人的影响力。

（二）两极分化严重

类似于“褚橙”“柳桃”这样基于名人而创建起来的个人品牌在宣传以及后期的经营并非难点，因为商业名人之所以能够成功正是在于高超的经营策略。破解消费群体限制是名人的个人农产品品牌发展的重点。但对于一般人或普通农户自行创立个人品牌而言，在前期的设计以及宣传方面就要花费大量的人力物力以及财力，由于个人资金的限制以及个人影响力的有限性，普通农户创立个人品牌基本上没有必要，并且后期的发展也有很大的难度。

三、个人品牌的建设主体

个人品牌的建设主体为品牌创始人。个人品牌由个人创造，且受益于个人的影响力，因此，个人品牌的建设主要依赖于个人。

四、个人品牌的运行现状

个人品牌不仅是以个人信誉来为产品做担保，更意味着以个人魅力来赢得消费者的青睐，因此，对于农产品个人品牌来说，名人自身的受关注程度会直接影响消费群体的规模。褚时健和柳传志都是商业人物，因此其影响力在商界范围内很大，但其品牌不如区域品牌那样能够迅速赢得全国民众的认同。因此，目前农产品个人品牌最大的问题在于农产品个人品牌在消费者群体中影响力较弱、知名度较低。对于商界人物来说，品牌的宣传以及后期的经营均不是难点，因此，破解消费群体的限制是目前农产品个人品牌最大的、最亟待解决的问题。

第四节　不同品牌的差异化分析

一、不同品牌涉及范围不同

区域品牌主要涉及范围是某一区域内的产品，也即区域品牌的名称由区域内所有的产品所共享；渠道品牌是涉及特定渠道商；个人品牌仅仅存在于个人品牌内的某一产品。

二、不同品牌管理机构不同

区域品牌由于是某一区域内的公共物品，具有外部性等特性，因此就区域品牌而言，政府仍然是区域品牌的管理主体。除了政府以外，农民合作组织、龙头企业也是区域品牌的管理者。渠道品牌是渠道商所打造的品牌，因此渠道品牌的管理机构主要是渠道商，渠道商负责渠道品牌的建设与宣传。个人品牌是由个人打造，因此其责任主体应为创建者个人及其运营团队。

第四章　品牌解决了农产品什么问题

第一节　信息不对称

农产品具有搜寻品、经验品和信任品的综合特征。消费者往往是产品信息的被动方，无法像生产者一样清楚知道产品的详细具体信息，只有生产者知道产品的完整信息，因此要尽可能减少消费者和生产者之间的信息不对称，降低消费者的搜寻成本，进而使其购买到称心的产品。而农产品品牌能够反映产品的信息，降低市场交易主体的信息不对称，减少交易费用。

一、信息不对称理论

1970 年，阿克洛夫（Akerlof）提出的信息非对称论，即：市场上买卖双方各自掌握的信息是有差异的，通常卖方拥有较完全的信息而买方拥有不完全的信息；在信息不对称市场环境中，企业管理者比投资者更多地了解企业的全部经营信息，因此在与投资者的博弈中处于优势地位。之后，多位经济学家对这一理论进行了广泛研究，并应用于经济生活的各个领域，包括阿罗（Arrow）、赫什雷弗（Hirshleifer）、斯彭斯（Spence）、格罗斯曼（Grossman）、斯蒂格利茨（Stigliz）等在劳动力市场、保险市场以及金融市场等很多领域对这一理论进行了拓展性研究，并提出了“逆向选择”理论、“市场信号”理论以及“委托—代理”理论等基本理论。信息不对称理论被西方学者称为是最近 20 年微观经济理论最活跃的研究领域（辛琳，2001）。

农产品通常兼具搜寻品、经验品和信任品的特征[①]。农产品的这种特质使得消费者无法识别产品的真实质量和安全水平，而生产者十分清楚产品的生产过程，了解产品的质量。生产者和消费者之间的信息不对称是农产品质量问题频发和优质优价难以实现的根本原因。

农产品公用品牌可以看成是一个准公共物品。公共物品的市场需求曲线不是个人需求曲线的水平相加，而是它们的垂直相加。假设农产品的质量不同，但其搜寻品特征不明显。在信息充分的农产品市场，可以分别确定高、低质量农产品的需求曲线 D_H 和 D_L，高质量的农产品可获得较高的价格 P_H，低质量的农产品获得低价格 P_L。在信息不对称的农产品市场，消费者对不同质量的农产品难以区分，消费者的支付意愿由所能够买到的农产品的平均质量效益决定，即对所有农产品只有一个共同的需求曲线 D_M。高质量农产品的生产者由于生产成本高、利润低而不得不转向生产低质量的农产品，导致市场中农产品的平均质量效益进一步降低，消费者需求曲线 D_M 移动至 D'_M。生产者提供的农产品数量不变而质量不断降低，如此直至实现长期均衡时，实际的消费者需求曲线无限接近于 D_L，市场中的农产品价格无限接近于信息充分市场中的低质量农产品的价格 P_L（见图 4－1）。由于信息不对称，低质量农产品将高质量农产品驱逐出市场。

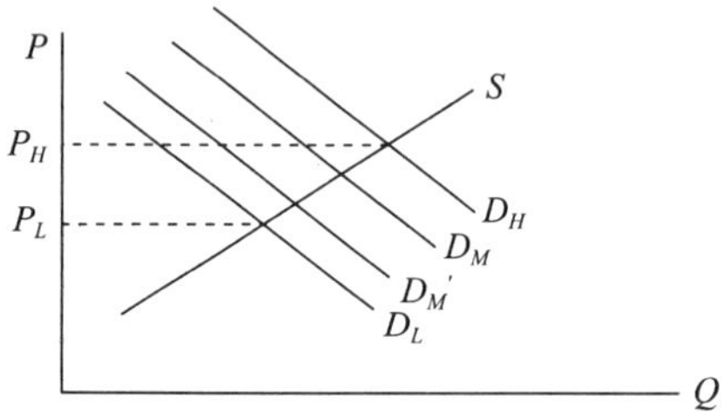

图 4－1　农产品市场供需曲线

农产品品牌建设是解决农产品市场信息不对称问题的重要途径。农产品品牌建设促进了农产品信息的透明化，对生产者和消费者都有利。农产品品牌既是农产品质量的搜寻品特征的标志，也是对农产品质量在食品安全性和营养性等方面

---

① 搜寻品（Searchgood）：产品属性是能够被消费者观察到的，比如形状、色泽等；经验品（Experiencegood）：产品属性是消费购买以后才能被发现的，比如食品的味道和甜酸程度；信任品（Credencegood）：产品属性在购买一段时间后甚至永远都不能被消费者发现的，比如农产品的农药残留、激素含量等属性。

的保证。农产品品牌建设有利于消费者有效选择产品，在很大程度上保障了消费者利益。对生产者而言，农产品品牌建设有利于高质量农产品的生产者向消费者传达产品信息，提高了优质产品生产者在销售渠道中对上下游的影响能力和控制能力，减少或避免低质量农产品充斥市场带来的低价恶性竞争。

二、集体声誉理论

从公共品牌的实际操作情况来看公共品牌危机往往是成片大面积出现的，由少数生产者引发的危机会连坐到整个集体的声誉。这是因为当消费者对个体生产者产品质量和声誉不信任时，往往通过公共品牌的集体声誉来判断个体生产者的信誉，由此可以看出对于公共品牌产品来说集体声誉是产品质量的主要信号。

Tirole 的文献发展了不完美信息在声誉中作用的研究，在此思想基础上建立了集体声誉模型，用以解释一个集体中不同代理人类型的分布如何影响代理人的行为。该文中，作者认为集体声誉机制实际上是一种统计性歧视，即个体的情况往往都被按其所属群体的平均情况而非个人特征来加以处理。此后有许多学者在此基础上开展了进一步的讨论。

在理论方面，Winfree 和 McCluskey 认为集体声誉是一种公共品，需要政府或者第三方的监督来维护。Jonathan 同样将人们通过集体声誉推断个体声誉的行为视为一种统计性歧视，并在集体声誉模型中引入了动态和随机性。Fleckinger 讨论了集体声誉中最低质量标准和进入支持政策的互补作用，如果质量标准难以制定竞争的结果也是无效率的。Evans 和 Guinnane 探讨了专业规范和特许经营权对于集体声誉的作用。

根据 Tirole 基于动态委托—代理理论对集体声誉机制的理论解释，认为只有市场中消费者认为高质量的生产者占有一定数量时，生产者的集体声誉才会逐渐形成，当这种集体声誉被消费者接受时，消费者才会选择信任生产者，同时生产者因消费者对其信任获得了溢价收益，而努力提高产品质量，由此在消费者和生产者形成良性循环。由于集体内生产者存在异质性，内部质量良莠不齐，低质量生产者投机行为会侵蚀集体声誉，使得高质量生产者减少，变成柠檬市场，同时高质量生产者的声誉也被降低，最终整体无法被消费者所接受。如何维护集体声誉，是消费者保持对公共品牌保持信心是公共品牌的重点。最重要的是要揭示低质量生产者的个别投机行为，并将其信息与公共品牌的集体声誉区分开来，避免引起个别投机行为对集体的“连坐反应”，使集体声誉受到侵蚀，并加大对低质量生产者的投机行为的惩戒，防止其他低质量生产者的跟风行为，以避免给成员传递失信行为不需付出代价的信号，使得集体规制失去约束力。

生产者的个体声誉和集体声誉间也会相互作用。在市场机制有效的情况下，如果产品质量能够满足消费者效用，并且产品质量差异不大，那么生产者共用公共品牌，共享集体声誉，消费者对公共品牌的认知就是对所有成员的认知，低质量生产者能够从高质量生产者获取正向外溢效应，存在“搭便车”的行为，消费者只能按照平均质量水平判别产品质量，而其此时低质量产品生产者能够获益。

然而在质量差异较大的情况下，如果继续共用公共品牌，由于信息不对称，消费者无法判别产品的质量，同样以平均质量认知公共品牌，高质量生产者无法从公共品牌中获得额外收益弥补其成本，因而将会降低生产优质产品的动机，存在优质产品生产者被低劣产品生产者驱逐出市场的“柠檬市场”的问题。为此，优质产品生产者必须采取差异化的品牌策略，将自己的产品与其他同质产品区分开来，树立自己的个体品牌声誉，其有效性在于，通过品牌差异化，使消费者更了解个体声誉，降低对集体声誉的依赖，从而提高消费者对优质产品的支付意愿，获取超额利润，弥补优质产品生产的成本，提高优质产品生产者的积极性。品牌差异化策略的主要目的是使个体声誉机制和集体声誉机制同时发挥效应，降低个体声誉对集体声誉的依赖，防止受到同质产品的传染和蔓延。

信息不对称导致市场失灵，使得低质量生产者有投机机会并存在盈利空间，这是个别企业失信行为屡禁不止和集体声誉被侵蚀时发生的主要原因，而现实中市场永远无法做到完全信息对称。因此尽可能减少消费者和生产者之间的信息不对称，是提高农产品品牌集体声誉的重要方式。在市场中消费者往往是产品信息的被动方。我们假定消费者是理性的，期待生产者公布更多的质量信息。农产品品牌所有者——协会，承担着维护集体声誉的责任，因此，有关质量信息的揭示，依赖于生产者的集体决策。协会要求成员揭示产品生产信息，这是因为生产者揭示的信息越多，其生产过程越透明，投机的空间越小，其违规后被发现的概率越大，违规者个体声誉下降，并将承担相应的后果，因此集体内低质量生产者变少，高质量生产者将增多，产品质量整体提升，集体声誉得以维护。

通过对成员生产信息的揭示，将成员的个体声誉与集体声誉联系起来。当个体存在投机行为时，其个体生产信息将会被揭示出来，告知消费者，集体决策机制通过信息揭示将个体违规者区分出来，避免其个体声誉传染给其他成员。而当个体生产者生产优质产品时，集体决策机制也可以通过信息揭示传播正面信息，使个体声誉能够提升集体声誉，从而提升消费者的支付意愿，从而提高生产者的利润水平，因此信息揭示水平将生产者利益和产品质量联系起来。

集体决策对成员的生产信息的揭示，有利于生产者推动技术创新，降低生产成本，使企业专注于产品质量的提升，满足消费者对优质产品的需求，提高社会整体福利水平。

从上述分析中可以看出，生产者的信息揭示增多，有助于提升公共品牌产品质量，提升集体声誉，但是生产者信息的揭示，在信息不对称和市场失灵的条件下，并不是主动行为。这存在三方面的原因：第一，农产品的生长周期较长，过程复杂，揭示生产信息需要付出一定的成本；第二，生产者信息的透明对生产者有警示作用，在一定程度上会降低生产者的投机概率；第三，出于对商业保密，生产者都不会主导揭示产品质量生产信息。信息的揭示将个体声誉与集体声誉联系起来，这种关系的建立还要依赖于对个体行为违规的惩戒措施，才能保障信息揭示的有效性。只有让违规者承担相应的责任，才能避免劣币驱逐良币的现象，造成的品牌危机。因此惩戒力度越大，生产违规行为付出的成本越高，越不敢违规，从而减少低质量生产者的出现，提高高质量生产者在集体内的比重，促进整体质量和集体声誉的提升。这就需要对集体成员的规制与检查，一旦出现侵蚀集体声誉的行为，将对违规者予以惩戒。

加大对违规行为的惩戒水平，集体成员违规成本越高，给投机者留存的违规空间变小，即成员的违规风险降低。因此惩戒水平越高，生产者将有更强的动机去生产高质量产品，以免出现违规行为。由于惩戒水平的提高，使得产品质量提升，消费者通过重复交易逐渐形成对公共品牌的集体声誉，从而提高了消费者的支付意愿，从而形成品牌效应，进而将生产者的利益与惩戒水平联系起来，形成良性循环。惩戒水平给生产者所带来质量提升的积极影响高于其所存在风险的消极影响，不仅能够提高生产者提升质量的动机，同时能够给生产者带来相应的利润回报。最重要的是对低质量生产者实行惩戒，同时揭示其个别行为，并将其信息与集体声誉区分开来。

除了保障集体声誉的外部监管机制之外，其他主要的治理机制还包括最低质量标准和准入门槛植，这两种途径均有助于消费者提高对市场上产品平均质量的判断，从而提高产品的市场价格，激励高质量生产。因此机会主义者为了长期利益也会乐于进行高质量的生产。这也正体现了集体声誉模型思想的精髓——信心和信任是至关重要的。在实证方面，Schamel（2000）对于葡萄酒行业的分析提供了一种集体声誉和个体声誉的测度方法——用产地代表集体声誉，用酒窖代表个体声誉，并比较了集体声誉模型和一般信息模型的结果。Castriota 和 Delmastro

(2009）同样是分析葡萄酒行业的集体声誉，并对该行业的集体声誉和个体声誉指标进行了更精细的划分。这两篇文献中所提供的测度方式也可以用于分析我国农产品行业中的相关问题。

三、信息不对称的严重后果

信息不对称通常造成两种严重后果：一方面，消费者无法识别产品的真实质量，产品真实质量信息无法有效传递给消费者，就有可能产生存在严重的“逆向选择”问题。大多数消费者在信息不明确的情况下只能保持低位的支付意愿，生产者收益无法弥补高质量产品的生产成本，从而退出高质量产品行列，转而降低了生产者生产高质量产品的动机，只能以劣充好，生产低质量产品，最终形成劣币驱逐良币的“柠檬市场”问题。劣质产品充斥市场，降低了社会的整体福利水平。另一方面，由于企业具有更多的产品信息优势，而消费者又无法（没有能力或条件）直接了解察觉（没有能力或条件）产品的整个生产过程，企业在利益的驱动下会降低成本，采用劣等技术，投入劣质生产要素来降低成本，生产危害消费者健康和安全水平的产品，造成严重的道德风险。

四、品牌正确传递产品信息

信息不对称条件下，消费者无法判断农产品品牌中单个生产者的具体质量和投机行为，只能通过整个行业的集体声誉来判断单个生产者的信誉程度，因此农产品品牌的声誉是市场中农产品质量的主要信号。品牌的有效性在于能够将产品信息正确传递给消费者，降低生产者与消费者之间的信息不对称性，从而提高消费者的支付意愿。生产者若能通过自己的品牌将产品信息正确传递给消费者，消费者在满意选购后会增加对农产品品牌的忠诚度和美誉度，重复购买会提高对生产者的信任评价，就会形成产品的品牌声誉，从而使农产品品牌产生溢价效应。在品牌正确传递产品信息的条件下，处于信息劣势的消费者境遇得以改善，能够识别产品信息，并将根据产品信息购买产品，此时的消费者会有更高的支付意愿，品牌的溢价作用得以实现。高质量生产者能够获得产品的超额利润，其生产成本得以弥补，这提高了生产者生产高质量产品的动机，提高了生产者的福利水平，同时也间接提高了消费者的福利水平，帕累托最优得以改善。在正常市场条件下，品牌溢价效应是消费者对产品质量和品牌传播的选择信任的标志，对于消费者来说，产品价格越高，产品质量和品牌信誉越好。

第二节　产品价值传递

产品是品牌的有形载体，品牌是产品的无形灵魂。常见的农产品其产品价值和附加值都比较低，而品牌农产品价值通常都高于一般的农产品，究其原因，就是品牌在其中发挥着巨大的作用。品牌依附于某种特定的产品和企业，是产品和企业的一种象征，蕴含着企业的精神和经营理念。

一、农产品品牌选择理论

根据当前农产品品牌政策和品牌选择的争论，我们构建不同品牌共存的理论模型。我们假定我们把品牌作为传递信号的工具，并且在传递信息时是有效的。集体成员的规模是给定的，我们不讨论集体形成的机制，只考虑集体决策的结果。我们采用的集体决策模式多数规则决策。在一个公共品牌的集体内往往是低质量生产者占大多数，因而在集体决策的结果会更多地偏向于低质量生产者，高质量生产者只能根据集体决策的结果被动调整。

在异质成员的产品质量差异不大的情况下，根据多数规则的决定，集体成员更倾向于选择公共品牌，因为低质量生产者能够从优质产品生产者获得外溢效应。同样，高质量生产者也会选择公共品牌，这是因为只有留在集体内才能扩大市场，借助集体的力量能够被更多的消费者接受，同样优质产品生产者也能够通过外溢，间接引致低质量生产者采取更严格的质量标准，从而提升整体质量标准（见图4－2）。

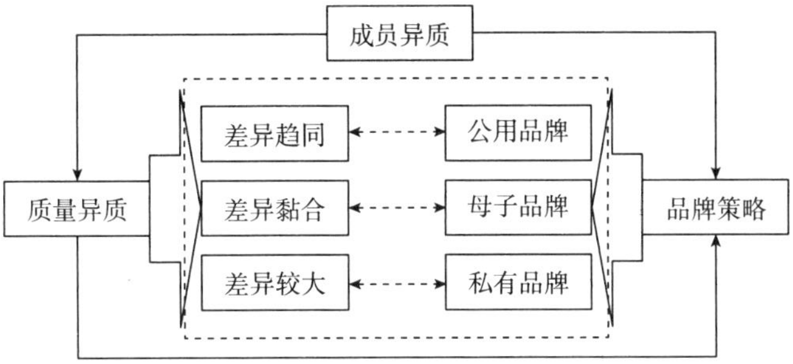

图4－2　品牌共存的理论模型

当异质成员的质量异质性增加，高质量生产者无法借助集体力量扩大市场，反而会受到低质量生产者占多数的集体声誉的影响，无法获得优质产品的溢价效应，会降低生产优质产品的积极性，为避免受集体声誉的影响，高质量生产者会在公共品牌的基础上建立自己的品牌，采取母子品牌的形式，这样既能借助集体的力量进一步扩大市场份额，同时又能降低集体声誉差对个体声誉的影响。当产品质量异质程度进一步提高，市场竞争进一步加大，但不存在价格歧视的情况下，优质生产者只会选择私人品牌，避免利用公共品牌所带来的负面影响。优质生产者可以自己树立品牌，并制定自己的质量标准，可以进一步扩大生产范围和销售范围，提高企业的竞争力。

内部成员产品质量异质性是品牌策略差异化的核心。由于不同产品质量之间存在溢出效应，会造成异质成员间存在利益冲突。演绎到品牌层面就是个体声誉与集体声誉的矛盾。为此就要发挥个体声誉和集体声誉的作用，降低个体声誉对集体声誉的依赖。既要重视集体品牌的建设又要促进私有品牌的发展，促进两者之间的正向溢出，降低两者之间的负向溢出。

由于成员异质、质量异质、生产者存在不同的利益诉求，因此会选择不同的品牌，以向消费者传递正确信息，提高自身的声誉。在实践中存在三类品牌：公共品牌、母子品牌和私人品牌。那么为什么会出现不同的品牌？不同的品牌包含哪些信息？不同的品牌选择根据是什么？

根据产品质量差异的不同，本章构建一个理论框架来分析公共品牌、私有品牌和母子品牌的决定因素，以及不同品牌类型所包含的信息。最基本的模型是 $B_i = \Pi(\gamma_i)$，$B_i = 1, 2, 3$ 为生产者 i 的品牌类型，对应于公共品牌、母子品牌和私有品牌三大类，γ_i 为产品的一般属性。区域农产品公用品牌的产品质量由农产品的协会特征、生产者特征、质量标准差异和区域地理环境等特征决定。协会的特征，例如成立的年限对影响公共品牌产品的集体声誉，进而影响品牌的选择。公用品牌农产品具有信任品的特征，其声誉需要消费者、生产者一定时间的沉淀，公用品牌具有一个长期的路径依赖的过程，因此协会的特征能够体现公共品牌的声誉特征，影响品牌选择。由于共享公共品牌的成员是异质的，会存在“搭便车”的行为，生产者的个体质量形成的个人声誉会影响集体品牌的声誉。集体和个体成员对质量的控制规则是对产品质量的直接干预，影响产品的声誉。维护声誉，强有力的规制是必不可少的。地理环境是公共品牌产品形成的基础，因而是品牌形成的最基本的条件。基于以上分析设定模型为：

$$B_i = \Pi(A_i, P_i, R_i, C_i, \gamma_i, \beta) + \varepsilon_i \tag{4-1}$$

其中，A_i 为协会特征，P_i 为生产者特征，R_i 为规制规则，D_i 为地理环境特征，β 为系数向量，ε 为误差项。因为产品质量存在异质性，因此会增加消费者搜寻成本。但是这种异质性会存在一定的范围和阈值，从而造成生产者根据产品质量选择不同的品牌。

二、品牌的价值传递机制

一个好的品牌，以它本身所具有的鲜明的外在形式，通过目标消费群体信任的方式，有效地向消费者传递着企业独特的文化内涵、时代精神、价值理念和对消费者的奉献与尊敬等信息。因此，品牌产品除了产品本身，还包含了附加在产品上的文化背景、情感、消费者认知等无形的东西，而后者往往是最重要的，因为它能向消费者提供超值享受，从而得到消费者的认可、肯定，并具有高于其他一般产品的支付意愿。知名的品牌能给消费者提供比一般产品更多的价值或利益。一个成功的品牌体现着产品和企业的价值，是消费者长年累月在心目中所建立起来的对产品和企业的认知，是企业无形资产的核心，是企业在相当长的时间内都不容易失去的竞争优势。

第三节　农产品质量信号传递

一、质量信号传递的相关研究

现代产业组织理论中学者们肯定了价格、广告、品牌、规模等的信号显示功能。很多学者提出了质量认证、产地认证、食品标识、农业质量保证项目等的信号显示作用及其有效性（Auriol，2003；Northen，2001；Mojduszka，2000；Davidson，2003）。大多数学者认为，厂商提供的质量信息是消费者可观察的和可信赖的，或者能够有效地将农产品的信任品或体验品特性转化为搜寻品特性，质量信号能够有效传递。另外，学者们还对消费者利用质量信号的效果及其影响因素展开分析，主要是应用实证方法探讨消费者统计特征和所处情境（时间约束、风险感知、购买经验与习惯等）对信息利用行为的影响。McCluskey（2003）强调了生态标识、转基因食品标识、产地保护标识、疯牛病检测标识、公平贸易标识对消费者质量感知及产地或文化的影响，并进一步影响支付意愿。

国内学者对产品市场质量信号问题的研究主要侧重于质量信号显示机制建立的组织和制度基础。邹传彪等（2004）认为提高农户经营的组织化程度能够正向影响质量信号在生产领域中的传递。樊根耀等（2005）在对农产品认证制度的研究中指出，农产品质量认证制度作为一种降低交易费用的制度安排，既是传递质量信息的辅助手段，也是一种有效的甄别机制。由于无论采取何种质量信号形式，厂商都会期望这种信号能够较为准确地向消费者传递其产品质量的声誉信息，并凭借实施质量差别化战略来赢得竞争优势，赚取溢价收益。而消费者对质量信号的甄别与利用实质上是对不同产品的质量声誉和质量水平进行确认并加以理性选择的过程，质量信号发挥作用的前提是消费者能够接受并认可信号所蕴含的内在价值。

二、质量差异化理论

我们从一个简化模型开始分析农产品质量差异化理论。我们假定面临着一个生产者是具有垄断性质的，且生产者数量是不变的，同时消费者对产品质量具有同质性。考虑这样一个市场环境，存在有大量的风险中性的消费者面对一个区域的生产者群体。消费者购买一单位产品的效用函数为：

$$U(s, p) = \begin{cases} s - p & \text{购买} \\ 0 & \text{不购买} \end{cases} \tag{4-2}$$

其中，s 代表产品质量，p 代表产品价格。

由于集体内生产者是异质的，我们假定存在两种类型的生产者，H 型和 L 型，H 在集体占有的比例是 β，提供的产品质量为 δ，生产成本为 0。L 在群体内的比例为 $1-\beta$，提供的产品质量为 s，其中 $s \in [s_0, \delta]$，s_0 代表最低质量标准。产品的生产成本为 $\Phi(s)$，其中 $\Phi' > 0$，$\Phi'' > 0$，生产成本是递增的，同时我们假定 $\Phi(s_0) = \Phi'(s_0) = 0$，以及 $\Phi'(\delta) > 1$，表示 L 型生产的产品质量与 H 型存在差距，短期内无法超越。其中 δ 反映了两种类型生产者的异质性。δ 质量产品的成本为 0 是简化模型，以地理标志产品为例，δ 质量产品与 s 质量产品面临相同的气候、土壤等元素，但是 H 型生产者能生产出更高质量的产品却不需要额外付出成本。

我们推出 H 型生产者表现的相对稳定性，它们积极生产保证有生产出的产品，但是 L 型生产者就会有相对的投机性，会影响集体的整体质量水平。

本章我们固定 H 型生产者，主要观察 L 型生产者，这是因为 L 型生产者更具有投机性，是我们公共品牌治理的对象。在完备信息条件下，消费者能够识别产品质量，最优质量水平就是 L 型生产者的质量水平，能最大化社会福利水平：

$$\max_s W(s) = \beta\delta + (1-\beta)(s - \Phi(s)) \tag{4-3}$$

最优的值质量水平 s^* 是其一阶条件：$1 = \Phi'(s^*)$，可以看出低质量的边际价值等于它的边际生产成本。

农产品品牌的现实是产品具有信任品属性，消费者不能完全识别产品信息。因此当产品质量无法识别时，消费者只能以最低质量标准 s_0 衡量产品质量属性，这就会造成信息不对称下的“柠檬市场”问题（Akerlof，1970）。L 型和 H 型生产者共享同一个农产品品牌，由于成员异质，其产品质量分别为 s 和 δ，在消费者无法识别产品质量的情况下，只能将生产者看成是同质的，并认为平均质量水平为 $\bar{s} = \beta\delta + (1+\beta)s$。由此可以看出在这样的市场环境下，存在质量的外溢效应。在信息不对称下，消费者缺乏精确信息，因此会把购买的产品质量认为 $\bar{s}$。因此 L 生产者的产品质量 s 会因为 H 型生产者的产品质量 δ 获得正外溢效应，$\bar{s} > s$。同样，H 型生产的产品质量 δ 因 L 型生产者的产品质量 s 负外溢效应被低估，$\bar{s} < \delta$。

这种外溢效应的存在会导致俱乐部之间产品质量相互传染。如果 β 越大，则公用品牌质量越有可能整体提升；相反，若 β 越小，会造成劣币驱逐良币市场失灵的情况，农产品品牌产品质量越会整体降低。

农产品品牌以地理标志产品为例，品牌由区域内所有成员形成一个联盟，并且只有内部成员可以使用。这个联盟决定了公共品牌实施规则，并对公共产品质量做出规定。但是成员是异质的，存在不同的利益冲突，因此取决于决策机制的过程，以平衡各方利益，本章假定采用公共选择理论中集体选择的多数规则，是由成员的绝大多数人同意后决定的。同时，在该集体内，具有高质量生产者通常是较少的，L 型生产者占多数，我们假定 $\beta < \frac{1}{2}$，L 型生产者占多数并制定产品质量规则，并尽可能平衡 H 型生产者的利益，将 H 留在集体内获得正的外溢效应，否则 H 型生产者将离开联盟，并采取相应品牌策略将产品质量与 L 型区分开。H 型区分产品质量的品牌策略选择，下文将继续研究。

由 L 型生产者占多数规制制定的质量标准如何设置才能平衡各方利益？因 L 和 H 型产品质量存在异质，H 型生产者就会有采取差异化的品牌策略的动机，但是 L 型生产者希望 H 型能够继续留在集体内以获得外溢效用。因此占多数的 L 型生产者会有提高质量标准的动机，以平衡不同的利益诉求。我们假定生产者的利润为：$\pi_i^j(s)$，$(i \in \{L, H\};\ j \in \{Y, N\})$，其中 Y 代表采取质量区分策略，N

代表不采用。L 占多数集体决策机制决定质量标准满足了 L 的最大化条件：

$$\max_s \pi_L(s) = \bar{s} - \Phi(s)$$

$$\text{s. t. } \pi_H^N \geqslant \max\{\pi_H^N(s), \pi_H^Y(s)\}$$

此约束条件等同于 $s > s^*$。H 型质量选择使不等式的成立条件在于：$\pi_H^N(s) > \pi_H^Y(s)$。

只要 L 型生产者质量不会太低，H 生产者会选择公共品牌，L 型才会获得外溢效应，否则 H 型将会选择离开。在质量异质和价格歧视条件下，L 型生产者的质量选择为 $s > s^*$，s^* 是 L 型企业的最低质量选择，是一个阈值，否则 H 型生产者将采用质量区分策略。因此 s^* 就是集体决策机制应该决定的最低质量标准。因为当 $s < s^*$ 时，L 生产者质量较低，会给 H 带来负向影响，H 实施差异化的品牌策略。L 要想把 H 留在集体内就必须提高质量水平，当 $s > s^*$ 时，此时 L 能够将 H 留在集体内，并能获得 H 质量的正向影响，此时消费者将产品质量看成是 $\bar{s}$，s 被高估，$\pi_L(s)$ 提高，L 有提高质量的积极性。

如果质量异质水平不高，L 占优的集体决策决定了它们的最优质量水平，会设置最低质量标准。但是如果质量水平差异较大，H 型生产者受来自 L 型生产者质量水平的影响就会变小，当这种影响力度小到一定程度时，H 型生产者会完全脱离于 L 占多数的质量水平，此时 L 存在质量水平 s^{**}，$s^* < s^{**} < \delta$，为 H 离开 L 占多数集体形成的质量选择阈值。尽管 L 型生产者想提高质量水平 s，以使 H 留在集体内共用公共品牌，以获得 H 的外溢效应。但是此时提高 $s > s^{**}$ 是需要付出代价的，L 的利润将会下降。当 s 和 δ 差异化水平较大时，H 型仍然采取差异化的品牌策略，L 只有将 $s > s^{**}$ 时才能将 H 留在集体内，但此时 L 要想继续提高 s 水平将会付出成本，$\pi_L(s)$ 将会下降，L 降低继续改善质量动机的积极性。

此时成员内部质量差异过大，H 型采取区分产品质量的品牌策略，L 型使 H 型生产者留在集体内需要付出过高的代价，此时 L 的利润函数 $\pi_L^N(s) < \pi_L^Y(s)$，因此 L 型生产者不会继续提高产品质量标准。

在 $s < s^{**}$ 时，提高质量标准能够激励企业生产优质食品，但是当 $s > s^{**}$，提高质量标准将提高企业的生产成本，加重企业负担无法获得收益，因此在 $s < s^{**}$，质量提高标准的制定能够提高公共品牌整体质量水平。

对于公共品牌治理来说，最低质量标准提高，高质量的企业存在提高质量的动机，劣质企业将难以进入市场，最低质量标准对质量安全有促进作用。

随着质量标准的提高，低质量生产者无法进入市场，高质量生产者以 $\delta > s^*$ 生产，却不用付出过高成本，产品质量被消费者认同，其市场进一步扩大。随着整体质量的提升，消费者对产品质量的预期提高，支付意愿增强，此时产品品牌会产生溢价效应。

三、品牌传递质量信号的有效性

品牌是一种“信号”。它使消费者用较低的成本，获得农产品的质量信息，客观上降低了消费者买方的搜寻成本，节约时间和精力。品牌凝结了消费者对产品的信任，具有良好的口碑和声誉，是市场交易中一物区别于他物的标记和符号，能够传递产品的信息，使得消费者认可该产品，并进而对消费者购买行为具有劝购性。品牌是商品的一种专有信用符号，通过降低选择成本提高交易效率，能够比较契合地迎合消费者的买点和生产者的卖点，降低他们之间的信息不对称，降低他们的选择成本且与他们产生情感共鸣，传递了产品的质量信号，与此同时，给品牌所有者产生持续的市场收益。

品牌存在的根本意义就在于提供有效的产品的市场信号，从而降低消费者的搜寻成本，提高市场交易效率，在品牌的帮助下，消费者降低了搜寻成本，提高了消费者的选择效益，从而提高消费者剩余，扩大市场需求。在信息不完全的情况下，消费者不能获得完备的产品信息，从而成为市场上的弱势主体，会改变自己的消费观念和购买行为，倾向于购买有着知名品牌的产品，以减少消费过程中可能会造成的损失。事实上，随着消费者的收入水平不断提高，消费心理和消费观念已经发生了很大的变化，他们对商品的消费更加注重心理和精神需要的满足，追求个性的张扬和形象的美化。从这一角度出发，生产者制造和发送“品牌”信号的活动成功与否决定着生产者的生存。

市场上有着众多的生产者，由于成员是异质的，产品质量也是异质的，不同的生产者存在不同的利益诉求，所以不同的生产者生产的产品质量也是不同的。在信息不对称下，市场失灵，低质量生产者的个体声誉会对集体声誉造成侵蚀。高质量生产者为避免受到集体的“连坐”反应，会采取差异化的品牌策略，构建自己的个体声誉，向消费者传达个体的正确信息，提高消费者对个体产品的声誉。为此衍生了不同的品牌策略。品牌的分类有很多种，常见的品牌选择有公共品牌、母子品牌和私有品牌，三种品牌的分类以个体声誉脱离于集体声誉程度为标准，而这又依赖于产品质量的异质化水平。当成员异质水平较低，成员产品质量近似同质的情况下，会采用集体品牌的形式。当成员异质水平增加，高质量生产者需要差异化自身的产品，而消费者对产品信息辨识能力并未分层，高质量生产者还必须借助集体的力量，进一步扩大消费市场，高质量生产者形成的个体声誉会对集体产生正向溢出，低质量生产者被消费者高估，也能获益，在优质产品生产者带动下，明智的生产者会提高自身的产品质量，因此会提高整体社会福利。然而当质量异质水平进一步拉大，高质量生产者为避免受到集体的低质“连坐”，往往不再会放弃使用公共品牌，而是单独构建自己的私有品牌，树立个体的私人声誉，减少个体声誉对集体声誉的依赖。由于质量差异过大，高质量生产者又放弃使用公共品牌，低质量生产者改善质量的动机降低。

因此品牌传递了产品的质量信号，不同的品牌所对应的产品质量是不同的，能够揭示产品的信息，将产品质量传递给消费者，从而降低消费者的搜寻成本，起到了产品质量信号的传递作用。

实务篇

第五章　农产品品牌创建

农产品品牌创建的前提是做好品牌定位，品牌定位的前提是做好市场调研和农产品市场定位，首先通过市场调研了解市场需求特征，并以此为基础确定农产品市场定位；其次一旦明确农产品的市场定位，农产品的品牌定位也随之确定。

第一节　市场调研与预测

一、市场调研

（一）市场调研的意义和内容

市场调研是一种通过信息将消费者、顾客和公众与营销联系起来的职能。这些信息用于识别和确定市场营销机会与问题，产生、提炼和评估营销活动，监督营销绩效，改进人们对营销过程的理解。市场调研明确了解决这些问题所需要的信息，设计了收集信息的方法，管理并实施信息收集过程，分析结果，最后探讨所得出的结论及该结论具有的市场意义。

（二）市场调研的类型

1. 探测性调研

探测性调研是指当市场情况不明确时，为了发现问题，找出问题的症结，明确进一步深入调研的具体内容和重点而进行的非正式的调研。探测性调研主要利用该品牌的历史资料、业务资料和核算资料，或政府公布的统计数据、长远规划和学术机构的研究报告等现有的二手资料进行研究，或邀请熟悉业务活动的专家、学者和专业人员，对市场有关问题做初步的研究。

农产品品牌市场调研中的探测性调研，目的在于提出想法和发现问题，常用于调研方案设计的事前阶段，为正式调研做必要的准备和尝试。例如，为了解郑州市农产品物流配送现状，掌握郑州粮食批发市场运作现状，河南农业大学农产品物流调研组在正式进行市场调研前，对郑州农产品批发市场的历史资料和政府公布数据做了梳理，于《中国粮食市场发展报告》和《粮油市场报》中整理出了郑州农产品批发市场的蔬菜批发价格年度数据。

2. 描述性调研

描述性调研是指对需要调研的客观现象的有关方面进行事实资料的收集、整理和分析的正式调研。它要解决的问题是说明“是什么”。描述性调研主要描述调研现象的各种数据表现和有关情况，为市场研究提供基本资料。例如，进行某农产品的消费者需求描述调研，主要是收集有关消费者收入、支出、商品需求量、需求倾向等方面的基本情况。

3. 因果性调研

因果性调研又称相关性调研，是指为了探测有关现象或市场变量之间的因果关系而进行的市场调研。它所回答的问题是“为什么”，其目的是找出事物变化的原因和现象间的相互关系，既可运用描述性调研资料进行因果性关系分析，也可以收集各种变量的现成资料，并运用一定的方法进行综合分析、推理判断，在诸多的联系中解释市场现象之间的因果关系。

为了了解农产品市场的信息需求和销售渠道的关系，北京市农业局信息中心采用重点调研的方式，面向北京市50家畜禽生产企业、100个蔬菜生产者开展了问卷调研，发现畜禽生产者有97%选择经常关注市场信息，蔬菜生产者有60.7%选择经常关注，两类生产者选择分析应用市场信息的分别占60.6%和46.4%，得出了生产主体性质的差异和销售渠道的分化造成了市场信息需求程度不同的结论。

4. 预测性调研

预测性调研是指为了预测市场供求变化趋势或企业生产经营前景而进行的具有推断性的调研。它所回答的问题是“未来市场前景如何”，其目的是掌握未来市场调研和因果性调研的现成资料。

上述四种类型的调研设计不是绝对相互独立进行的，在农产品品牌的市场调研中，有时需要涉及一种以上研究类型的方案设计。如后文案例，为了分析马铃薯市场需求，甘肃巨鹏食品股份有限公司采取了探测性调研和描述性调研相结合的形式，在走访了中国农产品加工研究所和技术研发团队的同时，也进行了针对消费者的问卷调查的收集。

（三）市场调研的核心步骤

市场调研是一种科学的工作方法，必须尊重科学、尊重客观规律。为了使市场调研取得良好的预期效果，必须制定周密的调研计划，按步骤做好必要的准备工作，认真实施。市场调研一般分为调研准备、调研设计、调研实施、调研资料处理四个阶段。

调研准备阶段所要做的工作是：界定市场调研问题、初步分析、编写市场调研方案。调研设计阶段所要做的工作是：确定调研项目、设计调研方法、设计调研问卷、非正式调研（预调研）。调研实施阶段所要做的工作是：开始全面广泛地收集与调研活动有关的信息资料。调研资料处理阶段所要做的工作是：调研人员将分头收集到的市场信息资料进行汇总、归纳、整理和审核，对信息资料进行分类编号和编码，然后对资料进行初步加工。

（四）市场调研的基本方法

市场调研的基本方法可分为三类：

1. 访问法

该方法是先拟定出调研提纲，然后采用提问的方式请被调研者回答，来收集信息和资料。根据访问法使用的技术差异，访问法在具体实施中主要有面谈访问法、电话访问法、邮寄访问法和网络访问法四种类型。如“颐阳补酒”为了深入了解消费者的反馈，采用电话访问的形式，调研消费者对本产品口味的评价以及是否需要回购等信息。

2. 观察法

观察法是社会调研和市场调研的最基本方法，是以感官直接观察并收集资料，也可以安装仪器进行收录和拍摄被调研者的行为和语言。在农产品品牌的市场调研中，观察法能客观地获取准确性较高的第一手资料，但调研面较窄，对调研员的要求也高。

3. 实验法

实验法是由调查人员根据调研的要求，把调研的对象控制在特定的环境条件下，用实验产品进行小规模销售或实验使用的方式，对其进行实验和观察以获得相应的信息。

在农产品品牌的市场调研中，实验法的目的为：一是观察本品牌的产品质量、品种、规格、包装是否受欢迎。二是了解农产品品牌的价格是否被用户接受。目前常采用的农产品产销会、新产品试销等都属于实验调研法。

二、市场预测

（一）市场预测的含义

市场预测是在调研研究的基础上，运用统计、定性分析等科学的预测方法，对影响市场供求变化的各因素进行分析研究，进而对商品生产、流通、销售的未来发展趋势进行科学推测与判断，掌握市场供求变化规律，为市场营销提供可靠的决策依据。

（二）市场预测的内容

市场预测探讨的是市场未来的发展状况。由于市场状况的发展变化受到多方面因素的影响，并且是这些因素共同作用的结果，市场预测的内容是相当广泛的。农产品品牌的市场预测，主要可以归结为六个方面：①农产品品牌的市场供给和需求的发展变化，即预测未来的农产品品牌市场上有多少可供给或者需求的具体数量。②农产品品牌生命周期发展阶段的变化与更新换代。③农产品品牌价格变动及其影响。④农产品品牌竞争发展趋势。⑤消费者心理变化趋势预测。⑥意外突发事件的影响预测。其中意外事件是指农业领导部门或农产品企业在制定市场决策、计划过程中不可考虑到或者难以想到的事件。

（三）市场预测的步骤

农产品品牌的市场预测主要包括以下几个步骤：

1. 确定预测目标

预测目标包括确定预测对象、预测范围和内容、预测方法的选择等一系列工作内容的安排。

2. 收集、整理资料

收集并整理相关资料，为进一步作出预测模型奠定基础。

3. 选择预测方法

农产品品牌的市场预测要取得较为正确的预测值，必须正确选择预测方法，其选择的原则主要考虑：预测的目的、预测时间的长短、农产品品牌占有历史统计资料的多少及完整程度、农产品品牌寿命周期和行业发展周期。

4. 提出预测模型

在农产品品牌的资料收集和处理阶段，应收集到足够可供建立模型的资料，并采用一定的方法加以处理，尽可能地使它们能够反映出预测对象未来发展的规律性，然后利用选定的预测基数确定或建立可用于预测的模型，如数学模型法、趋势外推法、概率分析法、类推法。

5. 评价和修正预测结果

如果农产品品牌的预测结果的误差是在可接受的范围之内，则通过对预测误差的进一步分析，来修正预测结果。

6. 编写农产品品牌的预测报告

通过上述各项工作之后，预测者将不同的预测方案利弊得失进行比较，选定可靠的预测值，并写出预测报告结果。

（四）市场预测的方法

市场预测的分类方法一般可以分为定性预测和定量预测两大类。定性预测法也称为直观判断法，是市场预测中经常使用的方法。定性预测法主要依靠人员所掌握的信息、经验和综合判断能力，预测市场未来的状况和发展趋势。这类方法简单易行，特别适用于那些难以获取全面资料进行统计分析的问题。因此，定性预测方法在市场预测中得到广泛运用。

定量预测是利用比较完备的历史资料，运用数学模型和计量方法，来预测未来的市场需求。例如，中国农业科学院为了做出农产品价格的短期预测，以计量经济学、统计学、价格学的理论为指导，采用了非参数核密度估计法、基于 ARCH 类模型的风险价值法（VAR）、向量自回归法（VAR）等方法，建立了基于不同信息、不同技术、不同目标的农产品市场价格短期预测模型，初步设计与实现了农产品市场价格智能预测系统。

第二节　STP 战略

通过市场调研，企业分析了目标市场的特征，为市场营销奠定了基础。所谓目标市场营销，就是指企业根据一个市场上不同消费群体的不同需求特征，把市场进一步细分为若干个子市场，选择其中一个或几个子市场作为自己的目标市场，发挥自己的资源优势，更好地满足子市场消费群体的需要，以提高企业市场竞争力的一种营销战略。目标市场营销包括以下三个相互关联的步骤：市场细分（Segmentation）、目标市场选择（Targeting）和市场定位（Positioning），故又称“STP”营销。

一、市场细分

（一）市场细分的概念与意义

所谓市场细分，是指企业按照一定的标准，把一个市场划分为两个或两个以上的子市场。子市场又可以称为“细分市场”（Market Segmentation），一个细分市场内的消费者具有类似的需求特征。

在农产品品牌的市场营销活动中，很多农产品企业通过市场细分取得了成功。在农产品品牌竞争日益激烈，农产品品牌经营者积极性被严重挫伤，消费者行为差异性日益明显的现状下，广大农产品品牌经营者要想在激烈的市场竞争中站稳脚跟，谋得生存发展，就必须在市场调研的基础上进行市场细分，才能更好地解决农产品市场中产品滞销、卖粮难等种种问题。市场细分能够帮助农产品品牌经营者认清市场现状，根据不同消费者特点有针对性地开展经营活动，综合地分析竞争对手的优势与劣势，帮助企业准确地寻找合适的目标市场，制定出正确的营销战略。

（二）细分消费者市场的依据

不同类型的市场，细分的因素有所不同。对于农产品的市场细分，为了研究方便和实际操作的需要，市场营销工作者根据消费者的购买行为和农产品品牌的市场经营的实际状况，按照生活资料市场和生产资料市场的不同特点，总结出以下的细分标准。

1. 消费者市场细分的依据

消费者市场细分的依据实际就是消费者所具有的明显特征，造成消费者需求特征多样化的因素，它们几乎都被视为市场细分的依据和标准。一般认为主要的细分依据是人口因素、地理因素、心理因素和行为因素（见表5－1）。

表5－1　消费者市场细分标准

细分标准	具体因素
地理因素	国别、气候、城乡、环境、人口密度
人口因素	年龄、职业、性别、教育、家庭结构、宗教、收入水平、种族
心理因素	生活方式、偏好、性格、对各种营销要素的敏感程度、个人兴趣
行为因素	购买时机、忠诚程度、追求的利益、使用者情况、使用频率

例如，按照人口细分标准，“完达山脑立方核桃乳”在市场调研后将市场细

分为“三四线城市经常用脑人士”市场、学生儿童市场和中老年市场；按地理细分标准，“江南一绝豆腐乳”将市场细分为南方市场和北方市场。

2. 生产者市场细分的依据

细分生产者市场的依据，有许多与细分消费者市场的依据相同，如用户所追求的利益、用户情况、对品牌的忠实程度等。但是，由于农产品品牌市场有不同的特点，农产品企业还有其他细分依据（见表5－2）。

表5－2 生产者市场细分标准

细分标准	具体要素
用户规模	购买力、企业大小
用户地理	地区、国别、集中程度
用户要求	用途、追求利益

按最终用户的要求，细分生产者市场是一种通用的方法，在生产者市场上，不同的最终用户所追求的利益不同；用户规模的大小通常是以用户对农产品品牌需要量的多少来衡量的，因而用户规模可作为细分生产者市场的依据，很多农产品企业根据用户规模的大小来细分市场；按用户的地理分布细分，用户的地理位置分布，对于农产品企业合理组织销售量小，选择适当的分销渠道以及有效地安排货物运输关系很大。一般来说，生产者市场比消费者市场更为集中，因为大多数国家和地区由于气候条件、自然资源、历史条件和社会环境等因素会形成若干个不同的农业区（带），如我国水稻主要产地是南方，小麦主要产地在北方。

（三）市场细分的应用

（1）通过市场细分发现市场空白点。虽然目前农产品市场基本处于饱和状态，但其饱和是相对性的，由于消费者需求存在多样性、持续性，若对农产品市场深入挖掘，则终会找到其市场空白点。

以郑州蔬菜市场为例，从表面看蔬菜经营者众多，蔬菜品种数量处于饱和状态，但是随着人们生活水平的提高，追求生活品质的意愿越来越强。通过市场细分发现，一些文化层次高且收入较高的消费者愿意选择高质高价的有机蔬菜。调研结果显示：企事业单位干部、科研人员、私企职员更愿意购买有机蔬菜，但郑州市有机蔬菜市场存在数量少、品种不全、品质不佳等特点，难以形成规模化和效益化，无法满足高层次人群的需求。

（2）通过市场细分选择目标市场。选择目标市场是农产品经营者初入市场时应首先关注的问题，而选择合适的目标市场就必须首先进行市场细分，农产品经营者针对众多消费者的消费心理、消费行为、职业特点、所处地理环境进行差异化分析，从而把消费者分为不同群体。农产品经营者可根据自身优势，选择适合自己经营的目标市场，开展目标市场营销。

（3）通过市场细分快速发展农产品市场。每一个农产品经营者都有自己的经营优势，农产品经营者若能在目标市场集中发挥自身经营优势则可保持在目标市场的竞争实力。

例如，一些养殖者把所有资源和资金用于搞专业化养殖，从而保持自身的竞争优势就是这一策略的体现。四川雅安市某农户，在对鸡类消费者市场进行市场细分的基础上，避开大众消费者，选择了追求营养品质型的高端消费者，从而集中所有优势生产放养的、不喂饲料、绿色无公害的土乌骨鸡，获得了高端市场的欢迎，成功地取得了巨大的市场。

二、目标市场选择

市场细分为企业找出了所面临的各种市场机会。接下来，企业要弄清哪些细分市场值得进入，确定目标市场。在市场细分的基础上，从满足现实或潜在目标顾客的需求出发，并根据企业自身经营条件而选定的特定市场即为目标市场。目标市场选择，是指企业从潜在的几个目标市场中，根据一定的要求和标准，选择其中某个或某几个目标市场作为可行的经营目标的决策过程，主要包括细分市场评估和目标市场确定。

（一）评估细分市场

对于农产品品牌，在对不同的细分市场进行评估时，一般考虑以下三个因素：细分市场的规模和发展前景、细分市场的吸引力和企业目标与资源。

1. 细分市场的规模和发展前景

选定的目标市场必须具有一定的规模和发展潜力，才能保证企业获得预期利润。因此是否具备适度规模成为企业考核细分市场的首要问题。大企业通常重视销量大的细分市场，忽视销量小的细分市场。反之，小企业则较多选择那些看起来不太具有吸引力的小市场。作为企业，一般都想扩大销售额和增加利润，同样，竞争对手也会迅速抢占正在发展的细分市场，使新兴企业利润减少。要估计农产品品牌细分市场的规模和发展前景，企业必须做好有关数据的收集和分析工作。

2. 细分市场的吸引力

有的农产品品牌细分市场可能具备理想的规模和发展前景，但从盈利的角度来看未必有吸引力。同行业竞争者、潜在的新进入的竞争者、替代商品、购买者和供应商，决定一个细分市场的长期内在吸引力，企业应就这五种力量对长期盈利的影响作出评估。

3. 企业目标与资源

即使某个细分市场具有一定的规模和发展特征，并且其组织结构也有吸引力，企业仍需将其本身的目标和资源与其所在的市场情况结合在一起考虑。某些农产品品牌市场虽然具有较大的吸引力，但不符合企业长远目标，因此不得不放弃。这是因为这些细分市场本身具有吸引力，但是它们不能推动企业完成自己的目标，甚至会分散企业的精力，使之无法完成主要目标。

（二）目标市场选择模式

通过对不同细分市场进行评估，企业会发现一个或几个值得进入的细分市场，企业必须决定要进入某个或某几个细分市场。企业可考虑的目标市场模式一共有五种：

1. 市场集中化

企业只选择一个细分市场，只生产一类产品，集中力量为之服务。市场集中化有两种情形，一是产品集中化，即生产一种规格或样式的产品。二是市场集中化，即专门为一个细分市场服务。集中营销使企业深刻了解该细分市场的需求特点，从而获得强有力的市场地位和良好声誉。如“江南一绝豆腐乳”专注于做腐乳，“祖明豆奶”专注于做早餐豆奶。

2. 产品专门化

企业集中生产一种产品，并向所有顾客销售这种产品。例如，“好想你”枣专注于生产枣，向消费者提供了“红枣醋饮”“奇特香枣”“早生果”“红枣人参茶”等几十种规格的枣类产品，能充分满足不同消费群体的各种需求。产品专门化的方式通常能使企业比较容易地在某一产品领域树立起很高的声誉，而且有很大的发展空间。

3. 市场专门化

企业专门服务于某一特定顾客群，尽力满足他们的各种需求。例如，“康贤籼米”专门为患糖尿病的消费者提供了无糖型籼米，富含天然膳食纤维，非转基因食品，更好地保留了对人体有利的碳水化合物，满足了糖尿病消费者对“少糖”的健康需求。

4. 选择专门化

企业选择几个细分市场，每一个对企业的目标和资源利用都有一定的吸引力，但各个细分市场批次之间很少或根本没有任何联系。这种策略能分散企业经营风险，即使其中某个细分市场失去了吸引力，企业还能在其他细分市场盈利。

5. 完全市场覆盖

企业力图用各种产品满足各种顾客群体的需求，即以所有的细分市场作为目标市场。一般只有实力强大的企业才能采用完全市场覆盖策略。

（三）选择细分市场

选择细分市场，这就是目标市场选择问题。市场是指企业决定进入的、具有共同需要或特征的购买者组合。企业可选择的市场覆盖战略有三种：无差异性营销、差异性营销和集中性营销。其中无差异性营销指企业不考虑细分市场的差异性，对整个市场只提供一种产品，差异性营销指企业决定以几个细分市场为目标，为每个目标市场分别设计产品及营销方案。集中性营销指企业集中所有力量，以一个或几个性质相似的子市场作为目标市场，试图在较少的子市场里取得较大的市场占有率。

农产品品牌经营者进入细分市场，为的是满足具有某种需求的顾客群体，在选定目标市场后，应对其产品品种、质量、包装等需求特点，以及维持市场正常运行的各种政策法规、管理体制，和竞争对手的市场占领情况进行研究。对于农产品品牌而言，随着竞争的加剧和生活方式多样化和个性化的出现，想要取得竞争优势，采取差异化营销最具优势。

例如，在“褚橙”品牌创建初期，消费者对褚橙品牌认知不深的情况下，精美和个性的包装可以展示“褚橙”的不同之处。产品包装的差异化推动了“褚橙”品牌的发展。

但仍需根据企业的具体情况，结合选择目标市场营销策略的因素，选择采用无差异营销、差异性营销或集中性营销策略。

（四）选择目标市场营销策略的因素

农产品品牌在选择目标市场前，应考虑的因素主要有以下五个：

1. 企业的资源

主要考虑农产品企业在人力、物力、财力及信息方面的资源，以选择最恰当的营销模式。

2. 品牌商品的同质性

商品的同质性是指这一类商品提供了类似的功效，对于同质性商品，可以采用无差异营销策略。农产品品牌商品设计变化较多，价格有显著差别，消费者对于农产品品牌的质量、价格、包装等常常要反复评比比较，然后决定购买，一般采用差异性营销战略。

3. 市场的同质性

市场的同质性指所有购买者爱好相似，对市场营销刺激的反应也相同，这种情况下可以采用无差异性市场策略。如果各消费者群体的需求、偏好相去甚远，则必须采用差异化市场策略、集中性市场策略或市场专门化，使不同消费群体的需求得到更好的满足。

4. 品牌所处的生命周期阶段

农产品品牌所处的寿命周期不同，采用的市场营销策略也是不同的。当企业把一种新的商品导入市场时，现实的做法是仅强调商品的特点，因而无差异营销最能奏效。当产品进入成熟期或衰退期，无差异营销策略就完全无效，须采用差异化营销策略，才能延长成熟期，开拓市场。

5. 竞争对手的目标市场策略

当竞争者采用了差异化营销，企业也采用差异化营销，可更好地有效参与竞争。当竞争者采用无差异营销策略，企业采用差异化营销策略或集中营销策略是有优势的。

三、市场定位

企业进行市场细分，选定目标市场后，如何进入目标市场，以怎样的姿态进入目标市场，这就是市场定位。目标市场定位的实质在于对已经确定的目标市场，从产品特征出发进行更深层次的剖析，进而确定企业营销，最终要落实到具体产品的生产和推销上。企业的任务就是创造产品的特色，使之在消费者心目中占据突出的地位，留下鲜明的印象。

一些企业在选择市场定位策略时很容易，但在许多时候，两家或者更多的企业会有相同的定位，因此，必须想办法将自己与其他企业区别开。为获得竞争优势而进行的目标市场定位包括以下主要任务：识别可能的竞争优势，选择适当的竞争优势和传播选定的市场定位。

（一）识别可能的竞争优势

消费者一般都选择那些给他们带来最大价值的产品和服务，赢得与保持顾客的关键是能够比竞争者提供更多的价值。当企业把自己定位为向目标市场提供更大的价值时，它就获得了竞争优势。确立竞争优势的方法通常是使自己营销产品或服务差异化，以便为顾客提供更高价值。通常可以从以下五个方面着手进行：产品差异化、服务差异化、渠道差异化、人员差异化、包装差异化。

例如，“张大发樱桃”通过组建微商团队，不断培训员工并做线上预售，实现团队和用户的分销，短短半个月卖出了81282箱樱桃。渠道的差异化为品牌创造了高价值。

（二）选择合适的竞争优势

假定企业已经发现了若干个潜在的竞争优势，那么它必须选择其中几个竞争优势，据以建立起市场定位策略。通常，企业可以从以下四种价值方案中选择一种进行总体定位：优质优价；价廉物美；利益相同，价格较低；利益较低，价格更低。同时，企业需避免三种主要市场定位错误：定位不足、定位过高、定位模糊。

（三）传播选定的市场定位

一旦选择好市场定位，企业就必须采取切实步骤把理想的市场定位传达给目标消费者。企业所有的市场营销组合必须支持这一市场定位策略，并通过一致的表现和沟通来保持它。当市场营销环境变化时，产品定位也应顺势演变。

第三节　品牌定位

离开了市场细分与选择目标市场，品牌定位将无从谈起。从这个意义上讲，市场细分与选择目标市场是进行品牌定位的两项基础性工作，即品牌定位工作是完成市场定位之后才正式启动的。在明确农产品的市场定位后，农产品的品牌定位也随之确定。

一、品牌定位概述

定位理论最初应用于产品定位，然后发展到品牌定位。品牌定位是根据消费者对品牌的认识、了解和重视程度，给自己的品牌规定一定的市场定位，培养产品在消费者心目中的特色和形象，以满足消费者的某种偏爱和需要。

品牌定位有以下四个原则：

（一）消费者导向原则

品牌定位的重心是消费者心理，对消费者心理把握越准，品牌定位策略就越有效。

（二）个性化原则

体现在功能利益和感情利益两个方面。

（三）差异化原则

成功的品牌定位就是要通过各种渠道，如广告、社交媒体等，向消费者传递品牌定位的信息，凸显品牌的差异性，强势吸引消费者的注意力。

（四）动态调整原则

现代社会瞬息万变，技术、产品、竞争对手和消费者等时刻变化，这就要求企业在变化的环境中，抛弃以静制动的传统定位思想，保持高度敏感。

品牌定位对于农产品而言，有以下三点意义：

1. 品牌定位有助于消费者牢记农产品品牌

现代社会是信息社会，各类农产品资料、新闻广告铺天盖地，令人应接不暇。对于农产品而言，只有以消费者为导向进行个性化、差异化的品牌定位，才能让消费者在多如牛毛的农产品信息中牢牢记住指定品牌。

2. 品牌定位有利于传递农产品品牌核心价值

品牌的核心价值是品牌向消费者承诺的核心利益，代表着品牌对消费者的独特价值和终极意义，是品牌的精髓所在。农产品品牌定位可以在农产品品牌核心价值的基础上，通过与潜在消费者心中的信息空白点进行择优匹配，通过一系列的品牌营销手段，让潜在消费者产生对该农产品品牌的认知、偏好，进而转向实际的购买行为。

3. 品牌定位是农产品品牌营销的基础

农产品企业要塑造一个成功的品牌，需要经过品牌定位、品牌规划、品牌设计、推广以及应对品牌危机等一系列步骤。其中，品牌定位是农产品品牌建设和品牌营销系统中的第一个环节，也是基础环节。品牌定位得当，可促使农产品品牌营销节节顺利。

二、品牌定位战略

品牌定位是一个系统性的整合分析过程。一般来说，品牌定位战略过程分为四大阶段：市场调研、市场细分、目标市场选择和品牌具体定位。在本章第一节和第二节中，我们已经分析了市场调研、市场细分和目标市场选择的相关内容，下面，我们探讨农产品品牌的具体定位。

农产品品牌定位的关键是企业要找出农产品的竞争优势。竞争优势一般有两种基本类型：一种是价格竞争优势，即在同样条件下比竞争对手的价格更低，这需要企业努力降低农产品成本；另一种是偏好竞争优势，即能提供特色来满足消费者的特定偏好，这要求企业在农产品特色上下功夫。农产品竞争中的优势主要体现在偏好优势上。农产品品牌具体定位的全过程包括以下三个步骤：

（一）明确农产品企业的竞争优势

要明确三个中心问题：竞争对手的品牌定位是什么？目标市场上主体消费者需求的满足程度如何？面对前两者的现状，本企业能做什么以及如何做？要回答这三个问题，农产品品牌决策者需要展开多渠道调研，充分利用大数据技术，深度分析竞争格局，进而明确本企业的竞争优势。

（二）准确地选择比较竞争优势

比较竞争优势指农产品企业能够胜过对手的能力，这种能力既可以是现有的，也可以是潜在的。准确地选择比较竞争优势就是农产品企业各方面实力与竞争者实力一较高低的过程。比较的指标是一个完整的体系，只有这样才能准确地选择比较竞争优势。

（三）彰显农产品企业独特的竞争优势

这一步的主要任务是，企业通过一系列公关活动，将农产品独特的竞争优势鲜明地传递给消费者。为此，企业应使目标消费者了解、熟悉、认同、喜欢和偏爱本企业农产品，在消费者心目中树立良好的品牌形象。接着，企业通过多种渠道维系并强化品牌形象，保持消费者与品牌之间的联系。与此同时，企业应注意消费者对本农产品品牌的正确理解，避免因偏差或失误导致消费者对品牌产生误会，及时纠正品牌定位不一致的形象。

如杜康酒于 2013 年 10 月 23 日在杜康酿酒遗址公园举办了封坛大典，提"封坛承愿"之价值定位，赋予杜康封坛酒独特的产品认同、身份认同和精神认同，用庄重的典礼给中国白酒鼻祖一个极大的荣耀，使得杜康酒和杜康之间的联系有了更加深厚的感情和精神依托。

三、品牌定位策略

品牌定位策略是进行品牌定位点开发的策略，品牌定位点的开发是从经营者的角度挖掘品牌产品的特色。必须强调的是，品牌定位点不是产品定位点，品牌定位点可以高于产品定位点，也可以与产品定位点相一致。品牌定位点的开发不局限于产品本身，它源于产品，也可超越产品。对于农产品品牌，可采用以下四种定位策略：

（一）档次定位

不同的农产品品牌在消费者心目中按价值高低区分为不同的档次。品牌价值是产品质量、消费者的心理感受及各种社会因素如价值观、文化传统等的综合反映。定位于高档次的农产品品牌，传达了农产品（服务）高品质的信息的同时也体现了消费者对它的认同。档次具备了实物之外的价值，如给消费者带来自尊和优越感。如阳澄湖大闸蟹将大闸蟹的规格分为特级、中级和普通级，为不同收入水平的消费者提供了选择。

（二）差异化诉求点定位

农产品品牌向消费者提供利益定位，而这一利益点是其他农产品品牌无法提供或者没有诉求过的，因此是独一无二的。运用差异化诉求点定位，在同类农产品品牌众多、竞争激烈的情形下，可以突出本农产品品牌的特点和优势，让消费者在有相关需求时，更迅捷地选择商品。

如后文案例中，甘肃巨鹏食品股份有限公司将马铃薯价值表述为“蔬粮”，既不同于其他农产品的“蔬菜定位”，也不同于“主粮定位”，提出了“蔬粮均养”的属性价值，做出了“马铃薯既是菜，又是主粮，能够营养均衡、膳食平衡”的品牌定位，为品牌创建打下了坚实的基础。

利用差异化诉求进行农产品品牌定位时有几点值得注意：首先，差异化诉求的利益点必须是消费者感兴趣或关心的。其次，应是其他农产品品牌不具备或者没有指明的独特之处。最后，差异化诉求点诉求要突出一个主要利益点。

（三）类别定位

通过和知名品牌产品的比较，表明了自己的“另类”身份，显示与众不同，这是获得品牌定位的一种重要方法。这实际上是借了知名品牌产品的光而使自己扬名的方法。

如固城湖螃蟹与阳澄湖大闸蟹的比较，提出了固城湖螃蟹与众不同的八大特性：绿（绿色食品、放心蟹）、早（上市早，全国最早）、大（规格大、4两以上的占60%）、肥（肉质饱满）、腥（蟹腥味十足）、鲜（蟹肉氨基酸多）、甜（口感好、鲜中带甜）、亮（青背、白肚、金爪、黄毛，红膏蟹占95%，是出口的上等品），为成功营销打下了基础。

（四）消费者定性

农产品品牌定位要面向消费者，是对消费者的情感和心智进行管理。因此，从消费者的角度进行定位是农产品品牌定位开发的一个重要方面。

消费者定性有四个角度：从使用者的角度去定位、从使用场合和时间定位、从消费者的购买目的去寻找定位、从消费者的生活方式寻找定位。

针对现代社会消费者追求个性、展现自我的需要，通过品牌定位可以赋予品牌相应的意义，消费者可以通过享用品牌产品而展现自我，表达个性。如："山橙时代"为了进一步赋予品牌鲜明的个性，与小红书、一条视频等玩起了跨界营销，提升品牌在年轻白领等中高端消费群体中的影响力，满足了当代青年追求时尚、表现自我的需求。"山橙时代"通过品牌人格化、产品个性化、渠道扁平化，重塑脐橙营销新标准，建立了山橙新标准，突围占领了中国脐橙市场。

西薯粮郡：价值重塑，响亮回答"土豆凭啥当主粮"

2016年2月，农业部向北京、河北、内蒙古等14个省市区农业部门下发《关于推进马铃薯产业开发的指导意见》（以下简称《意见》）。《意见》提出，到2020年，我国马铃薯种植面积扩大到1亿亩以上，适宜主食加工的品种种植比例达到30%，主食消费占马铃薯总消费的30%。自古就在"蔬菜界"的马铃薯，如今要"跨界"作为我国第四大主粮，被端上餐桌。

马铃薯能否成为主食，在于老百姓能否在意识中将马铃薯与主粮对位。正如农业部余欣荣副部长所言，"马铃薯主食化能不能实现，关键还得看消费者是不是接受"，一方面取决于市场需求，另一方面也需要宣传和引导。

甘肃巨鹏食品股份有限公司地处"中国薯都"——定西，创建于1999年，2015年新三板上市，是集农产品研发、种植、收购、储藏、加工、销售和冷链物流于一体的省级农业产业化重点龙头企业，与中国农业科学院国内顶尖技术团队合作，开发出经过认证的马铃薯营养休闲食品和主粮产品。面对潜力巨大的市场，甘肃巨鹏硬件软件都已具备，但是如何进行品牌定位成了大问题。

为了分析市场需求，甘肃巨鹏食品股份有限公司首先做了市场调研，在做了问卷调查的同时走访了中国农产品加工研究所和国内知名的马铃薯主食化加工技术研发团队，听取了专家的意见。调研团队发现：72%的消费者认为马铃薯"价值感低"，是"粗粮、杂粮"，土豆就是土豆，太普通、太熟悉了；59%的消费者在"是否愿意选择价格更高的马铃薯主粮产品"一项选择了"否"；超过半数消费者认为土豆"淀粉含量高""容易发胖”等。通过市场调研，研究者发现消费者对于土豆的认知存在误区，“马铃薯就是菜”的属性定位牢牢占据着消费者的认知，南米北面和煮蒸的饮食烹调习惯也是接受马铃薯为主粮的障碍之一。甘肃巨鹏食品股份有限公司根据市场需求和不同地区消费者的饮食习惯，将马铃薯市场细分为南方市场与北方市场。

了解消费者的需求之后，甘肃巨鹏食品股份有限公司借助政府的主导作用和各路媒体的推波助澜，放大了企业的品牌影响和市场回应。“观念破局、资源锁定、借势抢位、差异推广”成了企业的品牌竞争策略。

首先，定西马铃薯作为极具地方特色的农产品，是富有价值的稀缺资源，要巧妙地从区域公共品牌嫁接到企业品牌，实现资源锁定。其次，从研究马铃薯价值转移到研究主食消费的价值。马铃薯具备诸多功能价值，单纯宣传并不能改变消费者的认知和习惯，更不能激发购买欲望；从挖掘出的马铃薯价值属性进行提炼，对主食“定点扫描”会有全新的认识，进而准确定位并提出独特价值主张；只有这样才能避免“杂音”，在消费者头脑中准确“定位”，形成消费者认知“绑定”。

所有的一切，还是要回到马铃薯的属性来分析，“马铃薯究竟是什么?”马铃薯的一贯认知是“菜”，是否可以“顺”着消费者的思路进行思考，即说马铃薯既是“菜”，又是“主粮”呢？在原有认知不变的基础上，甘肃巨鹏清真食品股份有限公司将马铃薯主食化的信息进行传递和整合后，形成了独特的属性定位——“蔬粮”。接着对“蔬粮”进行价值表述，中国人吃饭是“饭菜分明”的，吃菜是为了补充必要的营养，吃主食是为了补充能量，公司决策者参考《中国居民膳食指南》等相关资料，提出了“蔬粮均养”的属性价值，马铃薯既是“菜”，又是“主粮”，能够营养均衡、膳食平衡。

回顾品牌定位全程，关键是成功地解决了马铃薯属性价值延展与消费者一贯认知的背离问题，通过充分进行市场调研直面问题，回归属性本质，在品牌定位时转换了解决思路，变“改”为“顺”，重新进行属性“再定位”和“价值再造”，最终找到了创建定西马铃薯品牌的解决问题的突破口。

资料来源：《品牌农业大革命》。

第六章　农产品品牌命名及设计

对于消费者而言，农产品品牌代表信赖与可靠、代表放心、代表了解、代表个性和自我实现；对于营销者而言，农产品品牌意味着更高的附加值，包括更高的忠诚度、更大的边际收益、对价格的弹性反应、营销沟通的有效性、更多的合作与支持，以及农产品品牌延伸的可能性。越来越多的农产品企业开始重视品牌建设。农产品品牌的命名和设计是农产品品牌建设的重要环节。本章将从农产品品牌的命名原则、命名意义、命名策略、标志设计、产品设计以及包装设计等方面探讨农产品品牌的命名及设计。

第一节　农产品品牌的命名意义

农产品品牌的命名意义可从多个方面来透视。下面，我们分别就消费者和营销者两方面进行阐述：

一、农产品品牌给消费者带来的益处

（一）农产品品牌便于消费者辨认、识别所需商品，有助于消费者选购农产品

随着科技的发展，农产品的科技含量日益提高，信息及科技传播速度的加快，增加了生产商和加工商的创造与模仿能力。对消费者来说，同种类农产品间的差别越来越难以辨别。由于不同的品牌代表着不同的农产品品质、不同的利益，所以有了农产品品牌，消费者即可借助农产品品牌辨别、选择所需农产品。

（二）农产品品牌有利于维护消费者利益

有了农产品品牌，营销者以品牌作为促销基础，消费者认牌购物。营销者为

了维护自己的农产品品牌形象和信誉，都十分注意恪守给予消费者的利益，并注重同一品牌的农产品质量水平同一化。如此一来，消费者可以在营销者维护自身品牌形象的同时获得稳定的购买利益。

（三）农产品品牌有利于促进农产品改良，有益于消费者

由于农产品品牌实质上代表着营销者对交付给消费者的农产品特征和利益等的承诺，所以营销者为了适应消费者的需求变化，适应农产品市场竞争的客观要求，必然会不断更新或创制新产品，以兑现或增加承诺。这是营销者的选择，也是消费者的期望。可见，迫于市场的外部压力和企业积极主动迎接挑战的动力，农产品品牌最终会带给消费者更多的利益。

此外，农产品品牌的有益作用还表现在有利于市场监控、有利于维系市场运行秩序、有利于发展市场经济等社会经济发展方面。

二、农产品品牌对营销者的重要作用

（一）农产品品牌有助于促进农产品销售

农产品品牌以其简洁明快、易读易记的特征而使其成为消费者记忆农产品质量、农产品特征的标志，也正因如此，农产品品牌成为营销者促销的重要基础。借助农产品品牌，消费者了解了品牌标定下的农产品；借助农产品品牌，消费者记住了农产品品牌及该农产品。

（二）农产品品牌有利于保护品牌所有者的合法权益

农产品品牌经注册后获得商标专用权，其他任何未经许可的企业和个人都不得仿冒侵权，从而为保护农产品品牌所有者的合法权益奠定了客观基础。

（三）农产品品牌有利于约束营销者的不良行为

品牌是一把双刃剑，一方面，因其容易为消费者所认知、记忆而有利于促进农产品销售，注册后的农产品品牌有利于保护自己的利益；另一方面，农产品品牌也对品牌使用者的市场行为起到约束作用，督促营销者着眼于其长远利益、消费者利益、社会利益，规范自己的营销行为。

（四）农产品品牌有助于扩大农产品组合

为适应市场竞争的需要，营销者常常需要同时生产多种农产品。因此对营销者而言，农产品组合是一个动态的概念，农产品品牌则是支持营销者推出新的农产品组合的无形力量。如若农产品没有品牌，更好的农产品和服务也会因消费者经常无从记起原有农产品或服务的好印象而无助于农产品的改良或扩张。农产品有了品牌，消费者对某一品牌产生了偏爱，则该品牌标定下的农产品组合的改变

或扩大就更容易为消费者所接受。

此外，农产品品牌还有利于营销者实施市场细分战略，不同的农产品品牌对应不同的目标市场，针对性强，利于进占、拓展各细分市场。

第二节　农产品品牌的命名原则

农产品品牌通常由文字、标记、符号、图案和颜色等要素或要素的组合构成，其目的是借以辨认某个销售者或某群销售者的农产品或服务，并使之同竞争对手的农产品和服务区别开来。农产品品牌如何命名，需遵循如下几个原则：

一、合法性原则

合法也就是指能够在法律上获得保护，农产品品牌的命名不得与国家的法律法规的内容相抵触，国家禁止使用的图案、标记不得使用，例如国徽、国旗、军旗、勋章。这是给农产品品牌取名的首要前提，再好的名字，如果不能注册，也就得不到法律保护，就不是真正属于自己的。

二、新颖性、差异性原则

农产品品牌命名要美观大方、新颖，构思精巧，以此来刺激消费者的购买欲望。现如今，新型媒体不断涌现，传统媒体不断进步，消费者每天都接收大量信息，但对于一些频繁出现的雷同信息会选择性忽视。农产品品牌名称要引起消费者的注意，留下一定的印象，就必须具有与众不同的特性，能够从众多雷同信息中脱颖而出。所以，农产品品牌应具有一定的差异性。

三、简明通俗、识别性强原则

农产品品牌命名要简单明快、朗朗上口，易于消费者辨认与传播，易于记忆，能在较短的时间范围内给消费者较深的印象。切忌复杂冗长，繁琐，图案模糊不清。农产品品牌应具有可识别性，消费者可轻易通过字面意思理解品牌名称要体现出来的各类信息，尤其是品牌核心价值。例如，“江南一绝”，直接显示祖名豆腐乳是最好的南派腐乳的核心诉求。

四、适用性原则

农产品品牌命名应注意目标市场上的消费者所处的社会文化环境如何。世界上每个国家的历史、风俗、宗教信仰存在一定差异和不同，不同的人喜好和禁忌也不同，使得他们对同一品牌的看法也会有所不同。同一字词或图案在这一个国家是非常美丽的意思，可是到了另一个国家其含义可能会完全相反。我们国家绝大多数农产品品牌都是由汉字命名，在去和国际接轨时，便会让外国消费者莫名所以，大多数品牌使用汉语拼音作变通，还是被证明这也是行不通的，因为外国人并不懂拼音所代表的含义。因此，在设计品牌时一定要注意这些方面的差异，尽量避免造成误解，产生误会。

五、寓意深刻性原则

农产品品牌的命名要能反映企业本身产品的特色和风格，使消费者很容易将企业与品牌标志联系在一起。例如，“好想你”枣，古语有云“女人不可一日无枣”，民间有“一日三枣，一辈不老”之说，枣的好处很多，使人品尝后意犹未尽，留恋无比，同时也是馈赠亲友的好礼品，受益者品尝到美味会倍感思念，“好想你”寓意也是十分的强烈。

第三节　农产品品牌的命名策略

农产品品牌命名的目的是让农产品品牌名称尽可能直接地服务于营销，有以下几个基本的策略需要考虑：

一、以带给消费者的不同利益来命名

这类品牌以农产品的某一功能效果或者能带给消费者的精神感受作为品牌命名的根据。例如，大益普洱，之所以命名为“大益”，原因是茶为健康之饮，以其绿色生态及富含对人体多种有益物质，被誉为21世纪的天然饮品——此为身体之“益”；茶为文明之饮，是修身养性、启迪智慧的媒介——此为精神之“益”；茶为和谐之饮，雅俗共赏，是人与人之间友好、文明交往的桥梁——此为沟通之“益”。

二、以农产品品牌本身的来源渠道命名

（一）以姓氏人名命名

以开创人的姓氏或人名命名的品牌，给人以历史悠久的感觉。例如，陶华碧老干妈风味豆豉，品牌名字以企业创始人陶华碧女士命名，贵阳南明老干妈风味食品有限责任公司成立于1996年；杨协成豆奶，“杨协成”是一个在东南亚久负盛名、具有100多年历史的饮料品牌，杨协成有限公司是新加坡业绩最显著的饮食集团公司之一，从中国福建省一间小小的作坊开始创业，杨协成今天已成为一家亚洲食品饮料生产的领导企业。

案例中的“褚橙”是由褚时健种植而得名，因此以褚时健的姓氏命名。褚橙是冰糖脐橙的一种，口感甜中微微泛着酸，像极了人生的味道。有人说，褚橙卖的不是橙子，是故事。诚然，褚橙的掌门人褚时健因烟草大落，又借橙子东山再起，他不同寻常的人生经历让这个不起眼的橙子，成了一种文化、一种精神。如今，褚时健的经历已经被更多人当作励志传奇来讲述，人们学习他的创业心得，也学习他的坚持和努力，褚橙已经变成了励志橙，“褚橙”品牌也在农产品市场占据了一席之地。

（二）以地名命名

以地名来命名也是过往盛行的做法，除非一些已超出地域影响的地名，如桂林、黄果树、青岛、上海、黄河、西双版纳和世界文化遗产张家界等地。各国目前对以地名作为品牌名的做法，都有不同程度的限制，根据我国《商标法》规定，以县级以上行政区的地名或公众知晓的外国地名，不得作为商标，但是具有其他含义的除外。例如，高邮咸鸭蛋、阳澄湖大闸蟹、宁夏枸杞王、库尔勒香梨等。

（三）以物名命名

以物名命名主要指以动植物名称命名的方式，以动植物命名可以将人们对动植物的喜好转嫁到农产品品牌身上。例如，金龙鱼食用油等。

（四）以暗示农产品属性或利益命名

例如，福临门精制油等。

第四节　农产品品牌的标志设计

农产品品牌的标志设计，也就是我们常说的Logo设计，它在企业传递形象的过程中应用最为广泛，企业将它所有的文化内容包括农产品与服务，整体的实力等都融合在这个标志里面，通过后期的不断努力与反复策划，使之在大众的心里留下深刻的印象。同时，农产品品牌的标志要简洁明了，能让消费者在最短时间内识别出来，才能够历经时间的洗礼而不至于落伍。设计农产品品牌的标志还需注重色彩规范上的运用，因为一个标志在对外宣传时，会遇到不同的画面，不同的色彩，所以农产品品牌的标志运用起来要适合宣传的视觉审美，规范化去运用。

一、农产品品牌标志中的字体设计

标准字作为一种符号，和标志一样，也能表达丰富的内容。标准字是指由特殊字体组成或是用经过特别设计的文字来表现的农产品品牌。标准字造型首先要契合农产品品牌的理念，服从设计概念的指导。字体的刚柔、曲直、繁简、粗线、疏密、大小等感觉上的差异均会影响到大众对农产品品牌身份的认定。即便是名称内容相同，不同的字形可以通过想象语义给人完全不同的印象，引发不同的联想。

二、农产品品牌标志中的色彩设计

色彩光波的物理特性、人的生理机制、生活经验、文化传统等因素相互作用，使色彩能够引发种种感觉与联想，农产品品牌形象的建立得益于对色彩传播特性的精心设定与巧妙利用。农产品品牌标志设计的色彩运用可以从以下几个方面考虑：运用人们对色彩基本的生理、心理反应；运用对自然物的色彩联想；运用地域色彩及有关色彩的传统、习俗与信仰。

例如，“西域果园”是新疆果业集团的旗下品牌（见图6－1），公司利用新疆特有的林果业资源优势和新疆林果的优越突出品质，在乌鲁木齐、北京、上海、广州、武汉、长春、重庆等中心城市开设“西域果园”直营店，突出做好新疆特色农林产品的交易与展示。“西域果园”的品牌标志是将绿色定义为标准色，绿色让消费者联想到森林、田野与草原，从而引申出自然健康、生命、希望的意义。

图6－1　西域果园品牌

三、农产品品牌标志中的图案设计

在农产品品牌的标志设计中可以用图案来刻画反映企业精神、企业经营理念及农产品品牌形象，如图案化的动物、植物、几何形态等，经过设计，赋予其人格精神，以强化企业性格，突出品牌效应，塑造整体企业形象。图案的内容、形态、色彩往往与农产品品牌的标志等其他核心形象要素存在联系，它们共同服务于企业与品牌整体形象的塑造。

例如，云南特产品牌“云味”，主要销售野生菌、干巴、贡米等一些云南地区特色食材，云南给人的感觉非常神秘，它地处高海拔低纬度，地形地貌及其气候十分复杂，动植物种类多样，“云味”的品牌形象中，图案提取自云南当地的服饰、布艺、扎染中的图案，以菱形作为基本型，对其中的纹饰进行简化及图形化处理作为品牌的基本纹样，整体设计演绎既现代又有云味（见图6－2）。

图6－2　云味品牌

农产品的品牌形象相似度很高，因此，要从激烈的市场竞争中脱颖而出，必须采取独特有效的设计理念和手法，塑造独特的视觉形象。归根结底，农产品品牌的标志如何设计，最终目的是能入消费者的“法眼”，能在消费者头脑中留下深刻印象。从消费者对农产品品牌的标志的一些态度中不难发现，对于广大的消费群体来说，面对越来越复杂的市场，品牌标志的意义已经越来越凸显。一个小小的品牌标志，它能发挥作用，能够在消费者心里生根发芽。因此，在农产品品牌标志的设计中，要充分考虑字体、色彩、图案等元素，设计出能让消费者眼前一亮的标志。消费者对农产品品牌的认识，往往不会很深刻，他们不会清晰地记得每个品牌的品牌故事，不会对品牌的理念有多么深刻的挖掘，但他们会记住他们感兴趣的标志，并且这对他们选购某些农产品很重要。

第五节 农产品品牌的产品设计

农产品品牌与其产品作比较，最根本的区别在于：农产品品牌的产品是生产者创造的，农产品品牌是由消费者带来的。一个农产品品牌必定包含一种产品，给了产品一个区别性的标志；但一种产品未必能成为一个知名的农产品品牌。

一、农产品品牌的产品设计原则

如何才能设计出一个好的农产品品牌的产品，需考虑以下几个原则：

（一）满足消费者需求

消费者需要什么农产品，营销者提供什么农产品。如若产品不是消费者所需求的，那么再有价值的农产品也无人问津。

（二）产品质量安全

农产品最终为消费者所食用，产品质量是否安全直接关系到消费者的身体健康。例如，2005 年的“苏丹红鸭蛋”事件，一些鸭商为了使鸭子下出红心蛋，居然在饲料中加入含苏丹红四号的“调料”。黑心商贩的唯利是图、置农产品安全不顾的做法让人惶恐不安，在农产品品牌的产品设计时必须把质量安全放在第一位。

（三）外形美观

消费者在选购农产品时，最初注意到的就是农产品的外观，消费者倾向于购买外形美观的产品，相对而言，“歪瓜裂枣”更容易被消费者舍弃。当然也有特例，例如“丑橘”就是以外形较丑口味较好为品牌卖点，并被消费者所青睐。

褚时健的妻子马静芬打出“褚时健种的冰糖橙”的横幅卖橙子，很多人一开始是抱着对褚时健的好奇来买橙，“褚时健种的冰糖橙”没有让消费者失望，褚橙甜而不腻，酸味适中，皮薄肉多。“褚时健”的名字为这种冰糖橙敲开了农产品市场的大门，但终究还是品质让橙子在市场站稳了脚跟。

二、农产品品牌的新产品开发

农产品品牌的新产品开发是企业生命的源泉。企业要想成长与发展，开发新产品是必经之路。不仅消费者需要新产品，为了保持或提高销售额，企业也需要积极寻找、开发新产品，农产品品牌的产品开发成败决定着企业的兴衰存亡。

例如，2017 年 11 月 9 日海升集团枝纯品牌推出新品串番茄（Candy Tomato）。串番茄又名穗番茄，是近年来流行于国内外市场的一类成串收获上市的新型番茄品种。这款串番茄是在海升集团引入的全荷兰进口、亚洲最大的单体连栋全环境系统智能控制玻璃温室中种植的。它之所以受欢迎，主要是因其整串收获的优美果穗造成的。它的果穗呈鱼骨状，果实形状和颜色整齐一致，如葡萄一样，皮薄肉多；而且果肉硬、货架寿命长，株承果能力强，能同时承 10 束果，比普通番茄多 2 束。目前，串番茄品种几乎全部引自国外，且栽培串番茄需要相应的设施技术支持。2018 年 2 月 8 日，中国海升集团在德国柏林获得了“Tomato Inspiration”奖项，是“世界番茄最具创新奖”的第五届获得者。枝纯 Candy Tomato“火”了，海升集团也“火”了。

三、农产品品牌的产品组合

一个农产品品牌包含至少一种产品，比如“金龙鱼”品牌，“金龙鱼”品牌系列产品已经涵盖了食用油、大米、面粉、挂面、米粉、豆乳、调味品、餐饮粮油八大领域，最耳熟能详的产品就是金龙鱼 1∶1∶1 调和油和金龙鱼阳光葵花籽油。农产品品牌的核心内涵就是其产品，合理运用农产品品牌的产品组合模式，是提升农产品品牌实力的有效途径。

（一）产品组合及其相关概念

产品组合是指企业提供给市场的各种各样的产品线和产品项目的组合或结构。企业为了实现营销目标，充分有效地满足目标市场的需求，必须设计一个优化的产品组合。

产品线是指产品组合中一组密切相关的满足同类需求的产品。

产品项目是指企业在其产品目录上列出的每一个产品，就是每个产品项目。

产品组合包含四个因素：宽度、长度、深度和关联度。产品组合的宽度是指产品组合中所拥有的产品线数目。产品组合的长度是指产品组合中产品项目的总数，以产品项目总数除以产品线数目即可得到产品线的平均长度。产品组合的深度是指产品项目中每一品牌所含不同花色、规格、质量产品数目的多少。通过统计每一条产品线中的产品项目数，可得出企业产品组合的平均深度。产品组合的关联度指各条产品线在最终用途、生产条件、销售渠道以及其他方面相互关联的程度。

例如，表6－1所显示的是农产品品牌西域果园的产品组合。西域果园有3条线上产品线，分别生产枣类、葡萄干类及坚果类，表明产品组合的宽度为3。产品组合总长度为11，每条产品线的平均长度为11÷3＝3.67。如坚果类产品线下的特级树上杏干有三种规格和两种配方，其深度为6。

表6－1　西域果园产品组合

枣类	葡萄干类	坚果类
特级和田红枣	特级黑加仑葡萄干	特级和田核桃
一级和田红枣	特级无核白葡萄干	特级椒盐巴旦木
特级若羌红枣	特级玫瑰红葡萄干	特级树上杏干
—	特级红马奶葡萄干	特级香酥鹰嘴豆

（二）优化农产品品牌的产品组合

农产品品牌产品组合状况直接关系到企业的销售额和利润水平。企业进行产品组合的基本方法是产品组合的四个维度，即增减产品线的宽度、长度、深度和产品线的关联度。而要使得企业产品组合达到最佳状态，即各种产品项目之间质的组合和量的比例既能适应市场需要，又能使企业盈利最大，需采用一定的评价方法进行选择。优化产品组合的过程，就是分析、评价和调整现行产品组合的过程，包括如下两个重要步骤：

1. 产品线销售额和利润分析

产品线销售额和利润分析主要分析、评价现行产品线上不同产品项目所提供的销售额和利润水平。如果在一条产品线上，销售额和盈利高度集中在少数产品项目上，则意味着产品线比较脆弱。因此，企业须谨慎地加以保护，并努力发展有潜力的产品项目；而销售额与利润占整个产品线较少的产品项目，若无发展前景，可以剔除。

2. 产品项目市场地位分析

产品项目市场地位分析是指将产品线中各产品项目与竞争者的同类农产品做

对比分析，全面衡量各产品项目的市场地位。

第六节　农产品品牌的包装设计

农产品品牌包装设计直接影响到其整体品牌形象，决定其市场品牌核心竞争实力。科学、有效地对农产品品牌进行包装设计，不仅能够实现农产品整体形象的统一化，而且能够起到冲击消费者视觉的作用，进而达到促销、宣传和推广产品的目的。

一、包装的含义与作用

（一）包装的含义

包装是指对某一品牌农产品设计并制作容器或包装物的一系列活动。

农产品品牌包装是农产品生产的继续，可以保护农产品在流通过程中品质完好和数量完整，同时还可以增加农产品价值，促进和扩大农产品销售。良好的农产品品牌包装还有利于消费者挑选与携带。农产品品牌包装作为重要的营销组合要素，在营销实践中成为市场竞争的一种重要手段。

（二）农产品品牌包装的作用

包装是农产品品牌传达的重要途径，其营销作用主要表现在以下几个方面：

（1）保护农产品。这是包装最基本的功能。在农产品从生产者转移到消费者的过程中，良好的包装可以防止农产品变质、毁损等。比如，西瓜、水蜜桃、鸡蛋等农产品怕震、怕压，需要包装来保护；白菜、青菜等农产品怕虫蛀，也需要借助包装物来保护。

（2）便于储运。有的农产品没有固定的形状，或者是粉状，若不对其进行包装，则难以进行运输与储存。例如面粉，若不对面粉进行包装，面粉的运输与储存则无法进行。所以，良好的包装便于运输和储存、检查和管理，同时还可以加快交货时间。

（3）促进销售。越来越多的厂家利用农产品品牌包装作为农产品促销的一种工具。农产品作为商品给顾客的第一印象，不是来自农产品本身的内在质量，而是它的外观包装。通过包装，不仅可以改进农产品的外观形象，吸引顾客，而且还能激发消费者的购买欲望。同时利用包装上的说明，可以增进顾客对农产品的了解。可以说，包装是无声的推销员，是一种免费的广告媒体。

（4）增加盈利。农产品品牌包装美观大方，消费者选购时便捷，在一定程度上满足了消费者的某种心理需求，因此消费者乐于花费较高的价格购买包装精美的农产品。另外，包装材料本身也包含着一部分利润。

二、农产品品牌包装设计的原则

人靠衣装，佛靠金装，农产品品牌也要包装。重视农产品品牌包装设计是企业市场营销活动适应竞争需要的理性选择。一般来说，农产品品牌包装设计应遵循以下几个基本原则：

（一）包装安全

安全是农产品品牌包装最核心的作用之一。在农产品品牌包装过程中，包装材料的选择及包装物的制作必须适合农产品的特性，农产品最终将被消费者食用，因此包装材料必须是安全可靠的，以保证农产品不变质、不损坏等。

（二）适于运输，便于储存、陈列与携带

在保证农产品外观、质量等安全的前提下，尽可能地缩小包装体积，以利于节省包装材料和运输、储存费用。农产品品牌包装一方面要与运输的要求相吻合，以适应运输和储存的要求，另一方面要满足货架陈列的要求。此外，为尽可能方便消费者挑选与携带，满足消费者的不同需要，包装的样式应多种多样，包装的大小、轻重适中。

（三）美观大方，特色鲜明

农产品品牌包装设计精美得当，可以刺激消费者的购买欲望。美观大方的包装给消费者以美的感受，吸引消费者眼球，同类农产品不同包装，消费者倾向于购买包装精美的农产品。同时，农产品品牌包装还应突出农产品品牌特色，主要是因为包装是实现农产品差异化的重要手段，特色鲜明的包装更易满足消费者的某种心理需求。

（四）包装与农产品品牌自身价值和质量水平相符

包装虽有促销作用，但也不能成为农产品价值的主要部分。包装应有一个定位，包装在农产品价值中所占比重过高或过低都不适宜，比重过高容易产生名不副实之感而使消费者难以接受，比重过低则会拉低农产品自身价值和质量档次，因此包装应与农产品品牌自身价值和质量水平相符。

（五）符合文化传统

由于社会文化环境、历史习俗、宗教信仰不同，消费者对农产品品牌包装的

认可程度也不同。因此，在农产品品牌包装设计中，必须尊重不同国家和地区的消费者在不同宗教信仰、风俗习惯、社会环境等方面对农产品品牌包装的不同要求，避免出现容易引起消费者忌讳的文字、图案、颜色等。

（六）遵守法律规定

农产品品牌包装设计必须严格遵守法律法规。例如，应按法律规定在农产品品牌包装上标明企业名称及地址等。

三、农产品品牌包装设计的策略

符合农产品品牌包装设计原则的包装固然是良好的包装，但良好的包装只有与科学的包装决策结合起来才能发挥其应有的作用。农产品品牌包装设计的策略主要有以下几种：

（一）类似包装策略

指企业所有的农产品包装，在图案、色彩等方面均采用统一的包装模式。类似包装策略不仅可以降低包装的成本，树立企业整体形象，扩大企业的影响，而且还可以充分利用企业所拥有的良好声誉，有利于带动新的农产品推出，迅速打开市场。

（二）等级包装策略

指企业根据农产品质量的不同等级分别设计不同的包装。该策略满足了包装与农产品品牌自身价值和质量水平相符的农产品品牌包装设计原则，对高档农产品采用精致包装，对低档农产品采用简略包装，其做法适应不同需求层次消费者的购买心理，便于消费者识别、选购农产品，从而有利于全面扩大销售。

（三）分类包装策略

指根据消费者购买目的不同对同一农产品采用不同的包装。例如，消费者购买苹果，若用作礼品赠送亲友时，消费者会选择包装精致的苹果；若消费者自己食用时，则偏向于选择简单包装或者散称的苹果。

（四）配套包装策略

指企业把几种消费上相关联的农产品组合，放在同一包装物中销售。例如，将各种水果组合，放在一个果篮中。这种策略能够减少交易时间，便于消费者购买与携带，又可扩大销路，但要防止引起消费者反感的硬性搭配。

（五）再使用包装策略

也称双重用途包装策略，指原包装的农产品食用完以后，其包装物可以移作他用。这一包装策略，一方面能够以包装物的精美引起消费者的好感，引起购买欲望，达到销售目的；另一方面包装物有广告宣传的作用，能够引起消费者重复购买。

（六）附赠品包装

指在包装物内附加一些赠品以诱发消费者购买。这是目前市场上比较流行的包装策略，也是一种有效促销方式。

（七）错觉包装策略

利用消费者对外界事物的观察错觉，进行农产品的包装。如两个容量相同的腐乳罐子，方形的罐子里的腐乳看起来就比圆形的大些、多些。这是利用人们的视觉误差设计包装的心理策略之一。

（八）更新包装策略

指不改变农产品本身，仅改变农产品品牌原来的包装。该策略是企业随着市场需求的变化而改变的做法。有的是重新改进农产品品牌包装设计，以适应新市场的需要；有的是更换新型的包装材料，使农产品品牌包装更具有时代气息，更适合消费者需要，促进销售。

（九）绿色包装策略

绿色包装策略，顾名思义，指的是在农产品品牌包装设计过程中，融入绿色、生态理念，尽可能多地加入环保指标，旨在打造绿色、环保、健康食品。随着消费者环保意识的增强，绿色环保成为社会发展的主题，消费者对自然生态、绿色环保等意识进一步提高，进而对农产品品牌包装设计材料的颜色、环保、健康等指标日渐重视。要求农产品品牌包装设计中，在确保质量不变的前提下，力求选择可重复利用或可再生、易回收处理、对环境无污染的包装材料，容易赢得消费者的好感与认同。

“褚橙”的品牌故事

“褚橙”进京了。这种由昔日“烟王”褚时健种出来的橙子在北京热卖。2012年11月5日，“褚橙”从云南来到北京，5天里，20吨褚橙一售而空。11月11日，在线销售“褚橙”的本来生活网又到货20吨，在11月12日一天就卖出1500多箱，约有7吨多。

人生经历颇具传奇色彩的褚时健始终受到公众的关注。褚时健在51岁时成为云南玉溪卷烟厂厂长，用18年的时间把这家地方小厂打造成亚洲第一烟草企业，他也被称为“烟王”。快退休时，他无法再忍受自己工资与企业利润的巨大落差。1999年，71岁的褚时健因贪污被判无期徒刑。在他服刑的第二年，红塔集团总裁的年薪就超过百万元。后来，褚时健被减刑，改为有期徒刑，又被允许保外就医。出狱后，褚时健二次创业，包垦2000亩荒山，种植35万株果树。12年过去了，85岁的褚时健把他的"褚橙"卖到了北京。

褚时健说，当年他看到国外的著名香烟品牌万宝路时，就想为何中国不能有自己的高档香烟品牌？当他吃到来自澳洲的进口橙子时，就想种好中国的橙子，创出自己的好品牌。

在决定种橙后，褚时健和妻子马静芬在橙园里搭了工棚，吃住都在橙园里。几年后，名为"云冠"的冰糖橙上市，老两口在街头促销。当地冰糖橙品牌繁多，市场竞争很激烈，橙子怎么卖出去，成了一个大问题。当时，没有人知道"云冠"是褚时健种的，在过往行人眼里，这对老夫妻与其他陌生的老人没有什么区别，包括他们促销的橙子。

后来，马静芬打出一条"褚时健种的冰糖橙"的横幅，褚时健不同意，马静芬坚持。结果，横幅一打出来，橙子很快销售一空，"褚橙"的名字也很快被叫开了，"云冠牌"反倒被渐渐淡化。

显然，85岁的褚时健又创造出了一个"紧俏"商品——"褚橙"。"褚橙"的热销与"褚时健"的身份以及传统农业的现代化营销等诸多元素嫁接之后，"褚橙"的另一个名字"励志橙"也逐渐被叫开。

资料来源："褚橙"进京记，《中国青年报》，2012年11月15日（11版）。

第七章　农产品品牌传播推广

第一节　农产品品牌的市场分析

近年来，社会经济不断发展，人们生活不断改善，同时农业在许多方面迈向了国际化，消费者对农产品品种、花色、质量都提出了新的要求，特别是对强势品牌农产品产生强烈的心理偏好。名、优、新、特、稀农产品成为消费热点，市场上出现了更为激烈的竞争，农产品消费开始步入品牌消费时代。农产品品牌是建立在质量保障之上的无形资产，既有知名度又有美誉度的品牌是企业的一笔宝贵财富，能在与竞争对手质量相似的条件下，帮助企业提升产品的内在价值，使农民得到更多实惠，从而为社会主义新农村建设夯实稳定的经济基础。

一、我国农产品品牌的数量情况

当前我国农产品品牌市场发展态势良好，品牌农产品逐步排斥非品牌的农产品，竞争从价格竞争质量竞争逐步走向品牌竞争。“一个农业企业所生产的农产品及加工品一旦成为强势品牌产品，就能获得超越一般水平的市场竞争力。”因此，农产品品牌特别是强势品牌的创建，成为提高农产品市场竞争力的一项重要战略措施。截至 2009 年 12 月 21 日，国家工商总局已核准注册农产品商标 74 万件，其中 24 件地理标志被认定为驰名商标。截至 2009 年 12 月 31 日，中国已注册地理标志 635 件。如新疆的“库尔勒香梨”和“吐鲁番葡萄”、浙江的“绍兴黄酒”、广东的“德庆贡柑”、重庆的“涪陵榨菜”、山东的“章丘大葱”等。

二、我国农产品品牌的质量情况

虽然中国农产品品牌申请呈现表面上的风光，但许多品牌在国际市场上的实际影响力太小，没有真正体现出品牌对于产品的意义。中国大部分地区农业生产仍旧处于“三流”的低发展阶段。农产品附加值低，能效比不高，迟迟不能实现农业增产、农民增收的目标。同时，由于我国以往没有建立原产地域保护制度，对原产地域产品保护重视不够，没有使事实上大量存在的原地域产品得到应有的保护。造成原地域产品标志的滥用，品牌意识淡薄，创建品牌特别是创建强势品牌意识淡薄。卖原字号农产品的计划经济传统意识在人们思想中根深蒂固，不知道创建品牌就是创建财富。此外市场监管部门监管不力，假冒产品充斥市场，对市场冲击的风险非常大，农产品品牌包装不规范真伪难辨。

农产品品牌的优良发展可促进优质优价的良性循环，当前我国农产品品牌市场仍在初步探索阶段，在摸索建设的同时，不可避免地存在着非常多的问题，主要集中在不够完善的制度法规、生产者的品牌意识薄弱等方面，这给当前市场的发展带来了不小的阻碍。

第二节　农产品品牌传播的特点和功能

品牌传播的核心在于树立一个与众不同的形象，使之成为联系消费者和受众之间的识别码。这种传播方式称之为“USP 策略”，即独特的销售主张（Unique Selling Proposition Strategy）。在定位理论和 USP 策略的视角下，农产品品牌建立具有天然的劣势。差异化经营难度大、产品形象不突出、品牌诉求模糊等问题的存在，使品牌创立者耗资巨大传播推广的品牌被竞争对手仿造，极易形成在品牌塑造过程中的“跟风”现象，给农产品品牌的打造和传播带来风险。

一、农产品品牌传播的特点

受到农业自身特点的局限，多数农产品品牌传播带来的影响力仅停留在局部地域、有限时期，农产品品牌传播具有较强的地域特性；作为食用物品，如果没有亲身的体验，很难产生消费欲望，因此农产品品牌的传播还具有口碑性特征，存在明显的由近及远的传播特点；节日的起源与人类的起源同样古老，其发展受到产食经济形式的强有力限制，节庆营销给这些农产品消费带来了巨大空间，对于农产品品牌而言，把节日意义和品牌形象相结合，通过节日特点进行产品宣传或者宣传品牌，加深消费者对品牌的好感度和认知度，因此节庆营销也是中国农产品品牌传播的特点之一。

二、农产品品牌传播的功能

农产品品牌传播的核心功能，是要处理好农产品区域品牌与区域内各产品品牌之间的关系，即如何使农产品区域品牌与区域内产品品牌之间的关系达到最佳的协同效应，从而实现品牌效益的最大化。具体体现在：

（一）推进农业产业化进程

农业产业化是农业现代化的必由之路。农业产业化的发展，来自龙头企业的拉动，品牌就是龙头企业的通行证。依靠品牌的辐射扩散效应对企业产生强大的牵引带动、真正起到龙头作用。同时，开展农产品品牌营销，有助于提高生产经营者的管理素质和技术素质，改革传统的农产品生产方式和管理手段，使分散的农产品集中经营、科学管理，形成农业区域合理布局，使土地、资金、劳动力等生产要素实现优化配置，有利于推进农业结构调整和优化升级。

（二）实现农业增效农民增收

品牌农产品良好的市场形象，有利于建立长期稳定的销售渠道和网络，保持较快的信息沟通，有助于保持农产品销售量的稳定，可以防止农产品价格的大起大落，有效规避农产品的市场风险。因此，打造农产品品牌的过程就是农产品实现增值的过程，也是提高品牌农产品的商品率和市场占有率的过程，更是实现农业增效、农民增收的过程。

（三）提升国际竞争力

目前，我国农产品生猪、羊毛、蛋、蔬菜、花卉等具有一定的价格竞争优势。然而，具有价格比较优势的农产品近年来不断受到 WTO 成员方“绿色壁垒”和“技术壁垒”的限制，这严重抑制了我国农产品的出口竞争力。开展农产品品牌营销，可以打破贸易保护主义壁垒，促进农产品市场准入标准与国际接轨，提高农产品国际竞争力。

农产品品牌的传播行为是一个高效、准确、集约化的市场行为，是对新经济要素、超经济要素的创造与整合。

第三节　农产品品牌传播推广策略

农产品品牌推广基本上离不开推式和拉式两大基本策略。具体策略中又包含不同的传播模式和媒介选择，具体来讲有以下几种：

一、广告策略

广告是借助大众媒体的营销宣传术，是农产品品牌推广的主要工具，是能够在短期内迅速提高品牌知名度、有效促进销售的传播手段，以报纸、杂志、广播、电视为代表的大众媒体覆盖人数多、影响力大，是目前产品广告宣传最有效的传播渠道，但是价格相对较贵。世界多个国家和地区的农业企业，都运用精美生动的电视广告、印刷广告、车厢广告等进行整合广告传播，使其品牌形象深入人心，企业在农产品的销售旺季一般都会选择一些地方性的大众媒体（如都市报、城市广播或地方电视台等）进行广告宣传，以保证有效提高短期内品牌的知名度和销售量。但是出于经费的考虑，一旦农产品进入淡季，大众媒体的广告往往会缩减甚至停播。广告投放前，要根据市场定位，确定产品的优势，围绕广告的总概念做文章，引导和影响消费者购物观念、对市场的判断、消费偏好和行为。运用广告宣传农产品需要注意准确地把握消费者的真正需求，卖点要鲜明、表现形式要有创意。广告表现手法符合目标客户品位，以务实为主，强调简明、可信，不追求前卫创意和过度的艺术表现。例如，可采用植入式广告——将农产品品牌植入一些影视剧、舞台表演，甚至网络游戏；或者采用软文的形式，对农产品品牌的历史、领军人物、重大事件等进行新闻、评论形式的报道。这些方法虽然不会在短期内聚集起广泛的知名度，但是对于保持品牌在消费者头脑中的记忆以及增加消费者对品牌的好感都具有积极作用。相比集中传播，隐性传播是一种比较委婉的说服方式，它展示了品牌的一些优点、特质、形象，又不让人觉得是一种生硬的推销。

二、公共关系传播策略

公共关系传播主要是通过事件来塑造企业的形象，提高企业或产品的知名度和美誉度，给公众留下积极、正面的印象，间接地促进产品销售的品牌推广方式。其特点往往是“醉翁之意不在酒”，见效慢但较持久，往往事半功倍。适合农产品品牌推广的公关策略主要有：

（一）相关会议的展示和演讲

如参加农产品博览会、交流会、相关专题的研讨会等，展示产品形象，宣传产品特点，传播品牌概念。

（二）利用与消费者息息相关的活动或者节日等进行品牌推广

很多地区在农产品收获季节，都会举办庆典性质的节日活动，以吸引当地居民或者外来游客的关注。在国外，与农产品相关的各种狂欢节、旅游节十分普遍，比如在美国的一些小城市，盛行“玉米节”，这一深受人们喜爱的节日已经超越了单纯以销售玉米为主的商业活动，成为了人们休闲娱乐的一种场所，更像一场“嘉年华”。在玉米节上，有各种游戏、展览，摊位上出售各种食品、玩具等，有和玉米相关的，也有其他商品的展示。在我们国家，这样的节日活动也很多见，像大连国际樱桃节、北京通州的草莓音乐节等。

用节日活动来推广农产品有几个好处：首先，活动形式灵活多样，通过不同的活动可以对产品和品牌进行全方位的推广和介绍，让消费者亲身体验，留下更为深刻的印象。比如在玉米节上，消费者可以吃到由玉米制成的各种食品，买到跟玉米形象有关的玩具，还可以玩到很多有趣的游戏，看到一些精彩的展览。这种愉快的经历、体验会给消费者留下一般的广告无法达到的印象。其次，节日活动有很好的集中影响力，能够在短时间内吸引公众的广泛关注和参与，适合农产品在收获季节扩大知名度的需求。同时，举办节日活动可以吸引大众媒体的报道和讨论，与一般的广告相比，更具有渗透性和隐蔽性，能够在一定程度上延续节日期间的广告效果。此外，举办节日活动可以实现多方共赢的局面。一方面，农产品品牌可以在丰收季节推广自己的产品，而其他品类也可以借着节日活动的人气来宣传自己，比如在玉米节上举办车展、旅游咨询等。另一方面，节日活动也是地区形象推广的有效手段，“橘生淮南则为橘，生于淮北则为枳”，很多地区都因当地的农产品而闻名，那么借助农产品丰收季节的庆典活动，同样也可以提升地区的形象和知名度，促进当地的经济繁荣。

（三）公益服务

如向特定公众进行赞助等。这是公关常用的方式，有助于树立正面的企业形象。

三、网络推广策略

基地网络广告近些年发展十分迅速，是备受年轻人欢迎的传播形式，具有明显的非强制性、交互性、实时性、经济性、形式多样、易于统计等特征的网络不仅是农产品信息发布和传播的平台，同时也为农产品的销售提供了新的途径。农产品的网上交易数量越来越多，相比传统媒体，网络媒体的适应性更广，既能适应旺季大量信息传播的需求，同时在淡季其传播成本又很低。很多地区的政府和企业利用网络来进行农产品品牌的推广，取得了非常明显的效果。建设网上农产品品牌发展推广基地，可以帮助企业以较少投资成功打造网上品牌资源集成服务中心、农产品品牌培育中心、护牌创牌信息中心，全面、形象、生动地推出名特农产品。同时通过网络能迅速收集到农产品市场的反馈，从而为企业在传播推广中适时调整焦点和策略提供依据。

四、实地体验推广策略

由于农产品的品质重在实际体验的特点，人们对农产品的天然、自然、原产地尤为关注。原产地形象（Country－of－origin Image）是目标市场消费者对产品和服务的原产地或原产国的内在印象（Mental Picture），是消费者对该地的总体认知。原产地效应（Country－of－origin Effects）又称为原产地形象效应，指原产地形象给消费者对产品的评价及其购买决策所带来的影响，这种感知会影响人们对该国产品和品牌的评价，进而会影响其消费行为。因而许多人乐意借旅游、出差、路过之机甚至专程到原产地购买农业产品。所以，如何利用好原产地的优势，实地销售的同时，对客户进行品牌推广十分重要。

五、终端推广策略

农产品营销无论是采用直营还是利用中间商网络进行销售，最终都是要通过终端进行产品的展示和销售。终端产品展示的形象直接影响消费者的购买欲望和消费行为。因此，农产品企业必须重视渠道终端现场的品牌推广工作。终端品牌推广集中体现在品牌宣传、品牌展示（包装）、摆放位置、导购员的介绍、吸引人眼球的宣传品（海报、吊旗、条幅、展板）等方面。选择合适的摆放位置，集中、大量铺货会产生较强的视觉冲击力。导购员得体的介绍，充分展示产品的卖点，传播品牌的文化内涵，更是品牌推广最有效的环节和手段。

每一种策略都包括一些具体的推广和信息传播方式，每一种方式都各有利弊。企业在选择农产品品牌推广方式时，首先应规划整个品牌文化系统，使公司品牌都有鲜明的定位和内涵；其次应根据产品的特点、目标定位、发展战略、自身实力、渠道模式等，结合各种推广方式的特点来确定传播推广策略，实现品牌文化与消费者长期互动和相互吸引，最终为企业可持续发展奠定基础。

第四节 农产品品牌故事挖掘

每个农产品都有着自己独有的故事，伴随其从出生到成熟的整个成长过程，这些故事形塑了它们的外形特征、个性风格、功能作用等，使其成为万紫千红中独有一个，无可替代。它们的故事若得以展示、传播，恰似于农产品之上附着了一层动人故事的光环，熠熠生辉。当消费者了解了其不同寻常的故事之后，便不再会对其等闲视之，农产品因此也就增加了附加值。

农产品正迎来品牌化浪潮，在消费升级及整体生产成本上升的环境下，未来数年内必有一批农产品实现品牌化运营且在市场中脱颖而出，如何成为趋势中的幸运儿，很值得思考。

普洱茶就是一个很好的案例，其实在20年前，普洱茶的主要消费群体局限于广东等少数地区，其二次发酵的工艺和独特的口感并不为普遍接受。当地政府用10年的时间持续推广，包括将思茅市更名为普洱市，结果是普洱茶去脂等功效被当前的消费环境认可，形成消费热点，身价何止十倍。

普洱是茶马古道的起点，这是当地品牌故事一个绝好的切入点。从普洱出发，经大理、丽江，到西藏邦达、昌都、拉萨，然后再经江孜、亚东，分别到缅甸、尼泊尔、印度，国内路线全长3800多公里。历史记载，明太祖洪武年间，西北地区，上等马一匹最多换茶叶120斤。这一系列历史的背后彰显了普洱茶隐含的高端特性。

浦东农业品牌故事——一位“70后”农民的“梨园梦”

“今年翠冠梨喜获丰收，眼下已进入上市高峰。”2016年8月7日清早，浦东新区大团镇周埠村南团公路1819号，“品牌南汇翠冠梨”生产基地——上海歆香蔬果专业合作社负责人周军正与家人一起采摘翠冠梨。清秀挺直、绿叶婆娑的梨树上硕果累累，撕开套袋，一个个果皮黄绿的翠冠梨人见人爱。

据浦东新区农协会介绍，2016年翠冠梨生产情况总体好于往年，7月25日起品牌南汇翠冠梨开始上市，眼下已进入上市高峰期，每天销售2000多箱。在南汇水蜜桃因自然灾害大幅减产的情况下，南汇翠冠梨喜获丰收，弥补了地产水果的不足。

南汇翠冠梨人称“六月雪”，果实呈高圆形，果皮为黄绿色，果肉白色，肉质细嫩爽口，汁多味甜，深受市民青睐。目前全区种植翠冠梨面积近8000亩。2013年5月，在浦东新区农协会牵头下，上海昌汇瓜果专业合作社等6家合作社（公司）发起成立浦东新区南汇翠冠梨品牌合作联社，通过实施标准化生产质量管理，致力于打造和拓展“南汇翠冠梨”品牌市场。

目前联社已有12家成员单位，种植“品牌南汇翠冠梨”1863亩。品牌南汇翠冠梨销售采用生产基地直销、特约经销和联销平台销售，销售目标5万箱。

歆香合作社翠绿的梨园里，“70后”青年农民周军兴趣盎然地讲述着他的创业故事。周军出生于大团龙潭村，创业经历已有20余年，20世纪90年代初，他涉足建筑业，跟人一起承包过建筑工地，后来又做起了营销桃子生意。多年闯荡市场后，周军决定立足农业干一番事业。2010年他成立了上海歆香蔬果专业合作社，先后在周埠村、金石村以流转土地的方式租下了500余亩土地，种植桃、梨、葡萄、花卉、水稻、蔬菜等农产品。

经过几年的磨砺，周军觉得南汇翠冠梨是一个很好的水果品种，它的生产规模在浦东地区还不是很大，经济效益可与南汇水蜜桃媲美，具有发展潜力，他先后投入150万元，倾力打造一个实施标准化生产的梨园。2016年他种了80亩梨，品种有翠冠梨、玉冠、黄金梨、翠钰等早中晚品种。在浦东新区农协会专家的指导下，合作社参加了南汇翠冠梨品牌合作联社，实施标准化生产和管理，在优化品种、提高品质、打响品牌三个方面狠下功夫。

为改善梨的品质，他注重施饼肥、粪肥等有机肥，引进日本小林公司生产的优质梨袋并探索两次套袋技术，施肥、授粉、坐果、套袋等过程都全程记录。近年来，以早熟品种“翠冠”为主的梨树栽培发展势头迅猛，在长三角流域栽培面积不断扩大。以上海地区为例，梨树栽培面积中“翠冠”占到了85%，造成上海和浙江等地梨品种同质化现象突出，梨果上市集中在7月下旬至8月中旬，常出现增产不增收现象。为此，他先后到浙江大学、嵊州市农林局拜访专家，在农科专家的指导下，他先后引进种植了好几个新品梨。

“这是翠钰，也叫518，7月中旬成熟；这是晚黄金，成熟期在10月。”周军说。通过引进早中晚新品，本地梨的上市期可以从7月中旬延续到10月底，由此延长了梨的上市期，既能造福市民，又避免了一哄而上扎堆上市，可以获得更好的效益。

周军说，大团是远近闻名的农业重镇，水蜜桃产业比较强势，有1.2万亩桃林。他想另辟蹊径，打造一个规范化、现代化的“百亩梨园”。目前百亩梨园已初具规模，他准备进一步完善道路、水系、水肥一体灌溉及景观等基础设施，形成品牌南汇翠冠梨生产基地，起到示范带动作用。

近年来，大团镇致力于发展乡村游，先后形成了几个观赏桃花的景点，东大公路有一条“十里桃花海”。他设想打造一个观赏梨花的景点。他说，白色的梨花很漂亮，百亩梨花看上去很壮观，春天市民到大团赏花，除了桃花之外，还可以到梨园观赏梨花。夏秋时节可到梨园体验采摘的乐趣。

打造品牌农产品　有“故事”促增收

金明燕，白沙牙叉镇人，今年50岁，1997年，就开了“金燕鱼茶店”。以往她卖的鱼茶价格为15元/瓶，这还是市场上价格较高的。

“鱼茶不是茶”，是用米饭和生鱼腌制的一种黎家小菜，如今越来越深受百姓的喜爱。白沙农贸市场一位摊主介绍，许多顾客都从海口、琼中、保亭、三亚等地赶来买白沙鱼茶，一天能卖出100来瓶。但是，市场上的鱼茶没有包装，也没有商标，良莠不齐，一直让外来顾客头痛不已。“白沙鱼茶虽已家喻户晓，但是农民没有品牌意识，以次充好时有发生。”白沙县副县长周秋平说，白沙鱼茶要闯出大市场，得有信誉度，需要建立生产标准，进行品牌包装。

品牌的建设，规范了行业，也提升了鱼茶“身价”。2011 年 12 月 3 日，金明燕注册的“金明燕鱼茶”，经过专业广告策划公司包装，正式“穿衣”上市，颇受市场好评，市场价格卖到了 36 元/瓶。“很多顾客是外地游客，他们把鱼茶作为海南的特产带回去。”金明燕说，这几年，因为没有品牌包装，让她损失了不少的顾客。“特别是一些顾客要买去送礼，但是没有美化包装，太土而作罢。”

周秋平说，白沙农产品要进入旅游市场、礼品市场，首先就要完善包装、标识。因此，白沙邀请专业广告策划公司讲课，教农民如何包装农产品，工商局也针对商标注册进行培训。

2011 年底，白沙重新包装了，绿茶、姜茶、南药、竹笋、土鸡、生态米和鱼茶、食用菌八大系列 50 多种产品，并在白沙、海口开设了农产品直销店。效果是明显的，仅 2012 年冬交会上，白沙农产品订单签约达 2.1 亿元，零售超 20 万元。

在对农产品进行新包装的同时，白沙也学会了“讲故事”，通过文化提升农产品附加值。“山兰米，吃的不是米，而是爱情。古时，阿山和阿兰这对黎族年轻男女，发明了在山坡石缝中种稻谷的技术，从此过上了童话般的生活。后人就把这种米叫山兰米。”这是白沙宏润实业有限公司推出的“爱情米”概念，每盒 2 斤装，内有一包黑色的山兰米，一包白色的山兰米，分别代表阿山和阿兰，一盒售价达 206 元。2012 年 12 月 12 日，白沙又为一对土鸡办婚事。新郎叫“雅文”，新娘叫“美西”，白沙畜牧兽医局给它们颁发出了有史以来第一张《家禽结婚证》。它们的家长、永基畜牧股份有限公司经理陈传明，还为它们特别购买了结婚戒指，拍摄了精美的结婚照。“结婚”后的第二天，“雅文”和“美西”拿着结婚证，到海口赶一场农产品拍卖会。拍卖会上，这对“夫妻鸡”成为最大的赢家，身价飙升至 4 万元。

不论外界说这是一种炒作还是一种噱头，但不可否认的是，这是一次成功的创意之举。从爱情米到夫妻鸡，这一个个故事，成为白沙农产品最好的广告，深入人心，并充满浪漫。“白沙农产品不仅仅提供食物，同时提供一种文化，一种生活方式。”周秋平把这样的理念称为“文化农业、品质生活”。

第五节　农产品品牌的市场推广计划制定

一、研究品牌特征

在不同的行业，不同的文化背景下，品牌的成长与发育是不一样的，所以在制定策略之前要充分研究文化、产业、产品，研究品牌成长的延伸。农业，特别是中国广袤大地的农业，每一块土地，性质与成因均有差异，打理的方向也千差万别，特别是南方山区，根本没有规模化的成片土地，气候、高差、温度、土壤等环境更是各不相同。所以，根本而言，农业要想做品牌推广，很多细节方面都要做到精准，只有对症下药了，才有用。

二、确定品牌推广策略

一个好的策略是适合文化、行业、产品特点的，它对品牌每一阶段的发展特点都有充分的描述。制定好的品牌传播与推广策略是外企进入中国的第一件事。企图用“标王”之类来迅速建立一个大品牌，失败可谓多多。

在策略确定之初，就要研究具体的战术，用多少广告，多少促销，怎样建设目的渠道等来整合传播品牌理念。这是在充分研究了媒体之后而作出的媒体组合方案。

三、制定品牌推广计划

（一）凸显农产品品牌价值

品牌的核心价值是品牌知名度、美誉度和忠诚度的有机结合，具有唤起消费者注意、感知和体验的能力，它能够体现消费者持续购买的意愿。而农产品品质是农产品生产者的底线，是塑造农产品品牌核心价值的保证。加之农产品的产地特色，便于构筑各种评论主题，借助社交媒体的影响力，有助于消费者对农产品品牌的认知，并引导消费者愿意评论，以利于农产品品牌的传播。

（二）利用权威性网络平台，强化消费者对农产品品牌信任

由于社交媒体涉及的人数众多，可控性较差，对虚假信息的甄别力有待提高。因此，农产品生产者一方面要加强对虚假信息的监控，防止虚假信息损害企业或产

品品牌的声誉和形象；另一方面应善于利用政府部门、行业协会、知名网站等权威性的网络平台对消费者的影响力，发布各种产品信息和企业新闻，并将各种线上传播，线下落实的品牌传播活动进行整合，以强化消费者对农产品品牌的信任。

（三）培育意见领袖或关键人物，引导农产品品牌宣传

由于意见领袖的观点更具有影响力，因此，再借助社交媒体进行信息传播时，意见领袖的作用非常关键。对于农产品品牌传播来说，将对品牌忠诚的消费者发展成为意见领袖是最理想的，因为忠诚消费者从认知品牌、喜爱品牌到忠诚品牌的体验过程，不仅代表了一部分消费者的心声，容易在消费者中产生共鸣，拉近品牌与消费者的距离；而且也可以带动其他消费者关注品牌，并形成良性互动，引发评论，有助于对农产品品牌的人际传播。除此之外，还可以将关键人物发展成为意见领袖，凭借其自身的影响力，使消费者自发地关注品牌，并对品牌进行传播。

（四）政府部门应加强服务意识，作农产品品牌宣传与推广的坚实后盾

在农产品品牌化道路上，政府部门一方面要积极倡导农产品生产者树立品牌意识，并且要加强财政支持和政策扶持，扭转农产品品牌少而弱的局面；另一方面还应加强服务意识，发挥监管作用。首先，要建立品牌打假维权机制，保护农产品生产者的利益。其次，政府应利用其身份优势，建立农产品生产者、农委、科研团体、媒体公司等一体化协同发展的格局，为农产品品牌宣传和推广打下基础。最后，农产品品牌传播是一个长期的、双向和动态的过程。以政府部门牵头可以举办农产品品牌文化交流节，不仅有利于地方农产品的技术交流，为品牌之间合作打开渠道，而且也有利于宣传和提升品牌文化，做强地方品牌。除此之外，农产品生产者除了加强对品牌价值的提炼之外，应站在消费者的立场，还应树立产品服务意识，并以满足消费者需求为服务内容，提升顾客满意度促进企业与消费者，消费者与消费者，消费者与品牌之间形成良好关系。

第六节　农产品品牌的整合传播

一、整合传播的概念

整合传播是指为既定传播目标，运用各式传播工具，如广告、直效行销、促

销活动及公关等，以任务分工方式集体达成传播目标的产品信息传播运用方式。唐·舒尔茨在总结前人思想的基础上提出了整合营销传播理论，他主张以消费者为中心，把一切企业的营销和传播活动，如广告、促销、公关、新闻、直销、企业形象和包装、产品开发等进行一元化的整合重组，让消费者从不同的信息渠道获得对某一品牌的一致信息，以增强品牌诉求的一致性和完整性；强调传播沟通的重要性，对信息资源实行统一配置和统一使用，提高资源利用率，从而使自己的产品在消费者心中与竞争产品产生区隔，树立牢固的品牌形象，进而维持消费者对品牌的忠诚度，对建立商品品牌具有非常显著的指导意义。

二、农产品整合传播的方式

对于农产品的营销也不例外，在农产品品牌建设中导入IMC战略，关键在于转变传统的营销观念，引进先进的营销策略，常用的做法如下。

（一）形象整合

采取同一声音和同一形象，让所有的农产品和传播活动都呈现出一种一致的、统一的模式，凸显该农产品品牌独特的个性和风格。

（二）加强品牌接触点管理，扩大品牌形象的传播范围

品牌接触点管理与传播的管理是一种强而有效的过程管理思想，涉及产品生产和销售的方方面面，如农产品第一生产线、市场销售网点、超市柜台、批发市场及零售市场等。全方位的管理产品与消费者的接触点，可以使生产经营者有效把握消费者的动态和需求反馈，可以根据不同产品、不同特点的市场，做好分层传播、分类传播，有利于加大产品覆盖面，保证传播的力度和效果。

（三）建立系统资料库和消费者数据库

现代农产品营销应根据市场需求转变观念，应用现代化的技术手段和统计原理，通过各种调查和反馈系统，收集整理消费者及市场数据资料，形成系统数据库，以备传播活动或战略决策查询。

（四）更新管理观念

从战略高度对农产品生产、加工、流通和销售等各个方面进行全面整合，从管理层面与文化层面进行管理，统一战略、协调传播，并引导一切生产、营销行为，呵护农产品的品牌形象。

第八章　农产品品牌升级延伸

农产品品牌升级过程中普遍面临专项资金的扶持、产品精深加工能力不足、营销媒介和运营模式的落后、龙头企业示范作用较弱等问题，这些问题导致农产品往高层次转型升级时面临巨大困难。当前随着国民收入水平的提升以及对食品质量安全要求的提高，使得农产品从吃饱逐步转向吃好的过程转变。整体而言，农产品同质性较高，区分度较低，因此生产优质产品不一定能获得更优价格。要想实现优质优价，建立品牌将有效信息传递给消费者是一条可行路径，在当前消费换挡升级的背景下，农产品品牌升级是十分必要的，也是企业长远经营、提高质量、开拓市场的重要路径。

第一节　农产品品牌的品牌价值与内容

一、农产品品牌的价值

品牌与品牌价值之间是一种包含与被包含的关系。根据美国市场营销协会对品牌的定义："品牌是一种名称、名词、标记、符号、设计或是它们的组合，其目的是识别某个销售者或群销售者的产品或劳务，并使之同竞争对手的产品和劳务区别开来。"由此可以看出，品牌自身具有形象、个性、活力，同时也承载着企业、产品、消费者之间的关系，它是企业、产品与社会文化形态的综合体现以及反映。它集合了一个产品来自历史、价格、属性、名称、包装、声誉、风格等一切无形理念的结合。20 世纪 90 年代，Jean – Noel Kapfer（1992）认为一个品牌应该包含六个方面：品牌属性、品牌利益、品牌价值、品牌文化、品牌个性和品牌使用者。品牌价值是整个品牌概念中的要素之一，也是最重要的一个要素，与经济绩效密切相关。战略品牌管理的国际先驱 Kevin Lane Keller（1998）提出：品牌价值是指借助战略和战术性行动提升品牌力量的管理能力的财务结果，从而提供更多的当前和未来利润并降低风险。因此品牌价值是品牌管理中的核心环节，需要从战略视角考察如何提升品牌价值，以此为企业创造利润。

基于消费者层面，品牌价值体现在满足消费者的特定需求和偏好。奥林斯曾经说过，品牌是作用于“人们内心和意识的情绪的领土”，它代表的不只是企业的身份，还有顾客的身份，设计的语言则能把这种身份带进生活，体现价值。品牌形象来自一种表象意识，是根据品牌隐性知识而产生联想结果，这也是关于品牌被拟人化的一个典型表现。当某种信息与其带来的信息体系一起进入我们思考系统中时，我们会根据本有的知识产生形象，对其进行包装加工整理与调整，然后便形成某种思考的表象，其中包括价值观在内以及其基础之上的期望、兴趣等方面。品牌价值就是一种超出商品本身物质性使用价值之外，满足消费者精神性文化性消费需求，涵盖企业文化与文脉的附加价值。

二、农产品品牌的内容

品牌的内容直接关系到品牌价值的内容，它包括六个大的方面。一是质量，这是品牌的本质。二是服务，这是品牌的支柱。良好的服务是一个品牌与消费者建立认同感、信任感、忠诚感最好的要素，也是品牌价值中不可分离的部分。三是形象，这是品牌的外观。它是一个企业在市场与社会公众心中的个性特征，是赢得顾客忠诚度的重要途径。四是文化，这是品牌的内涵。品牌价值重要体现部分就是文化价值，在物质形态与精神形态相统一的品牌文化中，它支撑了一个品牌独有的文化魅力，也为品牌赢得了附加值。五是管理，这是品牌的基础。优秀的管理能够不断推进品牌的健康成长。所有好的品牌企业都有自己独特和优秀的管理体制和模型。六是创新，这是品牌的活力与未来，没有创新的品牌是没有生命力的，是不具备长期竞争和生存的。只有依靠创新，品牌才会得到战略上的养分。有了这些内容也就有了品牌价值的实体，一个品牌也就有了真正为消费者认同价值的基础。

第二节 农产品品牌提升和丰富的策略研究

我们在研究农产品品牌价值提升策略前，需要先分析当前农产品品牌提升过程中遇到的问题。结合当前粮食、果蔬等主要农产品案例，总结出以下几点问题：①信息不对称，质量信号传递不顺畅；②行业内价格战，低质量产品充斥市场；③成本高价格贵，消费群体定位高；④营销渠道单一，难以获得稳定的订单；⑤品牌管理意识淡薄，品牌形象维护不力；⑥研发创新不足，制约产品换代升级。

总的来说，由于农产品同质性较高，市场竞争激烈，消费者对产地信息的获取能力不强，导致行业内遍地价格战，劣币驱逐良币现象屡见不鲜。而优质农产品必然需要更多的成本投入，因此需要更高的售价获得利润，其消费群体往往是收入水平较高，对食品质量安全关注度更高的居民。这也意味着难以通过传统的以批发市场和农贸市场为主的流通渠道进行营销，往往是农超对接、产地直销、电商销售等新型流通渠道来实现，而稳定的客户群体才是实现持续盈利的保障，这是当前的主要困境。此外，农产品品牌的建立和维护并非一日之功，需要长年累月的投入和维护才能在市场立足，赢得消费者的真正认可。在这漫长的过程中，也要求生产者要具备创新意识，不断进行研发投入和市场调研，在优质产品基础上适当推出新的改进品种，进一步巩固品牌在消费者心目中的良好形象。

针对上述现实问题，提出以下几点有关农产品品牌提升的策略：

一、重视品牌文化

品牌问题归根结底是文化的问题，品牌是文化的载体，文化是品牌的灵魂。由于品牌具有文化内涵和象征意义，使得人们信仰品牌。全国人大常委会副委员长许嘉璐曾提出过“四品”的观点，即“品格”“品种”“品质”和“品牌”，而后面三品实质上是看不见的，但能感觉得到的是企业家和领导人的“品格”。因此，打造品牌中国，关键的观念是不断提高企业家的文化品质，是不断提高企业职工的文化修养。中国有句古话“十年树木，百年树人”，一个企业至少要用10年来奠定自己的地位，然后用100年来树立自己的品牌。

二、做好品牌规划

品牌规划是建立以塑造强势品牌为核心的企业战略，将品牌建设提升到企业经营战略的高度，其核心在于建立与众不同的品牌识别，为品牌建设设立目标、方向、原则与指导策略，为日后的具体品牌建设战术与行为制定“宪法”。华南理工大学段淳林教授分析说，企业的发展可以分成两个阶段，首先是产品带动品牌的阶段，通过产品的功能性诉求创建品牌，农产品品牌提升和丰富的路径分析。其次是品牌带动产品的阶段，即利用品牌的知名度和美誉度为消费者提供产品额外的附加价值。这个时候的品牌营销应当注重自己的形象、注重与消费者的情感沟通。品牌规划应遵循五个核心：提炼品牌的核心价值，规范品牌识别系统，建立品牌化模型，进行理性的品牌延伸扩张，加强品牌管理。

三、以市场需求为导向

以消费者为导向的表现是及时了解和满足顾客需求，并且愿意为顾客而改变。诺基亚每季度都会对消费者诉求做深入细致的分析，从功能、外观设计、色彩，到体积、价格等，每一项都有数据支持，再根据分析结果及时调整产品生产。另外，品牌在满足顾客需求的同时应以改善人们生活质量，推进社会进步为存在目的，而不是单纯地追求利润，做好了前者，利润会随之而来。当今市场的竞争焦点是如何满足消费者多元化的需求，因此关注顾客需求、提升顾客体验能够帮助企业创造更高的品牌价值。

四、加强品牌推广

要以品牌为导向，传播企业的产品、理念和文化。综合企业品牌与产品品牌，通过对产品进行营销推广，保持和谐、诚信的良好客户关系，加强品牌实施管理力度，建立全面的管理架构，从而更规范化地运营使用，促使品牌资产增值，加大品牌影响力。品牌的名称、企业的标志、员工服装、企业造型、办公环境等都应统一和美化，使公众在视觉上产生强烈的刺激，树立鲜明的企业形象。企业可通过多种途径对品牌进行宣传和推广。企业可选择传统方式如电视媒体和电台进行推广，选择黄金时段对品牌进行推广，还可以将企业品牌推广与公益广告相结合方式进行宣传。

五、推进品牌创新

创新是品牌保鲜的重要工作。品牌如果一成不变，就容易造成品牌老化。创新力不仅仅包含产品研发的创新，还包括企业经营机制的创新、品牌管理团队的创新和营销渠道的创新等。一方面可以在原有品牌元素中加入新的创新元素，给消费者带来新的体验；另一方面也可以采取更换包装标识或者广告表达方式来进行，还要进行产品创新，不断用新产品刺激消费者的购买力。但是，企业品牌创新的时候也要注意不能破坏消费者原有信赖和认可的价值元素，不变中有变，变中含不变，是品牌创新需要把握的尺度。企业开发新产品时，要注意与原有老产品之间的融洽性、衔接性，否则就会使消费者对该品牌的信任度下降。

第三节　农产品品牌提升和丰富的路径研究

基于农产品品牌提升的上述策略，在实际操作中可以遵循的路径和措施包括以下几点：

一、增强消费者的情感依赖，提升品牌的感知价值

顾客感知价值对品牌认知价值具有明显的强化作用，而体验经济时代，最大限度地满足消费者的需求和欲望是提升产品品牌认知价值的最有效途径，因此要增强农产品的品牌认知价值，要从增强农产品的顾客感知价值入手，通过强化农产品功能价值、经济价值、社会价值以及心理价值，增强农产品品牌的知名度，通过不断地强化措施，实现对农产品品牌的忠诚，整体提升农产品品牌的认知价值。农产品的质量、口味以及营养价值都对农产品的品牌知名度和忠诚度具有明显的强化作用。因此，在农产品的生产过程中，确保农产品的质量过硬，口味正宗，营养丰富，有利于提高消费者对品牌的认知。

二、增强农产品的品质认证，提升品牌的公众价值

随着农产品品牌的大量出现，农产品的同质化现象和品牌认知混乱问题的出现，使得农产品品牌之间的竞争日益加剧，个别农产品生产企业为了降低经营成本，提高农产品产量，在农产品种养过程中大量使用违禁物品，这不仅影响了消

费者的身心健康，影响了消费者对农产品品牌的信任，也严重破坏了农产品品牌之间的有序竞争的生态环境。农产品品牌竞争混乱不仅使得大量不良产品充斥市场，而且使得优秀农产品也深受其害，不仅要承担不良农产品品牌造成的信任危机，而且还要承受不良企业低成本销售带来的市场冲击，品牌生存环境恶劣。通过国家的相关认证的道路是相对艰难的，但也正因为认证之路是艰难的，所以才会让企业品牌从众多品牌中脱颖而出，得到的回报也会是相当丰厚的。因此，对于有发展潜力并能够紧跟农产品发展形势，愿意加大绿色环保生产投入的农产品品牌，应该坚持不懈地走绿色环保生产之路，生产让消费者放心，让消费者舒心的绿色环保农产品，积极与国家食品相关体系认证部门的联系，严格采用国家的绿色环保生产标准进行农产品的生产，为获得绿色环保认证奠定良好的基础，并通过积极地参加农产品品牌展览会，加大农产品品牌宣传力度，提升自身农产品的品牌价值。

三、增强新品种的研发，提升品牌的创新价值

无论是粮食类农产品还是果蔬类农产品都面临换代升级的问题，尤其是水果类对新品种的需求旺盛。原有农产品的特色风味会在消费者心目中留下深刻印象，但随着时间推移以及市场竞争加剧，可能面临新进入者的巨大冲击。因此，在面对已经来临和即将来临的竞争时，应当寻求产品创新，用新的符合消费者需求的产品，进一步巩固品牌在消费者心目中的良好形象，并且形成可持续的、坚不可摧的印象，这样才能达成留住老客户、吸引新客户的目标。以烟台苹果为例，长久以来，烟台苹果以高品质闻名全国，尤其是栖霞苹果个大形正、色泽鲜艳、酸甜适中、香脆可口等受到国内市场追捧。但近年来烟台苹果的市场收购价格连年“断崖式”下跌，村民数百万斤苹果堆在冷库里无人问津。究其原因是市场竞争太激烈，而烟台苹果未能及时对市场做出反应，进行新品种的创新。而消费者在市场上可选择的苹果品种越来越多，无论是上市季节差异还是口感差异都能找到许多替代品。因此，若不及时进行品种改良和创新，就容易被市场淘汰，即使是已经深入人心的老品牌。

四、增强新渠道新媒介的运用，提升品牌的营销价值

特色农产品因投入大、成本高，难以获得追求“物美价廉”的大型商超的青睐；自建营销渠道又存在店面建设投资大，建设周期长，回收期长的问题，因此对于刚刚起步的农产品品牌显然倍感压力；电子商务作为一种兼具销售和宣传

的销售渠道，对于尚处发展初期的农产品生产企业来说是一种最为节省成本，最具扩大品牌影响力的营销手段。应该加大互联网技术的投入力度；走访电子商务发展比较成熟的农产品生产企业，广泛汲取电子商务建设经验；大力引进具有农产品电子商务开发经验的专业人才和专家；充分利用国家对农村电子商务发展的相关扶持政策。通过电子商务渠道，拓宽农产品的营销渠道，加大对农产品品牌的宣传力度，扩大品牌的社会影响力，提升品牌的价值，更好地适应市场竞争。

第四节　品牌延伸的内涵及意义

我国农产品品牌研究起步较晚，在理论和实证上对农产品品牌延伸进行研究的也很少，部分农业企业依然处于品牌创建和发展阶段，大多数农产品品牌仍然以初级产品销售，很少延伸开发。但随着市场竞争的愈发激烈，品牌延伸已被广泛应用于工业生产企业的产品开发，不少农产品企业也将品牌延伸作为企业发展的战略核心，在其进入品牌发展的稳定阶段，有能力也有条件实施品牌的延伸战略。为此，本书将品牌延伸的内容、策略、可行性及风险等进行阐述和分析。

一、品牌延伸的内涵

在营销学词典《营销术语：概念、解释及其它》中，对品牌延伸的定义是：品牌延伸（Brand Extension）是指将已被市场接受的品牌延伸使用到公司的其他产品上，目的是改变原有品牌（产品）的形象，但这种策略必须和其他营销策略配套使用才能具有较好的效果。品牌延伸不仅是企业某一品牌的价值向关联品牌传递的策略与过程，实质上品牌延伸应视为企业中长期发展战略的体现，作为构建企业软实力，进而促进企业市场势力的重要战略性经营行为。

品牌延伸研究大多数强调原有品牌与新品牌之间的关联度，阐述品牌延伸所应具备的要素与条件，指出成功的品牌延伸需要在原有品牌内涵和新品牌内涵之间架起桥梁，将原有品牌的核心内容作为加强客户对新品牌认同度的切入点，在原有品牌和新品牌之间实现品牌价值的相互印证与加强。品牌延伸从企业整体运营的层面上看，是企业内部无形价值的传递，其目的是让市场以最便捷的方式获得对新品牌的认知与认同。这种对品牌认同度的推广行为最优的结果是成功地扩大企业在市场上的整体市场势力，这种市场势力的表现往往就是企业旗下产品在市场上的整体市场占有率得以提升与扩大，新老品牌之间形成良性互动、优势互补，产生明显的、积极的协同效应。品牌延伸具有能增加新产品的可接受性，减少消费行为的风险性，提高促销效率，满足消费者多样性需求，提升原有品牌资产等多项功能。

二、品牌延伸的意义

品牌延伸对农产品的推广具有重要的意义，它适用的范围非常广泛。农产品市场并不是一个完全竞争市场，而是广受政治、经济因素影响的不完全竞争市场，对于已在市场中占有一席之地的农业企业而言，农产品品牌延伸对实现产品的差异化竞争、增加产品附加值和提升企业国际竞争力都具有非常重要的作用，对于希望提高农产品市场份额的企业而言，品牌延伸同样是它们所需要考虑的重要发展策略，是提高企业产品市场占有率和消费者认同度、满意度的必要步骤。总而言之，品牌延伸战略适用于农产品品牌发展的不同阶段，农产品品牌延伸的战略意义主要包括以下几点：

（一）借助已有产品的品牌力，降低新产品推广成本

对于企业开发的新产品而言，没有合适的营销策略和持续的成本投入，很难使新产品成功融入已有的市场并且被消费者所接受，但如果该企业能够有效借助现有企业已经发展成功的品牌优势及其对消费者的影响力，在很大程度上便可以降低新产品的推广成本和营销费用，并且基于母品牌在市场中的核心竞争力，新产品在市场中的定位也将十分明晰。同时，品牌延伸的基本原理就是通过“搭便车”的方法使消费者迅速对新产品产生认同感并接受新产品，在品牌延伸基础上发展起来的新产品品牌，其在市场上推广和被消费者所认知接受的时间也将大大缩短。实证研究的结果显示，消费者在对某品牌产生较高的认同感和依赖感之后，将很容易对该品牌所衍生出的其他品牌及产品产生较高的接纳程度，这也将极大地缩短新产品品牌在市场上的推广时间。

（二）完善企业的产业链建设，减少消费者品牌转移

品牌是企业的无形价值，积极地品牌形象和品牌影响不仅直接作用于企业的目标市场，而且在消费者或其他加工厂商中的认同度也会积极地反作用于企业，为其创造更多的市场机遇，使得企业在分割“蛋糕”的同时也具备能力做大“蛋糕”。这种积极的反作用力将在很大程度上促进企业完善其产业链建设，为企业向产业链其他环节扩张提供动力。同时，随着消费市场的不断升级，对于农产品的市场需求也在不断变化，消费者的品牌忠诚度也将随之降低，企业实施品

牌延伸战略，也将从不同方向实现品牌产品的多样性，进而形成企业内部的优势互补，给消费者提供更多的选择机会，减少品牌转移。因此，品牌延伸不仅为产业链的完善提供了充足的动力，同时也为企业提高市场份额和品牌影响力提供了可能。

（三）分散企业经营风险，提高企业比较竞争优势

品牌延伸战略使企业由原来单一的产品结构、单一的经营领域，向多种产品结构、多种产品经营领域发展，有利于分散企业经营的风险。已发展稳定的企业品牌可以通过巨大的品牌效应，使新产品在投放市场时较快融入市场和占领市场份额，反过来又促使企业规模化生产，从而降低企业的生产成本，取得价格优势，同时，这也促进企业进一步扩大市场规模，使企业发展步入良性循环。同时，拥有名牌的企业不仅可以整合自身资源实现品牌延伸，而且可以通过向其他企业输出品牌实现名牌延伸，更加迅速地实现企业多元化经营的战略目标，这在一定程度上都增加了企业抵御市场风险的能力。但农产品品牌的延伸也为企业发展增加了新的风险，在品牌延伸的案例中，成功进行品牌延伸的企业并不多。对于盈利水平和规模实力都相对处于劣势的农业企业而言，实施品牌延伸策略为企业带来的风险也是巨大的，对企业调配自身和外部资源的能力也是挑战，但高风险伴随更高的收益水平，也使成功者获得更大的竞争优势。成功的农产品品牌延伸策略在实现产业链延伸和培育新消费群体之后，将为企业增加可观收益。

（四）充分整合企业资源，实现品牌价值最大化

企业在实行品牌延伸策略时，通过其经营领域的拓展，使企业获得高额利润的同时，形成优势互补、技术关联的整体，扩大拥有名牌的企业规模。吴桂荣（2014）提出，品牌延伸也可以使企业中的人、财、物、技术、管理、企业声誉等有形无形资产，发挥其巨大的潜力，为企业创造价值。品牌延伸还可以节省企业有限的资源，因品牌代表产品的质量、信誉等，在同一品牌下延伸出来的其他产品或劳务，可以利用品牌在消费者心目中的地位，而无须去花大量资金再为新品牌作宣传。成功的品牌是企业高水平生产日积月累的回报，也是企业所专属的一笔巨大的无形资产。如果企业能够在不损害成功的母品牌的条件下充分利用这一资产，它将为企业带来丰厚的回报。成功的品牌延伸不仅可以扩大企业的市场份额，争取更多的货架面积，还能够增加零售商对生产商的依赖，在营销领域取得竞争优势。反过来，成功的品牌延伸还可以加强消费者对母品牌的认可度与忠诚度，进一步提升企业的整体形象，实现品牌价值的最大化。

第五节 品牌延伸的策略

企业在利用品牌延伸策略推出新产品时，企业就要面临品牌延伸的具体策略的选择。不同的品牌策略具有不同的利弊，也具有不同的适用条件。如果不加区别地进行选择或者盲目模仿国际企业的品牌策略将会导致其品牌定位模糊，甚至品牌形象受损。

一、品牌延伸的应用类型

周修亭（2008）在分析农产品品牌时，将品牌延伸的应用类型分为以下两种：线内延伸和线外延伸。

线内延伸通常包括垂直延伸和水平延伸。垂直延伸，又称品牌的纵向延伸，企业先推出某个品牌，成功以后再用其品牌名称推出同一产品大类中新的产品。也可以是推出新的改进产品，或换代的同一产品。垂直延伸总体上是从产品和品牌的档次上来讲的，即根据产品或品牌的现有定位进行调整。如果提高产品质量或包装档次、产品价格，还使用原有品牌，或者使用主副品牌延伸策略，就是向上延伸；反之，若在产品中增加较低档次的产品，利用高档名牌产品的声誉，吸引购买力水平较低的顾客，慕名购买这一“名牌”中的低档廉价产品，就是向下延伸。如果同时推出高低两个档次，就是双向延伸。水平延伸（产品线填补）是指延伸到相同类别的新产品上，即相同质量水平，只是在大小尺寸和外观形式上有所不同，如新款式、新口味、新色彩、新配方、新包装等。

线外延伸，或称横向延伸，又称跨类延伸，它是原品牌向其他的产品线或产品大类展开延伸，比如“好想你”品牌从枣片延伸到枣汁，或者延伸到苹果、面粉等其他农产品，甚至也可以延伸到服装、手机等领域。

二、不同品牌使用方式的延伸策略

品牌延伸策略还可以根据品牌的使用方式分为很多种类别，许基南（2004）总结了常用的三种：单一品牌延伸策略、主副品牌延伸策略和亲族品牌延伸策略。

企业在进行品牌延伸决策时，通常会将上述两种分类方法结合使用。一般情况下，纵向延伸时很少采用亲族品牌延伸策；横向延伸时多采用亲族品牌延伸策略，也可以采用单一品牌延伸、主副品牌延伸策略。

（一）单一品牌策略

大多数多元化企业都是以单一品牌为延伸策略发展起来的，当其由单一产品向多元产品、单一行业向多元行业发展时，单一品牌策略能够给企业带来直观效益。采用单一品牌策略可以将消费者对原品牌的美好形象、高度信任感等无形资产转移、传递到新产品上，使新产品一问世就已越过品牌的初始期甚至发展期，直接进入成熟期，甚至获得了名品牌效应，避开被消费者认知、认同、接受、信任的过程，加快建立消费者与新产品之间的信任关系，大大缩短新产品导入市场时间。同时，采用单一品牌策略还可以降低管理费用，不断强化品牌效应，增加品牌价值。

采用单一品牌策略也具有一定的弊端，首先，增加了产品的市场风险，如果在市场竞争中一旦有延伸产品经营失败，遭到消费者的拒绝，根据消费者的好恶心理转移传递原则负面影响会波及其他产品，甚至会导致消费者对该品牌的所有产品的否定，产生“株连效应”。其次，同一品牌很难满足不同消费者的需求，同一品牌在宣传营销方面很难做到差异化，而很多消费者不仅有产品多元性需求还具有品牌多元化需求，当单一品牌需加大投资力度努力提高消费者的认可度时，企业将会增加投资，提高经营成本。

单一品牌策略的适用条件主要有以下三点：①原有产品与新产品之间的关联程度较高，相关多元化的产业之间存在着技术、生产工艺、市场等方面的相关性，使得消费者认同原有产品具有的技术、技能等能够延伸到新产品，从而更容易获得认同；②延伸产品与原品牌的定位一致，只有当延伸产品符合原有品牌定位时，延伸产品才能成功推出而不会引起企业形象的混乱和价值模糊，消费者才能以原有的品牌印象更快接纳新产品；③延伸产品与原产品保持质量一致，若品牌延伸产品的质量出现问题，将会引发一系列对原品牌产品的不良影响，从而导致企业的声誉受损。

（二）主副品牌策略

主副品牌策略即同一产品采用涵盖企业全部产品或若干产品的标志性品牌为主品牌，兼与独立的标识性品牌为副品牌的组合方法，来统一延伸产品形象定位与功能定位的品牌策略。在保持主品牌的权威性和稳定性的基础上，又通过副品牌体现了产品之间的差异性，既能实现共享主品牌的资源，又能实现对不同产品个性特点的表达。这样不仅可以用主品牌提供不同的产品或服务不同的市场，而且能将迷惑消费者和稀释品牌的风险降到最低。主副品牌代表着价值驱动关系，副品牌被主品牌驱动。主品牌形象代表着品牌永恒的精髓，其包含的元素使品牌既独特又有价值，代表着品牌的价值主张和品牌信誉，可以给延伸产品增加一点可信度。副品牌可以较为直观、形象地表达产品的特点和个性形象，对主品牌的价值识别进行补充和调整。主副品牌策略为多样化的产品系列带来了明确的意义，使每一个新产品都以其意义和个性创造了一种形象。

主副品牌的适用条件一般有以下三种情况：①产品不断更新，且更新期较短。在产品生产等环节，由于技术条件的不断成熟或者劳动者素质的不断提高，使得产品在预期时间内能有不同的变化。②延伸产品类与原产品类存在较大的差异。③延伸产品形象和原产品形象存在较大的差异。后两种情况都是新产品与原产品之间存在着较大差异，新产品与原品牌之间的关联性较小，如果直接延伸将会导致消费者对于原品牌的定位产生怀疑，从而影响产品销售。

（三）亲族品牌策略

亲族品牌策略是指企业经营的各项产品市场占有率虽然相对较稳定，但是产品品类差别较大或是跨行业时，原有品牌定位及属性宜作延伸，企业往往把经营的产品按类别、属性分为个的类别，然后冠之一个统一的品牌。如中国粮油产品进出口总公司在罐头类产品上使用“红梅”商标，在调味品上使用“红梅”商标，在酒类商品上则使用“长城”商标。

亲族品牌策略的优势是避免产品线过宽使用统一品牌所带来的品牌属性及概念的模糊，且避免品牌决策带来的品牌过多、营销及传播费用无法整合的缺点。亲族品牌策略无明显的劣势，但是相对统一品牌策略，如果目标市场利润低，企业营销成本高的话，亲族品牌策略营销传播费用分散，无法起到整合的效果。因此，如果企业要实施亲族品牌策略，应考虑产业差别较大，现有品牌不宜延伸的领域。

第六节　品牌延伸的可行性分析

品牌的延伸决策对于一个企业来讲具有两面性，若品牌延伸决策正确，不仅可以使新产品快速进入市场，还可以提升品牌形象、增加品牌价值；但若品牌延伸决策失误，则有可能增加品牌的市场风险，降低消费者的满意性。因此，在做品牌延伸的决策时，需要从以下几个方面综合考量，对产品的市场环境进行深入分析，从而找到适合新产品的延伸方向和延伸策略。

一、品牌的可延伸性

品牌的可延伸性指的是品牌所能延伸到的宽度和广度的能力。一个品牌能否将其延伸到新产品中，主要关注的是品牌的资产能否转移到新产品中。品牌资产越雄厚，可以转移到新产品中的因素越多，品牌的可延伸性越强。在考虑品牌延伸时，品牌资产便是一种剩余价值，存在于消费者对原品牌的美好印象，态度的倾向及行为偏好的模式中。一般来说，偏向象征型的定位更有利于品牌延伸，能容许企业进行幅度较大的跨行业品牌延伸。品牌的可延伸性在很大程度上取决于原有品牌核心特性能否完全真实地转移到延伸的产品之上。特定的配方、技术通常与特定的产品紧密联系在一起，要想将其延伸使用到一个新产品之上是比较困难的。相反，品牌的经营理念、品牌对消费者所做出的承诺却比较容易转移到新产品上。

二、延伸产品与品牌核心的相关性

品牌核心识别性是一个品牌建设中最重要的本质和价值体现，而品牌价值的包容性则是原有品牌的核心价值有较强的包容性且能够包容其延伸产品。如果一个品牌的核心识别与产品本身等具体产品内容有关的，则品牌核心价值的包容性就小，其延伸的空间非常有限。相反，如果一个品牌的核心识别与产品属性无关、与产品技术无关，而是与产品给消费者带来的利益有关，甚至仅仅与品牌的价值观有关，则品牌延伸的空间就很大。

三、品牌延伸的目标行业环境

对于延伸能力较小的品牌，企业应该选择向原产品所处行业或者相近的行业进行延伸，即进行同类别产品多元性基础上的品牌延伸。品牌延伸可以充分利用企业的生产、技术、销售等方面的核心竞争力，保障在新产品领域获得竞争优势，可以保持延伸产品与原有产品之间有较高的关联性，可以保证延伸产品与原品牌具有一定的契合度，与原品牌的核心价值不会发生冲突。对于延伸能力较强的品牌，企业可以考虑进行行业跨度较大的品牌延伸，即进行非相关行业基础上的品牌延伸。利用品牌核心价值的包容性，使得消费者对原品牌的核心价值的忠诚等品牌资产转移到新产品上，这样的品牌延伸照样可以获得成功。

四、延伸产品的内外部环境

从内部环境来说，根据品牌延伸所选择的新产品应首先符合企业自身的研发与生产能力，并且考虑是否能够满足消费者所需的质量和性能。其次，企业还应考虑是否有财力为品牌延伸提供资金，并且新产品能够实现与企业其他业务的资源共享。最后，品牌延伸的新产品还应该与现有品牌的核心产品形成能够保持企业长久竞争优势和获利能力的产品组合，从而增加品牌的价值和生命力。

从企业外部环境来说，企业的经营活动与所处市场环境息息相关。市场状况很大程度上影响到品牌延伸的成本及成功率。其中最为重要的是消费者的品牌选择行为和竞争者对延伸产品可能的反应。消费者品牌选择行为是指消费者对企业品牌延伸的认可程度，这是由消费者对原品牌的偏爱能否转移到新产品上来决定的。这种情感的迁移可以用新产品与原品牌之间的契合程度来衡量。竞争者的反应不仅包括延伸产品所处行业内竞争者反应，也包括原品牌产品所处的行业内竞争者的反应。多元化企业进行品牌延伸所面临的竞争情况比只进行产品线延伸企业所面临的竞争情况更为复杂。从候选产品进行产品决策需要综合以上因素来考虑。

第九章　农产品品牌维护创新

第一节　农产品品牌维护的意义

品牌对企业来说是一种无形资产，能够使企业避开同质化竞争，提高产品成交率，使顾客形成品牌忠诚，有利于提高企业利润。品牌经过从形成到成长及成熟阶段不断发展，品牌的知名范围也将从区域发展到国家、国际甚至世界。然而品牌成功建立之后，由于品牌周期的存在，现实运行中品牌也会像其他资产一样面临着折旧和贬值，企业要是仍想进一步获得品牌带来的正向效应，并成为经久不衰的品牌，则需要对品牌实施维护战略。品牌维护是指企业在面对影响品牌的外部环境时，所进行的维护品牌形象、保持其市场地位和价值的一系列活动，品牌维护的目的是使品牌资产增值、发展，降低随市场的变化而贬值、衰退的可能。

农产品品牌维护可以进一步促进农产品参与市场竞争，提高农产品质量和形象，有利于保护消费者权益，使消费者买到预期产品，消费者由此可能形成的品牌忠诚也会促进农产品的可持续发展。农产品市场日益激烈的竞争要求企业对品牌进行良好的维护；品牌维护失败就会导致原先建立起的品牌失去产品增值作用，甚至动摇企业的市场地位；所以农产品品牌维护对其发展作用重大，具体体现在以下几方面：

一、有利于巩固农产品的市场地位

品牌相比产品内容更加丰富多样，所以现代企业竞争很大意义上表现为品牌的竞争。品牌所代表的除了产品竞争力，还包括企业自身竞争力。在农产品市场上，品牌作为农产品的标志，同时也是农产品品质信誉的保证。农产品品牌的维护有利于扩大农产品市场份额、提升市场影响力以及提高品牌美誉度，从而进一步地巩固农产品的地位。

二、有助于保持和增强品牌生命力

品牌由于具有增值作用而深受企业重视，而这种增值能力的表现形式主要是企业利润增加。当企业品牌具有一定的竞争力时，它给企业和产品带来的优势将逐步显示出来；消费者愿意支付高于同类产品或替代品的价格购买该品牌产品，使得企业的利润高于行业平均利润。此时对农产品品牌进行维护可以进一步促进其发展为强势品牌，使农产品品牌拥有长久而强大的生命力；这也是农产品获得可持续发展的主要途径之一。

三、有利于预防和化解危机

由于市场环境多变，品牌竞争中存在各种突发事件，很多品牌在发展过程中都会遇到品牌危机的情况，除了市场竞争等外部因素，也有些是由自身的内部因素引起的。比如 2017 年某旅游 App“捆绑”销售事件，消费者发现在 App 上购买火车票、飞机票等会有一些默认勾选付费的“车酒券”，使消费者在不知不觉中“被消费”，从而引发了消费者维权问题，给品牌造成了危机。

有些危机是无法预见的，且无法掌控它的发展，但是对于引起的品牌危机发生的原因尤其是自身原因必须予以预防，在危机发生后必须迅速化解，并尽快恢复消费者的信任。如 2017 年海底捞的“老鼠门”事件，企业经营管理不善给品牌危机造成了隐患；而海底捞门店在发生该事件后立刻对消费者道歉、加入“阳光餐厅”工程、对门店进行升级整改和人员培训、直播后厨状况并开放后厨，使得海底捞在短短几个月内恢复了销售业绩。所以农产品品牌维护可以给予企业面临农产品市场环境变化时一定的缓冲，以便做出反应、化解危机，降低对品牌的伤害程度，尽快走出品牌危机。

四、有利于抵御其他品牌的竞争

在现代营销中，品牌竞争是一种典型的营销模式，其本身具有综合性、文化性、形象性等特点，除了品牌产品的质量保证，与其他竞争品牌进行区分的独特的符号，品牌还能显示出企业本身长期的价值追求和文化内涵。无论是国内还是国外，农产品市场上都存在着参差不齐的品牌，企业之间都有各自的品牌战略，而农产品品牌维护可以使企业及时应对现有竞争对手以及潜在竞争对手的策略、抵御竞争品牌的冲击，使其维持原有市场地位或者超越竞争对手获得更高的市场地位。

五、有利于市场的健康发展

商品市场上存在着很多假冒伪劣的产品以及侵权现象，这些情况既给企业品牌声誉和利润造成了不利影响，也损害了消费者权益，不利于市场秩序的稳定。而农产品品牌维护既有利于打击假冒伪劣产品，也可以明确市场健康发展的方向。对农产品品牌进行维护有利于农产品得到市场的认可，引导消费者积极购买符合其期望的产品，而农产品品牌维护可以使企业获得持续高于行业的平均利润，这也是带动其他企业积极向品牌化之路前进的有效途径。

第二节　不同主体对农产品品牌的维护

中国是一个农业大国，农产品的稳定发展对我国经济发展和社会稳定至关重要；大力发展农业，确保农产品的充足供应，有利于我国经济持续发展与社会和谐。农产品品牌化也有利于确保我国消费者能够购买到健康绿色的农产品，保障消费者食品安全；所以对农产品品牌进行维护，促进其持续发展，有利于国计民生。但是由于农产品生产具有生物特殊性，受季节性、周期性和区域性等自然因素影响；因而并不像其他工业品那样具有完全的同质性，所以在生产和销售时都存在着不确定性的风险。农产品品牌的维护就是要尽量减少这些不确定性、减少自然因素给产品造成的风险性。农产品品牌的维护相对其他工业品的维护也更具有挑战性，需要企业、政府和行业协会的支持，下面将具体针对企业、政府和行业协会对农产品品牌维护提出建议措施。

一、企业维护农产品品牌的措施

企业是农产品销售的主体，农产品品牌的强弱会影响到企业的利润收入，甚至影响到企业的生存发展，企业需要对农产品品牌加以重视，更需要对农产品品牌加以维护，具体可以从以下三方面来进行考虑。

（一）提供高质量的农产品

产品是品牌存在的基础和载体，产品质量不合格会给品牌带来危机，减弱消费者的购买欲望和品牌忠诚度，导致品牌贬值；高质量的或者符合消费者预期的农产品能够满足消费者对该农产品品牌价值的认可，消费者才会增加对其的持续购买。所以在对农产品品牌进行维护时首先要保证农产品的质量符合要求，只有产品符合消费者预期、适应消费者需求变化，农产品品牌才能发挥出强大、持久的增值力量。

（二）建立有效的品牌维护机制

企业想实现科学有效的农产品品牌管理，并及时应对可能发生的食品质量危机，则需要建立品牌维护机制，从制度上对品牌进行管理；主要可以通过建立常规品牌检测机制和特殊预警机制两种机制。

常规品牌监测机制主要是对农产品品牌的效果进行监督，主要涉及农产品的内容和渠道两个方面。在产品内容监测方面，无论是产品的生产、销售还是售后都及时跟踪，对品牌危机的特征确立参考标准，以便及时发现即将发生的危机，同时对可能出现的问题及时提出应对方案；对现实消费者和潜在消费者进行关注、了解消费者需求，及时调整农产品市场营销战略。在销售渠道监测方面，选择合适的经销商并处理好与经销商的合作关系，及时了解渠道运行状态及市场动态；加大对企业业务人员培训，使业务人员把品牌维护意识贯彻到日常工作当中。同时结合品牌规划以及品牌战略进一步实施常规品牌监测机制，使农产品品牌稳定发展。

特殊预警机制适用于可能引起品牌危机的突发事件，遵循预防为本、及时控制、减轻影响的原则，进行培训和演习以有效应对实际中可能出现的状况，对危机进行监测和报告。对品牌危机史上出现过的类似危机，可以结合自身实际情况并借鉴其他品牌应对措施加以处理，对未出现过的品牌危机及时反应，以积极负责的态度减少危机对品牌的影响。

总之，建立有效的品牌维护机制既是对品牌形象的制度管理，也是适应市场需求变化做出应对的有效方法，使得企业在激烈的市场竞争中系统、科学、高效地进行品牌维护。

（三）进行必要的品牌延伸

企业在应对其他竞争品牌的冲击时，直接开辟新的市场可能会存在失败的风险，所以可以采取品牌延伸战略来促进企业发展，从而减少投资成本，提高市场开辟的成功率。品牌延伸是企业利用现有品牌声誉进入新的产品类别，推出新产品的做法。由于消费者对已有品牌具有忠诚度，而企业以原有品牌推出新产品，从而缩短消费者适应新产品的时间。正确的品牌延伸能够促进品牌资产增值，强势品牌能够为新产品提高消费者的认知度和信任感，进而节约新产品进入市场被接受的时间和资源，提高开拓市场的成功概率。

由于品牌资产具有溢价效应，所以可以通过品牌溢价效应实现品牌延伸，而品牌延伸则进一步地实现品牌资产积累和增值，以实现企业品牌效应最优化。但同时要注意品牌产品的关联性问题，避免延伸过度对现有品牌产生不利影响。

二、政府对农产品品牌维护的措施

由于农产品在我国的重要地位，农产品品牌的发展有利于国家经济的发展；所以农产品品牌确立之后，政府需要对其进行维护。这既可以提高国民的生活质量，也可以提高我国农产品的国际地位，具体措施有以下三点。

（一）创建和优化市场与法制环境

政府在市场经济中的重要职能是宏观调控，通过利用宏观政策实现资源的有效配置、规范市场运行以及维持市场秩序。在农产品品牌维护的过程中，市场失灵的错误信号将导致企业对农产品品牌维护失败，造成品牌衰退。比如市场失灵可能表现为：市场其他同类农产品供给者可能为了自己的利益而违背市场规则、扰乱市场秩序，对品牌产品进行假冒伪劣以及侵权；消费者为了短期利益助长了假冒伪劣之风；这些现象都可能对农产品品牌维护造成不良影响。政府可以通过宏观调控的法律手段和行政手段对这些市场失灵进行干预和管理，严厉打击扰乱经济市场的违法行为。同时制定和完善各种市场法律和规则，将具体法规落实到市场经济管理当中，以实现规制市场主体的行为，并为农产品市场的健康发展创造良好的市场环境。

（二）为企业品牌的发展创建平台

农产品品牌创建之初可能会遇到一些难题，比如发展资金不足、渠道建立受阻、市场打不开等，这些将导致农产品品牌虽有好产品，却面临无法被市场熟知的尴尬局面。因此政府可以通过自身的信誉及职能来帮助和引导农产品品牌发展及维护。一方面，政府可以通过扶持农产品企业的方式，促进企业与银行、金融机构、投资公司、相关企业、专业人才的沟通合作，从而解决企业融资问题及运营问题；确保企业在农产品品牌建立之后能够尽快进一步打开市场，也使消费者能够获得好产品信息从而进行选购。另一方面，政府可以通过品牌专项宣传活动，邀请专家和媒体对农产品品牌进行推广，如“2014 第三届中国富硒食品推广交易会暨品牌农产品展览会”就对农产品品牌起到了很好的宣传、推广作用；也可以利用借助媒体扩大名人效应，将农产品品牌与经典佳话或知名人物对接，如2017年中国农业电影电视中心举办的《家乡的味道》——我为品牌农产品代言大型公益活动，就有很多明星出现，如著名相声演员赵炎、著名女高音歌唱家刘媛媛、央视新闻主播纳森、短跑“小飞人”苏炳添、“杂交水稻之父”袁隆平、陕西农民歌手张静等，并纷纷为自己家乡的品牌农产品代言。政府倡导下的对农产品品牌的宣传和推广，能够提高其知名度和美誉度，促进其发展。

（三）对企业品牌进行长期保护和监督

企业品牌在发展中也可能蒙受不公正待遇，此时需要政府的保护或帮助来维护其权益。如“8瓶三株喝死一老汉”事件，个别媒体为了博眼球在品牌企业出现负面新闻时添油加醋，甚至故意捏造不符事实。三株口服液业务曾遍布中国，在中国保健品行业也曾创过最高销售纪录，突发消费者喝完三株口服液后去世事件，虽然最后三株胜诉，证明了该消费者的去世与三株无关，但由于媒体的密集肆意报道，使得依靠声誉和口碑营销来支撑品牌的三株巨头轰然倒塌；给三株造成了不可挽回的损失。如今虚假新闻也络绎不绝，对企业品牌发展造成了困扰，政府对于此类现象应及时管制媒体，保护企业品牌不受恶意诽谤。

政府监督不力将导致消费者和企业品牌都遭受损失。如“寿光毒大葱”“龙口毒粉丝”事件，使购买过的消费者受到伤害。政府对品牌的信任授予其免检，而企业品牌在此殊荣下并没有对产品进行自我监督，最终产生了损人不利己的事情。政府可以建立第三方检测机构来对农产品质量进行检验，保证产品安全走入市场，政府在对农产品品牌维护时，应进行长期保护和监督，监督也是一种保护，只有政府对农产品品牌的有效维护才能实现农产品品牌的长远发展。

除了国内的品牌保护和监督外，在国际营销中我国农产品品牌也需要政府的保护与援助。我国农产品多次因“反倾销”调查和“反倾销”惩罚导致经济损失。对此类情况，政府应该深入了解具体情况，与相关涉事人员进行协调，为我国农产品出口企业提供法律咨询和政策建议等；保护我国农产品品牌免受不公正对待，在国际贸易中处于公平竞争地位。

三、行业协会对农产品品牌维护的措施

行业协会是一种民间性的社会中介组织，并为政府、企业、商品生产者及经营者提供咨询、沟通、监督、公正、自律、协调等服务。农产品行业协会在促进农业产业化经营、推动现代农业发展以及应对国际竞争中起着十分重要的作用。

农产品品牌的健康发展也有利于农产品行业的发展，农产品行业协会可以通过一些措施对农产品品牌进行维护，推动农产品品牌和农业经济的发展，具体措施主要有以下三点。

（一）提供市场信息

农产品市场上存在着“难买难卖”等现象，主要原因是农户生产的分散性和无组织性，所以对市场信息获取难度大、成本高、主动性要求高。盲目生产使自身利益难以保障，影响市场供求变化从而影响农产品买卖价格，甚至影响农产品品牌的发展。企业难以准确把握市场动态及市场需求，对市场的供求状态、产品标准、卫生检疫等方面信息不够了解，而农产品行业协会可以通过调研分析、规划引导、信息发布、业务咨询，以及协调服务等方式，帮助企业提高对市场的了解，促进农产品有效地进入市场。

（二）对农户和农产品加工企业进行培训

农产品品牌很多是由于地域因素建立起来的区域品牌，除了经营管理的主体企业外，生产上多为分散的农户，品牌建立后，很多农户对农产品的生产、销售以及品牌维护并无意识，行业协会可以通过培训的方式对农户进行教育，使农产品生产尽可能符合市场需要。行业协会对农产品加工企业可以进行专业技能培训，使农产品达到市场需求标准；进一步地实现农产品品牌维护。

（三）促进农产品产业化发展

在农产品品牌发展达到一定的程度和规模时，则需要行业协会指导其向产业化经营管理转变。产业化主要是通过专业化生产使得资源有效配置、系列化和品牌化的经营方式和组织形式以实现经济效益，农业产业化发展有利于增加经济收益。行业协会可以指导农产品企业采用先进的科学技术和装备、延伸产业链和生态链，使农产品生产和经营实现专业化和标准化的生态发展。协调农业龙头企业与农户结成产供销联合体的稳定关系，拓展贸易渠道，减少“难买难卖”现象的发生。

农产品行业协会可以充分利用其工作职责和优势条件，为农产品品牌维护提供支持。我国农产品行业协会可以多借鉴日本和新西兰等国的经验，为农产品品牌维护提供高效的社会化服务产业支撑体系，对农产品质量和科技进步、市场流通以及信息传达等方面提供有效帮助，促进农产品品牌及农产品产业化发展。

第三节　农产品品牌的创新动力

品牌创新是指品牌在市场创造价值能力的更新和进步。随着市场上越来越多的品牌出现，一成不变的品牌将会降低对消费者吸引力和品牌忠诚度，甚至失去原先的市场份额。而品牌创新是品牌抵御激烈竞争、进一步发展、获得持续增值能力的根本方法。所以农产品品牌需要不断进行创新，只有创新才能使农产品品牌更能适应市场发展。农产品品牌的创新动力具体为以下几点：

一、满足消费者需求变化

随着经济发展，消费者的生活水平不断提高。消费者从温饱时代走向了小康生活甚至很多走向了富裕生活，因此对农产品的需求不再是生活必需品，而是对生活高质量的要求。企业想获得持续的品牌效应，就需要随着消费者需求的变化而进行品牌创新，从“产品导向”向“客户导向”转变，只有把握消费者需求才能在农产品市场上保持领先地位。市场品牌日新月异，不懂得创新的品牌迟早会被其他品牌替代，淡出市场。所以品牌需要不断创新，释放关于品牌的新信息来激活消费者的偏好，既让老客户保持忠诚度，同时又吸引新客户和潜在客户。如海尔在消费者抱怨海尔洗衣机排水管老是被堵时发明的洗红薯的洗衣机不仅留住了老客户，还增加了很多新客户的购买。

二、差异化和新的品牌定位

由于农产品之间差异较小，市场竞争多表现为低价格的同质化竞争，从而导致利润低下。农产品企业在资源有限的条件下，想在激烈的竞争中获得较高的利润，就必须挖掘出与其他同类产品不尽相同的特点。通过寻找农产品市场空缺或者创造出更大的市场，确立自己产品的领先优势，从而获得生存和发展空间。以农产品品牌差异化优势为中心，充分利用外部资源，对内外部资源有效整合，使自身优势发挥最大。品牌的差异化可以是在产品物质上的特色，如新疆的哈密瓜更甜；也可以超越有形产品物质功效层面的形象属性，如五常天有道有机大米一斤售价 90 元以上，购买该品牌大米是社会身份地位的体现。在消费者认知上形成差异，是应对同质化竞争的有效途径。

当然也存在着原先的差异化已经不能适应市场竞争的现象，所以需要对品牌重新定位。如以礼品形式存在的高档茶叶日照绿茶受到政府支出紧缩、限制“三公消费”政策以及团购市场萎缩等因素的影响出现销售下降情况后改走大众路线，积极开发中低档市场。农产品品牌应顺势而为，及时改变品牌定位适应市场，才能获得更好的发展。

三、溢价收益

品牌是一种有价值的资产，品牌所有者可以通过品牌特色和品牌创新来不断获取溢价收益。品牌资产是品牌在产品经营、销售、管理的过程中给企业、消费者等带来的产品以外的增加值，这种增加值可以是直接的经济价值，也可以是其他间接的价值，如文化价值、教育价值等。经济价值主要表现在品牌产品的价格高于行业价格、利润高于行业平均利润，如新西兰的佳沛新品种黄心猕猴桃价格是我国国产猕猴桃的4倍以上。文化价值主要包括商品所蕴含的本土文化、民族文化或现代文化，产品所引导的消费文化，以及企业的服务文化等。如“好想你”枣品牌，公司建造了全球第一个红枣博物馆，通过“红枣历史”“红枣营养”“400余种红枣标本”“红枣药用”等内容，来展示新郑红枣8000年历史文化，为品牌宣传添加文化底蕴，从而提高了“好想你”品牌的知名度。教育价值主要是品牌向人们传递了社会潮流和时尚潮流等个性信息，同时对产品的品质、性能、服务等提供可靠的保证，引导人们产生对未来美好生活的想象。如甘肃张掖市对有机绿色农产品进行推广，引导消费者购买有机绿色健康农产品。农产品品牌创新可以给企业、消费者带来经济价值、文化价值和教育价值，这也将进一步促进农产品品牌的发展。

第四节　农产品品牌的创新路径

相对发达国家而言，我国农产品品牌化路程起步晚、发展历史较短；所以品牌意识薄弱，缺乏保护意识；品牌宣传不够、忽视做强品牌；产品缺乏统一的标准、科技含量低等。而品牌化是农产品获得增加利润价值的必由之路，我国农产品品牌想摆脱只靠生产绝对数量的困境，获取更多农产品品牌附加值就需要对农产品品牌进行创新。通过产品、技术、形象和管理创新实现品牌创新，增强品牌生命力。

一、产品创新

产品是品牌的载体，所以产品创新是品牌创新的基础。产品创新主要有创造新的产品、在原有产品基础上进行部分增减改进，企业可通过产品创新获得产品优势。产品创新策略有差异化创新、组合型创新、技术型创新以及复合型创新等。产品创新多是以市场需求为导向，满足消费者多样化、个性化的需求为目的，使得产品能够迅速跟随市场变化加以创新，并形成持续竞争力。如镇江醋差异化创新策略，与山西醋的浓烈爽口相比，镇江醋则平和味甜；镇江醋有香醋、陈醋、蟹醋、白醋等多个产品系列，无论是直接食用还是作为食品佐料，都为佳品；镇江醋品牌恒顺醋研制出“恒顺醋胶囊”，其具备的降低高血脂，美容护肤、抗疲劳的功效顺应了消费者对健康、年轻的追求。

二、技术创新

技术创新是农产品品牌创新的重要支撑，我国农产品发展在技术上还有很大的提高与进步，科技的运用使人们生活更加美好。农产品的发展完全也可以跟上科技发展的步伐，科技可以运用在农产品的生产、加工还是销售等各个环节。农业与科技结合，可以使农业焕发生机，释放农业发展的活力，摆脱落后产业命运，跻入朝阳产业行列；这也将促进农产品生产成本降低、品质提升以及受自然因素影响减少。农产品品牌技术创新主要可以通过增加资金投入、购买新式农机、招聘创新人才、与科研机构进行合作等措施促进技术创新。

在生产上，可以通过生物酵素技术、品种改良技术等对农产品的品种进行改进或者生产出更多营养价值的农产品来满足消费者的需求，如呼图壁县牲畜品种成功改良。加工上，可以通过改进设备和工艺，借鉴其他工艺产品加工，使加工专业化、标准化、高效化，使产品包装、标示更加品牌化，如“三碾香”大米采用三道轻碾的加工工艺保留大米营养价值，赣南脐橙采用清洗机、分级机等使产品高效迎合市场需求。销售上可以利用科技手段提高客户体验，如云南普洱市创建的展示中心，有实体展示和虚拟展示两个部分，实体展示主要采用国际最新的陈列手段将产品一一进行展示，虚拟展示主要运用 VR 科技使消费者能够进入虚拟空间体验实景参观、选购产品。销售方面也可以利用电商平台、设立虚拟店铺销售农产品，如“砀山酥梨”“迁西板栗”“白洋淀咸鸭蛋”等在网上店铺销售商品；消费者也可以通过店铺的简短视频大概了解农产品的生产、包装、运输等，从而放心购买。

三、农产品品牌形象创新

品牌形象是指产品品牌在市场上表现出来的个性特征，包括品名、包装、图案广告设计等内容。消费者对品牌的评价与认知可以反映出品牌形象情况，所以品牌形象可以反映品牌的实力与本质。品牌形象创新是品牌创新的有效手段，农产品品牌创新可以通过形象创新实现。

品牌形象创新主要通过品名、包装、图案广告设计来适应潮流、不断创新，即表现为品牌名称创新、品牌标志创新以及广告定位主题句创新，品牌名称创新即更改品牌名称。如百事可乐由最初的“布拉德饮料”重新命名为“百事可乐”以迎合社会潮流，联想由开始的“Legend”更名为“Lenovo”以适应企业国际化进程。品牌标志创新即更改品牌标志，如 Imagen 集团（墨西哥传媒企业）在 2016 年采用 Imagen 名称的首写字母“i”的形象标志，来表达出“传声筒”的概念。品牌广告定位主题句创新即更改广告语，如 2017 年天猫的广告由“上天猫，就够了”改为“理想生活上天猫”展示全新品牌形象，也是天猫从满足消费需求到定义消费趋势的改变。

四、农产品品牌管理创新

品牌管理是指为了给消费者留下个性鲜明的、清晰的品牌形象区分其他品牌，包括品牌建立、维护、巩固的所有过程。品牌管理的职责主要是确立品牌战略与架构，不断推进品牌增值，形成品牌的竞争优势和持续竞争力。农产品品牌管理创新是品牌创新整个过程的融合，是对品牌产品、技术、形象创新的规划与发展。农产品品牌管理创新有企业方面的大数据管理和政府方面的大部制管理。

（一）大数据管理

随着计算机技术的发展与运用，大数据在各行各业发展中的作用越来越大。大数据是指运用计算机技术对所收集的海量的、复杂的数据根据自身需要进行提取、存储、搜索、共享、分析和处理，它具有体量大、类型多、速度快、价值高等特点。大数据的优势和特点使得其在商业中得到广泛应用，可以对所需的商业数据快速分析以辅助管理者做出决策，比如精准营销、服务转型等。

运用大数据对农产品品牌进行管理，无论是计划、组织、指挥、协调还是控制，都可以将数据贯穿到其中。大数据对农产品品牌的内部条件和外部环境进行定量研究，根据市场行情和竞争情况结合自身优劣势提出在未来一定时期内要达到的组织目标以及为实现目标运用的方案途径。利用大数据分析对企业组织人员的分工合作、物资的分配调度做出更加有效的安排以及监督执行过程、对目标偏差进行纠正或者修改目标。根据数据分析结果做出更加正确的决策，实行数据支撑管理，达到有效提高管理效率和效果的目标。

对农产品品牌发展战略制定和经营管理进行数字化分析，帮助企业挖掘潜在资源、有效开展业务、扩大品牌影响，实现农产品品牌的科学高效管理。

（二）行政管理整合

农产品品牌涉及区域品牌（地理标志产品）和私人品牌（农产品企业品牌），政府的多部门管理效率低下。设立专门的农产品品牌管理部门，负责对农产品品牌的申报、审批、监督等工作，避免多头管理带来的效率低下等不利影响，完善农产品品牌管理条例，使农产品品牌管理更加正规化和透明化。对农产品品牌实行不定期的审查，实现动态监督；对不能达标的品牌去除称号，防止以次充好现象发生；对表现好的农产品品牌进行表彰，传播标杆效应。

产品创新、技术创新、形象创新、管理创新是品牌创新不可缺少的重要组成部分，品牌创新是品牌成功的重要途径，品牌成功是一个多因素组成的复杂过程。只有把产品、技术、形象和管理创新看成一个有机的整体，使其协调发展，才能走好品牌创新之路，更好地完成品牌创新的使命。

案例篇

第十章　阳澄湖大闸蟹的畅销之路

一、水产品品牌发展概况

水产品，是在中国具有巨大市场和客户根基的生鲜农产品。因具有高蛋白、低脂肪等均衡的营养结构，水产品已经成为深受消费者喜爱的食品之一。水产业是我国比较传统的农业产业，随着生态环境的恶化和社会经济的大战，受资源禀赋条件的限制，我国水产业正经历着前所未有的发展危机。一家一户型的小农经营，单个养殖户面临着小生产与大市场之间的矛盾；非标准化导致水产品难以规模化流通、水产品市场规格混乱；水产品同质化严重、品牌意识淡薄使得以次充好、价格恶性竞争等在水产品市场普遍存在。如何提高水产品养殖户规模化程度，有组织地进入市场是水产业亟待解决的难题。

专业合作社助推水产品发展。专业合作社，作为一种有效率的制度安排下的经济组织，其本质为，在平等互利和自愿互助的基础上，处在弱势地位的农户通过经济联合的方式，将家庭经营的个体劣势转化为群体优势，在更大范围内实现资源优化配置，节约交易费用，实现外部利益内部化，从而降低经济活动的不确定性，打破局部市场垄断，共享联合带来的经济剩余。可以说，水产品专业合作社是中小型养殖户维护自身利益，共同对抗外部竞争最合适的经济联合的组织形式之一。《中华人民共和国农民专业合作社法》于2007颁布实施后，农业各领域出现组建合作社的浪潮，然而能够持续经营并正常发挥合作社作用的寥寥无几，尤其是水产品。

作为“生鲜三品”之一的水产品与互联网的结合是必然趋势。“互联网+”背景下，我国生鲜电商迅速推进，市场规模持续扩大。2012～2016年，我国生鲜电商市场交易规模从40亿元增至950亿元[①]。2017年底市场交易规模应同比增长80.5%，达到1650亿元[②]。据《2017年（上）中国网络零售市场数据监测报告》显示，在4000多家生鲜电商企业中，仅有1%实现盈利，88%生鲜电商处于巨额亏损或暂处亏损的状态，水产品也不例外。互联网时代，水产品的经营、水产品专业合作社的发展乃至水产业的建设都面临着更大的挑战。在这种情况下，水产品如何才能经营成功？因此本章以河蟹水产品为典型，以张德洪阳澄湖大闸蟹的成功经营为案例，探究互联网时代“生鲜三品”之一的水产品的成功经营模式，并深入分析该模式特点及适用范围、可选择的平台、适合的经营主体、包装与贮存、物流配送、成功的关键、制约因素等，以期为当今中国水产品的养殖经营和水产业的建设发展提供有益的借鉴和启示。

二、阳澄湖大闸蟹的发展历程

本章选择以张德洪阳澄湖大闸蟹为案例对水产品成功经营模式予以探讨，相关资料主要来源于项目研究团队对大闸蟹养殖基地负责人的访谈以及相关媒体资料。据百度百科，阳澄湖大闸蟹又名金爪蟹，指在江苏苏州市境内113平方公里的阳澄湖水域出产的中华绒螯蟹，因其个儿大体肥，蟹肉丰满，营养丰富，具有极高的药用价值和营养价值被称为“蟹中之王”。张德洪阳澄湖大闸蟹作为阳澄湖大闸蟹乃至中国大闸蟹业的龙头老大，因大闸蟹合作社牵头人“张德洪”而声名远扬。

张德洪是苏州市相城区渔业村村民，起初他在村里搞水产养殖，连年亏损。2005年身负近70万元外债的张德洪，带上仅有的1000多元来到了杭州。偶然的机会他发现了“阳澄湖大闸蟹”的招牌，这让他萌生了开家螃蟹专卖店的想法。在了解了杭州阳澄湖大闸蟹行情后，他租了一间17平方米的房子开起了第一家阳澄湖大闸蟹专卖店。和杭州交通台持续了1个多月的合作让张德洪惨淡经营的小店火了起来，过硬的大闸蟹品质让很多拿着礼券的顾客成了回头客。2006年末张德洪还清了所有的债务，随着张德洪大闸蟹知名度的增加，他的利润率最终高达100%，并在4年内创造了3000万元的财富。

2007年，张德洪回到了村里，牵头组织成立大闸蟹养殖合作社，并承诺高

① 互联网数据中心：波士顿咨询 & 阿里研究院《2016年中国生鲜消费趋势报告》，2016年9月26日。

② 中国电子商务研究中心：《2017年（上）中国网络零售市场数据监测报告》，2017年9月21日。

价收购合作社养殖的大闸蟹。张德洪用实际行动向村民证明了他的实力，其创办的合作社从第一年仅有的15户发展到2008年全村村民再到2013年上半年沿湖共有3400多户都自愿加入了张德洪牵头的苏州市相城区太平蟹业专业合作社。合作社统一购置生产资料并组织生产，配备有苏州市质监局监制的防伪标签使用“张德洪大闸蟹”这一品牌统一销售。正是由于螃蟹暂养和规格细分这两个步骤，张德洪把螃蟹的利润率提高到100%以上。

2008年，张德洪以合作社的名义向阳澄湖大闸蟹行业协会申请了7000亩水面，开始螃蟹生态化养殖，他们还养起了鲢鱼。同年，张德洪首次尝试“期货螃蟹”，即在大闸蟹捕捞的前一个月在实体店售卖螃蟹预售券。这种营销方式让消费者享受到大闸蟹上市时不涨价的优惠，受到消费者的一致欢迎，合作社也提前锁定了顾客，也减少了螃蟹集中上市时的销售压力。他不仅主张将新的养殖技术、新的养殖方法引入到合作社螃蟹生产环节，还将自动售蟹机、“组合券”等一系列新销售方式引入螃蟹销售环节之中。2012年底，每个股民获得了按投资额的350%分红①。

张德洪很清楚自己的竞争优势，那就是阳澄湖的原产地资源，他表示“原产地商品的好品质就是优势”。看准商机后，张德洪从杭州向全国范围内布局连锁专卖店，辐射整个江浙沪。受大单消费减少、实体经营成本增加以及互联网销售冲击等影响，张德洪的线下专卖店也从原来的59家减少到现在的28家。2012年，张德洪组建了电子商务部，搭建了自营网站和天猫店铺。2017年，将占有阳澄湖70%水域养殖面积的张德洪大闸蟹，与天猫进行专供战略合作，张德洪表示，“天猫平台能帮大闸蟹销往全国，将阳澄湖和张德洪的品牌推向全国，未来发展布局要和网络结合”②。目前，张德洪牌阳澄湖大闸蟹已经在6个国家进行了商标注册。其创办的三家村蟹业有限公司已经成为集培育、养殖、批发和专卖一条龙的规模化品牌企业，张德洪成为了大家公认的“阳澄湖大闸蟹王”③。

三、阳澄湖大闸蟹的销售模式——合作社统一销售

水产品类合作社统一销售模式，是指将社员（一般为养殖户）所生产的水产品委托给或者售卖给专业合作社进行统一销售的一种模式。社员专注于水产品

① CCTV-7致富经：《身负七十万外债失踪之后》，2010年1月14日。
② 浙商网：《电商生鲜竞争激烈　天猫提前两个月锁定阳澄湖大闸蟹》，2017年7月27日。
③ 中国质量新闻网：《张德洪：“阳澄湖大闸蟹王”》，2013年8月22日。

养殖，而依托合作社开展农产品运销，社员与合作社以公平合理的利益分配机制为纽带将双方紧密联系在一起。专业合作社，是一种有效率的制度安排下的经济组织，其本质为，在平等互利和自愿互助的基础上，处在弱势地位的农民通过经济联合的方式，将家庭经营的个体劣势转化为群体优势，在更大范围内实现资源优化配置，节约交易费用，实现外部利益内部化，从而降低经济活动的不确定，打破局部市场垄断，共享联合带来的经济剩余。

归结起来，张德洪阳澄湖大闸蟹的发展过程，主要是通过以专业合作社为中心将大闸蟹养殖散户联合起来，以公平合理的利益分配制度将养殖户与合作社联合起来，进行将统一养殖、标准化生产的水产品以同一品牌进行统一销售，并在此基础上不断发展壮大的过程，即水产品类合作社统一销售模式，互联网时代这种模式若运用得当不仅可以有效发挥规模效应，大大增强市场议价能力，而且能够大大节约市场交易费用，降低经济活动的不确定性所引致的市场风险，从而使得社员的利益得到保障，合作社也可以从中分得一杯羹，实现社员和合作社共赢。

（一）模式特点及适用范围

互联网时代水产品类合作社统一销售模式，呈现出以下几个主要特点：

1. 严格把控生产

张德洪牵头创办的专业合作社，在追求“量”的稳定和增长的同时，更加注重“质”的统一和飞跃。科学的养殖技术和养殖方法，如一定水域投放定量的种苗、在湖里将螃蟹和鲢鱼一起养殖、公母蟹分开暂养等，在一定程度上保障了合作社螃蟹数量的稳定并且延长了螃蟹存活期。通过养殖户租赁湖面，合作社统一负责养殖的方式，张德洪成功实现了专业合作社生产标准化、规范化。每一只张德洪牌阳澄湖大闸蟹都是经过苏州蟹业协会检验，保证大闸蟹的品质和正宗。不仅如此，合作社还逐步建立起完善的产品质量体系，在捕捞上来的 100 只螃蟹里面挑选 70 只送往门店销售。70% 的筛选标准，已经符合苏州阳澄湖大闸蟹行业的标准。但是张德洪要求在挑选出的 70 只符合行业标准的螃蟹的基础上，再执行 70% 的筛选标准以确保螃蟹的品质，这便是太平蟹业专业合作社严格的“7 +7”质量把控机制。为了保证大闸蟹的鲜活度、保持大闸蟹的自然风味，张德洪还组建了专门的配送团队，每天配送大闸蟹至各门店。

2. 同一品牌统一销售

以统一品牌进行销售。每一个品牌投射出来的是一种形象。合作社运用统一品牌进行水产品销售，意味着合作社及其所经营的产品是以同一形象面向市场，因此合作社统一销售的过程，也是其品牌知名度和品牌影响力积累的过程。张德洪牌阳澄湖大闸蟹已经在6个国家注册了商标，合作社所生产及销售的大闸蟹使用同一品牌、同一产品标识，由合作社进行统一销售。

3. 规模经济效应

专业合作社模式，发挥规模经济效应，破解水产品产业经营之难题。太平蟹业专业合作社作为市场价格机制的替代物，是一种将养殖户的部分或全部生产要素集中起来生产经营的组织交易方式。由交易成本理论可知，水产品专业合作社的规模效应主要体现在：①增加产出。螃蟹养殖户合作生产，不仅有助于养殖专业化、标准化，而且能够实现规模扩张，从而提高合作社螃蟹的市场占有率和市场议价能力。②降低成本。合作社标准化生产，可以有效降低大闸蟹的养殖成本；合作社统一螃蟹销售，可以有效节约养殖户独立销售的市场交易成本等。

4. 合理分配利益

太平蟹业专业合作社以一人一股，盈余按股权分配的分配方式，坚持合作社养殖和销售独立核算的原则，构建了明确且较为合理的利益分配制度。专业合作社必须明确利益分配制度。不同类型的经济联合皆是以经济利益为基础的，专业合作社也不例外，利益分配机制关系到合作社效率的高低。合作社盈余按照股权分红虽然偏离了合作社盈余按惠顾额返还这一本质特征，但是也有其存在的合理性：一是社员间的显著异质性是合作社盈余更偏向于按股分配而不是按交易额分配的重要原因，而社员间的异质性是不受控制且不易消除的；二是按股分配实现了合作社发起人和核心社员对合作社资本贡献的回报，而资本在中国农村是稀缺且难以替代的。因此合作社盈余按股分配符合中国农村专业合作社的实际。

基于上述特点，本书认为水产品类合作社统一销售模式，适用于在一定地域范围内有一定数量且规模不等的养殖户进行某一水产品养殖的情况下，由该种水产品产业链上具有一定影响力和经济实力的经营者，包括能人、大户或龙头企业，牵头组织创办专业合作社，在一定互联网发展条件前提下开展水产品类电商销售，应根据实际情况灵活地复制和推行该模式，不可生搬硬套。

（二）销售渠道及可选择的平台

水产品类专业合作社可以选择线下和线上两大渠道经销水产品。线下渠道，是传统的经销渠道，主要通过实体店、批发市场等平台进行水产品销售。张德洪阳澄湖大闸蟹的线下渠道主要为实体专卖店。相较于网络购物，实体店符合消费者体验实物的消费心理，顾客现场挑选所喜欢的鲜活大闸蟹，可以大大减少网络购物所带来的售后成本，在服务顾客挑选大闸蟹的过程中也可以拉近与顾客的关系，提高顾客满意度，但不可否认的是实体店运营成本较高，所售水产品的种类、数量受到实体店大小制约。批发市场，是水产品养殖户可以较容易将大批量的水产品销售出去的平台。批发市场价格低于市场零售价且价格不稳定，水产品养殖户是批发市场价格的接受者，在双方交易中处于非常被动的地位，这是线下批发市场不是张德洪阳澄湖大闸蟹主营销售渠道的重要原因之一。此外，合作社还可以与企事业单位签订订购协议，通过水产品直销的方式，缩短流通环节，降低交易成本，提升盈利水平。

线上渠道是互联网发展的产物，据不完全统计，目前水产品线上可选择的平台主要有自营网站、第三方知名平台以及微商三种。有一定经营规模、资金实力且有一定品牌知名度的水产品经营者可以选择自营网站，可以选择以店铺形式入驻天猫、京东等知名第三方平台，也可以两种平台同时经营。相比自营网站，知名第三方平台具有低建设成本、高引流等显著优势，更适合水产品专业合作社发展互联网销售。天猫旗舰店和自营网站，就是张德洪阳澄湖大闸蟹主要的线上渠道，其中天猫旗舰店是重点打造的线上销售平台。而微信营销更适合尚未形成规模的水产养殖个体户，例如尚未真正联合起来的固城湖大闸蟹养殖户大多采用微商渠道，这种销售渠道不仅方便客户群的建立和维护，而且以滚雪球的方式增加目标客户，较之前两种更为灵活、机动。

（三）适当的经营主体

互联网时代水产品类合作社统一销售模式需要适当的经营主体，即水产品专业合作社需要一个有一定公信度的“牵头人”，专业合作社水产品的成功运营需要一个有经济头脑的领导者。该“牵头人”可以是该水产品领域的专业养殖或运销大户，可以是水产业龙头企业，也可以是当地水产业或农业服务部门。张德洪阳澄湖大闸蟹属于专业大户牵头型，由张德洪牵头组织螃蟹专业合作社，在引导养殖户发展生产、进入市场、疏通产销环节等方面发挥了积极的作用。专业大户，也是水产品类合作社统一销售模式最常见的一类经营主体，在互联网时代同样适用。

（四）包装与贮存

水产品类合作社在统一销售模式下需要更专业的产品包装。包装具有保护产品的功能。张德洪阳澄湖大闸蟹一般把大闸蟹包装在加入冰瓶或冰袋的稍厚些泡沫盒内，其中冰瓶或冰袋是螃蟹能够存活和存活时间的决定因素之一，冰瓶或冰袋的数量多少与螃蟹壳软硬程度、运输距离长短密切相关，这种方法具有较好的保温保鲜、减震维护的效果，在短途运输中一定程度上降低了螃蟹死亡率。产品包装也是一个市场营销的过程，具有价值增值的功能。张德洪阳澄湖大闸蟹设计有便携式的产品外包装，包装上印有“张德洪阳澄湖大闸蟹”和统一的产品标识，简约又有质感的包装，展现了一种“低调中的奢华”的产品形象，符合其目标客户群的心理追求，同时也促进了产品的价值增值，这种价值增值能够在产品价格中有所体现，尤其是不同类型的礼盒装产品。

水产品类合作社在统一销售模式下有更强大的贮存能力。阳澄湖大闸蟹行业协会统一规定阳澄湖大闸蟹在每年 9 月初上市，一般情况下大闸蟹只能卖到 12 月上旬。如何将大闸蟹存活期延长至元旦和春节呢？立冬之后张德洪将在螃蟹旺季时期收购的公蟹和母蟹分在养殖基地的暂养池里进行储存，避免了由公母蟹交配导致的公蟹死亡、母蟹质量下降的威胁，并且成功地延长了阳澄湖大闸蟹的销售期，而在这个过程中专业合作社提供了贮存螃蟹所需的足够规模的养殖基地，使得螃蟹贮存成为可能。

（五）物流配送

线下配送，主要是以传统实体店为主。张德洪阳澄湖大闸蟹组建有专门的快速配送团队，通过自建物流方式将每天刚“起水”的大闸蟹配送至各个实体店，从而保证了大闸蟹的鲜活度、美味度、营养度。

线上配送，张德洪阳澄湖大闸蟹秉承轻资产原则，通过强强联合，采取与第三方物流如顺丰、高铁、天猫生鲜和京东物流等合作的方式，借用更加专业人力、物力来共同完成大闸蟹的冷链配送①。线下自建物流的形式成本较高，但可以灵活控制，而与第三方物流强强联合这种物流配送方式成本优势较为显著，随着联合双发合作的深入，物流配送的效率将逐步提高，因此后者与第三方物流强强联合这种物流配送方式发展潜力较大，有望超越前者。

（六）成功的关键

1. 产品标准化

水产品类合作社统一销售模式，促进生产端的转型，破解水产品入市之难题。张德洪阳澄湖大闸蟹专业合作社模式是倒逼传统螃蟹产业转型的重要动力之源。太平蟹业专业合作社，承接了与市场对接的功能，其掌握着一手市场行情和市场资源，能够根据市场发展趋势在合作社范围内推广和运用生产方式、高效的生产技术。统一销售要求合作社范围内进行标准化，生产出标准化的产品，在水产品市场进行交易。

① 中国电子商务研究中心：“顺丰、京东、天猫‘混战’大闸蟹冷链物流”，2017 年 9 月 30 日。

2. 品牌建设与维护

品牌和原产地标识，在一定程度上可以将合作社经营的水产品与其他同类产品区别开来，帮助消费者进行产品识别。张德洪本人具有非常强的品牌意识，十分注重合作社大闸蟹品牌建设和品牌维护。合作社所生产及销售的大闸蟹不仅具有统一的产品标识，而且张德洪牌阳澄湖大闸蟹已经在6个国家注册了商标，使用同一品牌进行销售。2010年螃蟹市场价同比增长50%以上甚至达到100%，合作社的期货螃蟹就这样被套牢了。在这种情况下合作社选择牺牲销售的利益，按照期货螃蟹券规格按时、保质、保量敞开向市场供应大闸蟹。张德洪表示“这是一种诚信”，“必须无条件给客户提货”。太平蟹业专业合作社期货螃蟹尽管在2010年销售中输了价格，但却保住了品牌声誉，消费者也更加认可他们的期货螃蟹。

3. 成功的市场营销

市场营销的成功是提高水产品市场竞争力的关键。张德洪阳澄湖大闸蟹的市场营销是有目的、有目标的营销行为，他以杭州、北京及上海为主要销售市场，以杭州为重点销售市场，产品面向中高端客户群，进行针对性的营销。灵活运用市场营销策略，是张德洪阳澄湖大闸蟹能够畅销的重要原因之一。张德洪较早地将螃蟹券、期货螃蟹、自动售蟹机等新兴销售方式引入阳澄湖大闸蟹的销售环节，充分利用媒体的宣传功能，达到了较好的营销效果。通过营销策略的灵活运用，在提高张德洪阳澄湖大闸蟹知名度、美誉度的同时，也增强了产品的市场竞争力，促进养殖户持续增收。

4. 线上线下双渠道齐头并进

线下销售有条不紊。张德洪是靠一家17平方米的实体小店发家致富的。依靠专业合作社的组建和壮大，张德洪阳澄湖大闸蟹专卖店从原先的1家扩展到59家，服务范围从杭州扩展到整个江浙沪，这第一家大闸蟹专卖店到现在都是张德洪阳澄湖大闸蟹专卖店杭州总店。线上销售后来者居上。21世纪网络购物的兴起，预示着线下实体不再是唯一的销售渠道。受大单消费减少、实体运营成本增加以及互联网销售冲击等影响，太平蟹业专业合作社主动拥抱互联网和“网红”直播销售。张德洪将原来的59家线下专卖店缩减为现在的28家，搭建了自营网站和天猫店铺，组建了网络销售团队，投资100万元建设大闸蟹配送中心。2017年合作社将占有阳澄湖70%水域养殖面积的张德洪大闸蟹，与天猫进行专供战略合作，期望借助天猫平台将区域品牌大闸蟹发展成全国品牌。拥抱互联网是行业发展趋势，也是市场客观需求①，线上销售成为太平蟹业专业合作社未来发展布局的重心。

此外，专业合作社在申请政府扶持服务和项目资金，获得各类专业培训和商业资源，以及吸引农技人员和管理人员等方面也具有比较优势。

（七）制约因素

水产品类合作社统一销售模式的成功，并不是一蹴而就的。该模式的劣势主要表现在水产品标准化难度大、组织成本偏高、网络低价的冲击等方面。

1. 水产品标准化难度大

水产品标准化程度直接关系到专业合作社水产品的统一销售环节。尽管由合作社统一购置种苗、饲料等生产资料，养殖全程提供专业技术指导，但是在实际操作中水产品养殖还是很难做到标准化生产，究其根本在于专业合作社内养殖户的异质性。养殖户的文化程度差异可能会导致知识、信息的理解和接收程度不同。每位养殖户本身在水产品养殖方法和技术上各有千秋，即使统一科学养殖方法和技术，也可能存在养殖户操作不达标或“添油加醋”的情况。全程质量监控体系，在一定程度上可以监控个体异质性对生产标准化的影响，但并不能从根本上解决问题。张德洪阳澄湖大闸蟹通过社员租赁湖面，然后交由合作社统一负责养殖大闸蟹的方式，实现了生产标准化，是减少养殖户异质性的一种有效方式，但也是一种高成本的生产方式，需要额外支付养殖人工费用。

2. 组织成本偏高

专业合作社所花费的组织成本能否低于所节约的交易成本，是关乎专业合作社模式能否推行和发展的关键因素。“搭便车”问题、投资组合问题、视野问题、控制问题以及影响成本问题这五大类问题的存在，就决定了专业合作社的高组织成本。生产规模和成员数量及个体异质性，是影响专业合作社组织成本的主要因素。若社员都只是小规模的养殖户且投资能力较弱，那么组成一个同等规模的专业合作社则需要协调数量更多的社员，组织成本自然就增大了。而由于社员养殖规模、养殖经验、资金情况、认知水平等方面的异质性，会导致不同社员对合作社的需求和期望值不同，从而影响社员参与合作社事务的意愿，增大了沟通难度和协调成本。例如，太平蟹业专业合作社成立之初由于张德洪在村民间的信誉较低，仅成功说服了 15 户村民加入社，可见当时组建合作社的协调难度之大。专业合作社成立之后，在养殖、销售等各方面都需要投入大量的建设资金。资金

① 中青在线：《从怒砸电脑到主动拥抱互联网，大闸蟹合作社十年迈出一步》，2017 年 7 月 31 日。

不足是我国农产品专业合作社发展的最大难题。

3. 网络低价的冲击

鲜活农产品价格主要由市场供给和需求的均衡决定，替代品价格影响现有农产品定价。若替代品比现有产品有更高的性价比，且消费者有较低的转移壁垒，那么消费者将减少现有产品的需求增加替代品的需求，该替代品就会对现有产品的销售构成冲击。除了面临同类阳澄湖大闸蟹、固城湖大闸蟹、洪泽湖大闸蟹等众多替代品的竞争压力之外，互联网时代张德洪阳澄湖大闸蟹水产品还面临着网络低价的冲击。网络销售进入门槛低，且没有实体店费用支出，节约了更多的交易成本。又因网络销售的虚拟性，消费者无法在交易前接触到真实的产品，实际上增加了消费者与产品间的信息不对称，这也为那些替代品以次充好、低价倾销提供了可能，从而对专业合作社经营阳澄湖大闸蟹构成挤出威胁，盈利空间和盈利水平遭受较大冲击。

四、结论与启示

我国是水产品生产大国和重要的水产品出口国。但相比于发达国家，我国的水产品的信息化和现代化程度偏低，水产品仍以一家一户的中小型养殖户为主导，凭借养殖户经验进行养殖，存在水产品非标准化、以次充好、价格恶性竞争等突出问题。随着生鲜电商的快速发展，探究互联网时代“生鲜三品”之一的水产品的成功经营模式显得十分迫切。自 2007 年《中华人民共和国农民专业合作社法》颁布实施以来，我国水产品专业合作社数量出现井喷式增长。关于中国水产品专业合作社的现实作用，虽然学界褒贬不一，但不得不承认的是有部分水产品专业合作社存活了下来并在促进小农户增产增收方面发挥了积极的作用，张德洪牵头创办的太平蟹业专业合作社就是一个典型。张德洪阳澄湖大闸蟹的案例表明：互联网时代，水产品类合作社统一销售模式是可行的。该模式下专业合作社具有质量严格把关、注重品牌建设与维护、线上线下双渠道齐头并进，合理利益分配的特点。能否有效发挥引擎效应、规模效应和财富效应，是决定该模式能否成功的关键。该模式有一定的适用范围且需要适当的经营主体，但也难以避免地存在产品标准化难度大、组织成本高、受网络低价冲击等制约因素，攻克这些难题将是一个“漫长而又曲折”的过程，需要养殖户、合作社、政府及社会各界的共同努力。张德洪阳澄湖大闸蟹的成功模式，为互联网时期水产品的经营和水产业的发展提供了以下启示：

（一）鼓励合作经营

鼓励中小型养殖户形成以专业合作社为代表的各种组织形式的经济联合，从一家一户小规模发展为规模化、现代化经营，共同推进水产品养殖、捕捞、加工和销售等产业链各环节的综合发展。这要求政府及相关部门，加大对养殖户关于合作经营的宣传和培训的力度，将规模化养殖、科学化生产、现代化营销等理念灌输给养殖户。此外，在优惠政策和项目资金等方面也应该向以水产品合作社为代表的养殖户联合组织予以倾斜和扶持。

（二）充分利用好互联网

互联网时代以水产品为代表的鲜活农产品运销再造，应该是一个系统工程，既包括增加电商后农产品运销商业生态系统的再造，也包括该系统中每个成员营销理念和实践的再造。这要求互联网时代政府为水产品发展营造出良好的市场环境，建议政府有关部门通过学习班到电商企业考察、座谈讨论等学习方式了解互联网经济，运用“互联网思维”进行政府决策。另外，政府应当意识到运用“互联网思维”并不是“唯互联网”，互联网只是提高水产品运销效率的途径之一，线下销售仍在水产品运销中占据重要地位。

（三）基于地域品牌打造地域子品牌

品牌影响力不可估量。品牌地域品牌，作为一种公共物品和无形资源为区域所共享，是区域产品核心竞争力的升华。在地域品牌基础上，打造地域子品牌，如张德洪在“阳澄湖大闸蟹”这个地域品牌基础上打造了张德洪阳澄湖大闸蟹这个子品牌，在高品质的大闸蟹和适当的品牌宣传推广的基础上，达到了相比于地域品牌消费者更认可张德洪阳澄湖大闸蟹的地步，成功升级为阳澄湖大闸蟹的龙头老大。据此，应整合水产业资源要素，明确区域水产品品牌定位，提高品牌美誉度与知名度，强化水产品经营者品牌意识，鼓励和支持区域水产品品牌和子品牌的发展。

第十一章　盱眙龙虾的红色风暴

一、引言

入夏时节，整个城市被潮湿而又燥热的气氛所笼罩，人们大汗淋漓地奔波在城市之间，空气并没有因此泛起一丝涟漪。然而随着夜幕的降临，习习的微风中逐渐弥漫起了麻辣鲜香、蒜蓉喷鼻的香味，在城市的大街小巷，霓虹灯上闪烁着“盱眙龙虾”的字样，忙碌了一天的人们暂时放下身心的疲惫，与三五友人一起把酒言欢，品味着独属于夏天的美味龙虾。不远处的一座小城里，欢闹的盛大音乐现场与龙虾肥美的汁水相映成趣，五湖四海的食客欢聚在此，观看着世界各地的厨师展示精美高超的厨艺，35 吨龙虾销售一空，与人们一起度过长达一个月的美好夏日夜晚。

盱眙的发展是有目共睹的，而盱眙龙虾的美味也是让人无法忘却的味觉体验。2013 年习总书记就曾在与江苏代表团的亲切谈话中对盱眙龙虾赞赏有加，他说道：“淮安人杰地灵，是周总理的家乡，建设好有特别的意义；淮安的盱眙龙虾，味道非常好。”2016 年江苏省委书记李强也曾来到盱眙，对盱眙通过打造龙虾特色产业促进农民增收带动更多产业发展给予肯定，并强调盱眙龙虾应当通过延长产业链、增加附加值、打响特色牌来实现农业生产效益的最大化。盱眙龙虾节从 2000 年至今，已经开展了十八届，国际龙虾节的盛况不断扩大，也因此衍生出了水上婚礼、诗词大赛、万人龙虾宴、厨师大比拼等众多活动，人们为了一个共同的喜好聚集一堂，享受着亲人和友人间的热闹气氛。然而这样热烈的气氛和喧闹的氛围却会随着龙虾节的闭幕而戛然而止，整个城市也会在一夜之间恢复往日的宁静，大街小巷留存的活动海报时时勾起人们的回忆，昔日热闹的场景一次次重现在盱眙人的脑海中。如何才能将这样盛大的场景和对游客的吸引持续不断地延伸下去呢？如何才能吸引国内外投资力量不断汇聚到盱眙呢？如何才能让大家不仅品尝到美味的龙虾更能感受到养殖的快乐呢？盱眙龙虾协会的会长及产业局的相关负责人不禁陷入了深深的思考……

二、一只龙虾刮起的风暴

（一）北纬33度的中国迎来“不速之客”

七八十年前，腥风血雨席卷中国，成为万千国人的惨痛回忆，龙虾作为这场战争中的“不速之客”来到中国。一开始，由于其特殊的生物特征，仅能生存在河沟、池塘等淡水环境中，成为鱼类的美味食物。但北纬33度——长江、尼罗河、幼发拉底河、密西西比河均在这一纬度线入海，山脉最高峰（珠穆朗玛峰）和海底最深处（马里亚纳海沟）也在此藏身，这一特殊纬度线上的盱眙人发现了龙虾数量极速增长，并对其营养价值和生物特性进行了评估。从此，龙虾作为一道鲜味甘香、绵柔入口的营养美食逐渐走向餐桌。目前，盱眙龙虾产业年直接收入超过70亿元，带动相关产业收入30亿元，已形成百亿级产业规模。

（二）有滋有味的休闲生活

盱眙龙虾以其外红内白、个大体满、肉鲜黄肥、鲜嫩爽弹、营养丰富、源产追溯、健康安全等特征，并具有易于消化吸收、补肾、壮阳、滋阴、健胃、美白等功效，已成为炎热夏季餐桌上不可或缺的消暑圣品。而在夏季之外，人们也期望能够追随美食来到盱眙当地，一睹产地的独特风土情怀并品尝原汁原味的盱眙龙虾。在这里，人们希望四季都能体验到田间道旁的清新空气，看到龙虾养殖的奇妙过程，感受到安全无污染的生态环境，经历一场独具特色的美食之旅。盱眙就是在此概念上，以龙虾为依托，发展起一个相对独立于市区，立足于本区域自身鲜明的产业基础、独特的文化内涵，并衍生出休闲度假、旅游、娱乐等功能，同时兼备一定社区功能，引导人们四季都能体验独特的龙虾生活。

（三）生产者的工匠精神

很难说是龙虾选择了盱眙还是盱眙人选择了龙虾。目前，盱眙县已有10万人从事龙虾捕捞、收购、贩运、加工、烹饪等工作，平均每8人中就有1人从事相关工作，农民人均纯收入1/5来自龙虾产业。盱眙人对龙虾的感情处处体现着工匠精神的执着和热爱，通过优选亲虾、数字培育、标准化的管理和科技孵化工厂，培育出了一批又一批个大、肉实、壳薄、腹白，含肉率70%以上，蛋白质含量18.9%，脂肪含量不到0.2%的高质量标准龙虾。这种工匠精神不仅体现在智能化繁育过程，还体现在对生态环境的珍惜上，通过使用生态水草：伊乐藻、黑藻、浮萍、水花生等分类复合等距栽插，覆盖率占水面50%以上，并定质、定量、定点、定时投喂新鲜南瓜、豆饼、螺蚌肉、鲜鱼等蛋白质含量30%以上的新鲜饵料，养殖全程不使用化学肥料、化学农药及激素，生产出生态、优质龙虾。盱眙人的工匠精神还体现在对龙虾品质的执着上，经过捕捞初次大小筛选、收集二次雌雄筛选、称重三次大小筛选、分装四次鲜活筛选、质检五次抽样筛选、厨房六次鲜活筛选六道筛选工序，最终才能出现在全国甚至世界各地的餐桌上。盱眙人的工匠精神不仅体现在对龙虾生产的严格把控上，更体现在日复一日的持之以恒上，但如何才能将这样的工匠精神发挥到极致并对养殖户的收入和市场竞争力有所提高，这也是盱眙龙虾今后所要面对的问题。

三、一段曲折的前进旅程

（一）辉煌的成就

十多年前，盱眙县面临着工业基础薄弱、农业生产相对落后的惨淡形势，不少农户长期忍受着贫困的束缚，而整个县也时常被冠以“江苏省省级贫困县”的名号。但随着20世纪90年代一道“十三香龙虾”开始风靡于江淮一带，这道既具有淮扬菜系的“甜鲜”，又具有川湘菜系的“麻辣”美食，逐渐被人们所广泛熟知，并且被亲切地称作“盱眙龙虾”。也正是这只小龙虾，见证了一个时代的财富奇迹。

如果说盱眙龙虾对于外地人来说是一个知晓盱眙、前往盱眙的桥梁的话，那么盱眙龙虾对于盱眙人来说，则是带来财富和增收的吉祥物。截至目前，全县养殖面积已经达到21万亩，年均龙虾产量达到约6万吨，年交易量超过10万吨，盱眙龙虾品牌的发展也已经取得了有目共睹的成就。2003年，盱眙龙虾通过“国家绿色食品认证”，2004年获得“中国第一例动物类证明商标”，2006年获得“中国名牌农产品”“江苏省著名商标”“江苏省名牌产品”“江苏省质量信用产品”等称号，2008年获得“中国名菜”“中国龙虾之都”称号，2009年获得“中国驰名商标”“中国地理标志保护产品”，2013年获得“我最喜欢的江苏商标”称号，2014年获得“江苏省农产品和地理标志产品20强”荣誉称号，2016年获得“江苏省最具竞争力的地理标志产品”紫金奖。这些荣誉的背后是盱眙人的不断努力和对品牌的不断创新提升，也正是有了这些辉煌的成就，才成为了龙虾特色小镇建立的稳定基础。

（二）转型中的束缚和困境

盱眙龙虾光鲜的荣誉背后也曾面对过几次重大的坎坷和波折。2004年7月28日，中央电视台批评当地政府“斥巨资搞摊派”“办节求虚名”等问题，直指盱眙龙虾节背后的运行机制，这引起了当地民众的一些反思和质疑，一度成为龙虾节举办的现实阻碍。但盱眙县长及相关负责人在安抚民众情绪后顶住压力，通过招商引资，减轻财政负担，坚持将龙虾节活动办下去。后来又与地方大众媒体合办龙虾节，并举办高层论坛，邀请各地行业专家学者对龙虾养殖问题和地方经济发展给予专业指导。而后，龙虾节从最初的盱眙县，拓展到了省会城市南京，再后来进军长三角地区，再南下深圳、北上北京，直至走出国门。形成了盱眙、南京、上海、浙江、北京、深圳“六地联办”，以及中国、澳大利亚、新西兰、瑞典“四国联动举办”的态势。

2010 年，全国又有 6 位市民在食用小龙虾后引起食物中毒，出现腰酸背痛的症状，就医后诊断为肌肉溶解症，这一事件在当时引起了极大恐慌，人们开始对盱眙龙虾的品质产生怀疑，甚至一度引起了拒食小龙虾的现象。龙虾协会迅速作出回应，不仅在经济上对伤病者实施了补偿，还与保险机构成立了专门的保险机制，协议约定如果因为食用小龙虾而造成食物中毒，将会获得保险金额 40 万元，这在一定程度上安抚了受害者的情绪，并且向大众提供了食品安全保障，小龙虾再次成为热门的“网红”美食。

然而目前盱眙龙虾品牌面临的最大问题就是品牌造假。早在 2004 年，盱眙龙虾就已成为中国第一例动物类证明商标，受到我国法律的保护。商标侵权是指在相同或相似商品上使用与其注册商标相同或近似的商标，或者其他干涉、妨碍商标权人使用其注册商标，损害商标权人合法权益的行为。侵权人通常需承担停止侵权的责任，明知或应知是侵权的行为人还要承担赔偿的责任，情节严重的，还要承担刑事责任。但在现实生活中，盱眙龙虾遭受过店招、牌匾、宣传海报、装饰、菜单、包装甚至票据等不同形式的侵权行为。盱眙龙虾曾与徐州市、南京市等侵权商家打过官司，有胜有败，但并未从根本上解决问题。对此，盱眙龙虾协会积极解决问题，对“盱眙龙虾”实行品牌加盟制度。餐饮企业、龙虾养殖及龙虾（调料）经营批发企业、加工企业（含龙虾调料）及电商企业均可加盟，盱眙龙虾协会则对不同的加盟企业收取不同的费用，并实行统一有效的管理。而对于已加盟的会员，协会则会提供一定的服务，如免费培训 1 ~ 2 名厨师，优先提供虾源、速冻虾源半成品和成品，组织优秀的餐饮负责人带厨师异地交流，通过维权限制本地区授权店数，控制在 30 ~ 50 家，每年优先不定期组织大型展销会、培训班等。一方面规范了市场上良莠不齐的“盱眙龙虾”店，让人们吃得放心、安心，另一方面也增加了行业协会的收入，增加当地的知名度和效益。

（三）涅槃重生

在群雄逐鹿的龙虾市场，各路豪杰各自为战，并没有建立统一的标准、固定的行业规则，仍然是一个年轻的产业，而盱眙龙虾作为著名品牌已经在龙虾市场占有一席之地，在面对不断出现的危机时，盱眙龙虾也以其强大的品牌力量不断突破了困境和束缚，走向了更远的发展道路。

盱眙龙虾小镇作为全国唯一的龙虾小镇，期望以其独有的品牌优势、雄厚的资源条件和丰富的经验制定行业规则，为所有产业链上的商家和客户提供最完善和贴心的服务，最终实现“既在盱眙，又建在全中国”的目标。为此，一方面要管理好消费终端，另一方面还要依托龙虾小镇，建立全国性的交易市场，加大整体产量，同时推进龙虾指数等行业标准的建立，把控全国龙虾整体产量和质量。

小镇将积极与上下游产业互动结合，让小龙虾回归文化，使龙虾小镇在产业链里可以不断向一产、二产、三产延伸，实现从线上到线下、从旗舰店到田间地头的整体发展。龙虾小镇的定位主要由四个部分组成，第一部分是以龙虾带动旅游产业，结合龙虾养殖，让游客参与到生产制造的全过程，真正了解龙虾的生活环境、生态条件，既能享受游玩乐趣也能放心品尝美味。第二部分是以研发为主的产业循环，不仅涉及龙虾的专业养殖、品种的培育，还包括后期对龙虾质量的检测检疫。第三部分是建立冷链物流中心，形成全国各地，乃至全球各国的集散中心。通过集散中心反馈更多更准确的数据和信息，通过大数据来反哺特色小镇建设。第四部分是建立龙虾交易所，统一龙虾的质量，并建立龙虾基地，辐射全国。

四、结论与启示

（一）品牌治理问题

盱眙龙虾的成功最先体现在龙虾的质量和品质上。质量和品质是盱眙龙虾存在并成为享誉世界知名品牌的生命，是品牌形成的根本。盱眙龙虾为保证产品品质和持续发展，建立了龙虾质量标准体系，对小龙虾的养殖作了明确的质量规定，并对龙虾养殖技术制定了详细的规程作为对养殖户的技术指导，因此并不是所有的龙虾都可以叫盱眙龙虾，盱眙龙虾有着高质量标准和特色，只有达到一定标准的龙虾才能拥有此品牌。

由于盱眙龙虾作为农产品地理标志，属于区域性农产品公共品牌。在品牌利用上，本区域内所有养殖户都能利用，这就会造成公共品牌的滥用问题。因为不同养殖户之间的投入和养殖标准不同，龙虾养殖的质量不同，高质量龙虾投入高，低质量龙虾投入也低。由于公共品牌所有养殖户都可以利用，消费者对盱眙龙虾品牌的偏好一致，在龙虾市场上具有相同的价格，反映到养殖户上就会具有相同的报酬，对于理性的养殖户来说，高质量养殖户就会减少要素的投入，因此会造成市场上充斥着大量低质量龙虾，最后劣币驱逐良币，造成整个品牌的美誉度的下降和顾客忠诚度的降低，品牌被滥用最终会退出市场。

因而，盱眙龙虾必须通过不断的品牌治理才能维护品牌形象，从而保证消费者在购买盱眙龙虾时享受到应有的品质和服务，进而保证品牌的声誉和影响力。目前，盱眙龙虾采取的品牌治理措施主要有多部门联合管理，品牌打假维权和会员加盟制度等。

1. 多部门联合管理

在品牌的管理模式上，盱眙龙虾主要由地方政府主导，形成了以江苏省盱眙龙虾协会、江苏龙虾产业发展局和江苏省龙虾产业发展股份有限公司共同经营和管理的形式。龙虾协会负责统筹监管，产业发展局负责项目实施和解决重大问题，发展公司负责品牌的开发和运营，不同部门负责品牌管理的不同部分，共同完成品牌的治理和维护。

具体来说，江苏省盱眙龙虾协会拥有“盱眙龙虾”证明商标专用权，并经盱眙县人民政府授权，对盱眙龙虾产业进行规划、指导，独立运作盱眙龙虾品牌，具体承办中国龙虾节相关活动。江苏龙虾产业发展局则是由县委县政府成立的正科级事业单位，主要研究盱眙龙虾产业发展的方向、路径和政策；制定盱眙龙虾产业近期、中期、长期发展规划；协调龙虾产业发展过程中涉及的重大问题；具体运作盱眙龙虾品牌；规划并实施产业发展过程中的重大项目；开发推广盱眙龙虾产业实用、先进的前沿技术。江苏盱眙龙虾产业发展股份有限公司是经盱眙县人民政府批准成立的，由江苏省盱眙龙虾协会与盱眙水利资产投资有限公司共同出资3000万元组建的股份有限公司，是“盱眙龙虾”品牌的授权使用单位。公司是以盱眙龙虾品牌开发、盱眙龙虾产业综合技术研发为主要业务，通过市场运作壮大盱眙龙虾品牌、实现产业规模扩大的大型股份制企业。公司将努力打造集科研、育苗、养殖、捕捞、深加工、调料和饲料生产、物流配送、餐饮终端和循环经济为一体的盱眙龙虾产业品牌。

2. 品牌打假维权

为维护龙虾品牌，盱眙赴各地开展打假维权工作，维护盱眙龙虾的产品形象，防止仿冒产品扰乱市场的侵权行为。对于扰乱市场的侵权行为，盱眙将通过法律途径进行维权，起诉侵权行为人。为加强盱眙龙虾品牌在网络订餐平台上的管理，开展网络订餐平台违规使用“盱眙龙虾”品牌专项整治活动。为规范“盱眙龙虾”证明商标的使用，全面清理未经授权、擅自印制以及不符合江苏省盱眙龙虾协会要求印有“盱眙龙虾”商标字样的包装物，引导企业遵守相关法律法规及商标管理制度，促进行业规范、健康发展。

为了强化对品牌的管理，维护盱眙龙虾的声誉，盱眙龙虾还将建立一套完整的品牌治理体系，并由政府出台相应的政策和制度，规范龙虾产业的发展。同时盱眙成立龙虾协会，以协会为抓手，来加强对盱眙龙虾的管理，龙虾协会将顺应社团改革的新形势，优化龙虾协会运行体系，充分发挥好龙虾协会组织协调和桥梁纽带作用，维护并提升加盟企业和消费者对“盱眙龙虾”的忠诚度和信任度，保持品牌的生命力。

3. 会员加盟制度

由于独特的品质和加工工艺，在消费者初次体验后，对其做出较高的声誉评价，形成了消费者对盱眙龙虾的理性判断和选择，消费者在以后的购买中会基于产品的质量和品质做出重复购买的行为，通过消费者的心口相传便形成了一定的口碑，从而建立了盱眙龙虾较高的声誉，这就形成了盱眙龙虾的品牌，在市场中消费者也表现出了对盱眙龙虾较强的忠诚度，促进了龙虾产业的良性发展。

盱眙龙虾主要采用的是会员加盟制度来实现品牌的治理和控制，并扩大品牌的经营范围，从开始到后期运营企业特聘专家全程跟踪指导，努力做到整店输出，并提供单店培训指南、单店营销指南、外卖策划指南等多本定制手册。对加盟的会员也提供高质量的服务，如一店一授权，每店免费培训厨师 1 ~ 2 名；优先提供虾源、速冻虾源半成品和成品；优先提供各种口味调料；组织优秀的餐饮店餐饮店负责人带厨师异地交流；优先不定期组织大型展销会、培训班等。

盱眙龙虾品牌对会员加盟管理品牌的主要治理策略有：专家指导，总部亲派专家驻点指导，实地现场帮助会员在顺利度过试营业期，解决加盟初期的一切经营问题；技术指导，盱眙龙虾创业学院为加盟商提供龙虾烹饪技术培训，保证加盟商在零基础的情况下也能顺利达到盱眙龙虾的烹饪标准；市场运营，由盱眙龙虾协会全程服务，跟踪指导，与注册会员在提高市场竞争力方面一同努力；物流配送，所有物流费用均由总部承担，直接配送到加盟商当地。盱眙龙虾提供的加盟方式也多种多样，分为直营店、加盟店、二级品牌店（子品牌）等，可以满足不同行政区域和不同加盟会员的资金需求，在一定程度上降低了加盟的门槛，也保证了品牌的正规化。

（二）龙虾品牌带动三产融合发展问题

盱眙龙虾小镇的建立，主要是想依托于传统的龙虾产业，带动第二、第三产业的共同发展，进而反哺第一产业，从而全面实现三产融合，达到一种共赢的产业新格局。从具体方面来讲，其实现的具体路径如下：

1. 扩展农产品生产方式，实现种养结合

“一田两种、一水两用”是盱眙率先尝试虾稻共作养殖的一种创新模式，稻田里养龙虾是一种产业复合、种养结合的形式：龙虾可以为稻田“除草、松土、增肥”，小龙虾可以吃掉田中耗费肥料的杂草和水生生物，但不吃稻秧，节省了除草劳动力。小龙虾在稻田里不停爬动、寻食，不仅能协助稻田松土、活水、通气，同时排出少量粪便，对土地起到增肥效果；稻为虾“供饵、遮阴、避害”，这样的协作可谓相得益彰。在小龙虾生长过程中，不用化学肥料、农药，最终到达绿色种植、生态养殖的效果。这样产出的米更香甜、品质更安全，虾更洁净、肉质更美味。

一只虾带动一片稻，“虾稻共生”形式可实现亩产优质龙虾 100 公斤、生态稻米 400 公斤，亩均多增加收益 3000 元以上。目前，全县虾稻共建的种养面积已突破 13 万亩，涌现出小河农业、碧绿园等多个 500 亩以上连片虾稻综合种养基地。虾稻共建养殖模式的开展也为全县 5000 多名农民找到了创业致富之路，农民增加相关收入超过 4 亿元。“虾稻共作”开启了全国龙虾养殖新模式，而“盱眙模式”作为稻渔综合种养的模板在全省推广，并得到国家农业部调研组的积极评价。

2. 建立服务终端平台，全面实现三产融合

盱眙龙虾品牌的经营理念是“一个品牌带起一座城”，并期望通过不断的努力达到“千城万店”“产业并行”。在短期内，盱眙龙虾品牌在南京设立江北新区旗舰店作为品牌店的标杆，充分展示“盱眙 + 淮安”的文化，并且满足消费者体验正宗盱眙龙虾的需求，其目标是做到淡水类快消餐饮第一，在长远发展中具有可复制和成长性的特征。从长期来看，盱眙龙虾希望做到“千城万店”，按行政区划在 34 个省级行政区、333 个地级行政区和 2856 个县级行政区扩展直营连锁店。同时促进一、二、三产业链的融合发展，一产养殖扩面：促进生虾交易市场的完善和扩大；二产加工建厂：运用先进的科技水平，完成鲜虾速冻半成品和调料包的生产加工；三产品牌强化：稳定抢占市场终端，并且加强当地文化和特色旅游业的发展，提升品牌价值，实现“一个品牌带起一座城”的品牌理念。

第十二章　科尔沁牛的转型升级

畜牧业作为我国农业的领头产业和国民经济的支柱产业，在增加农民收入、促进国民经济稳定发展、推进农业现代化进程等方面有着十分重要的意义。随着我国社会经济的快速发展，居民的生活水平普遍提高，对生活质量也越来越重视。针对国内消费者而言，在对食品的要求上不仅注重其是否营养，是否有较高的质量，而且更关注其是否是无污染、低脂肪、低热量的保健食品。在此背景下，科尔沁牛如何依靠农产品品牌建设，成功打造中国牛业第一品牌？这对其他类型农产品生产与销售企业的产品开发、品牌塑造、公司核心竞争力培育以及行业地位巩固等问题都具有极其重要的意义。

一、科尔沁牛概况

（一）科尔沁牛业股份有限公司基本情况

科尔沁草原，沿用古代蒙古族部落名称命名，蒙古语意为“神箭手”，是理想的天然牧场之一。科尔沁牛因主产于此地而得名。科尔沁牛由瑞士西门塔尔公牛与本地黄牛杂交改良而成，1990 年通过鉴定，并由内蒙古自治区人民政府正式验收命名为“科尔沁牛”，继而荣膺科尔沁牛草原族群这一独特称号。

总部位于通辽市的内蒙古科尔沁牛业股份有限公司，依托科尔沁草原优质的肉牛资源不断发展壮大，自成立以来，公司主要以生产牛肉为主，其主营产品有牛肉、牛肉干、有机牛肉、牛肉礼品盒等。随着公司规模的不断扩大，开始走多元化发展道路，主要以良种肉牛加工为主营业务，带动绿色饲料加工、畜牧产品研制开发并逐步向生物制药等领域延伸，是国内首家有机肉牛和有机牛肉认证企业、国家农牧业产业化龙头企业。

截止到 2013 年底，科尔沁牛业公司总资产为 44277 万元，总人数达到 1000 人以上，月营业收入超过 1 亿元人民币，年出口额 4500 万元人民币。公司总部创建了育肥牛基地、屠宰加工场、草牧场、胚胎移植中心、餐饮连锁公司等下属企业。公司占地面积 50.46 万平方米，建筑面积约 30000 平方米，拥有种植基地和草场 5 万亩，育肥牛年出栏 12000 头。此外，公司引进了当前世界上最先进的屠宰加工设备，严格按照欧盟食品卫生标准建立了牛肉加工生产流水线，并率先使用了一系列的先进技术，形成了年屠宰 200000 头肉牛，年产冷鲜、冷冻肉 40000 吨的生产规模。目前主要市场有：华东地区、华南地区、华中地区、华北地区、西北地区、西南地区、东北地区、港澳台地区、海外市场，目前已经拥有的管理体系认证有：ISO9000、ISO9001、ISO9002、ISO9003、ISO9004、ISO9005、HACCP 认证。

科尔沁牛业股份有限公司于 2016 年加入世界肉类组织，这是我国牛肉企业首次进入这一国际性权威组织，也是目前唯一一家被吸纳的牛肉企业。科尔沁牛业的“科尔沁”品牌是“中国驰名商标”，其产品远销阿联酋、科威特、黎巴嫩、以色列、马来西亚、印度尼西亚、文莱等中东、东南亚国家和地区，是北京奥运会、广州亚运会、亚沙会和羽毛球汤尤杯等重大赛事及港澳地区牛肉特供商。

（二）科尔沁牛主要产品情况

在数量持续增长的同时，质量的提高和品种的多元化正成为肉类发展的方向，消费者选择占主导地位的买方市场已初步形成，并有迅猛发展的势头。然而，由于后续深加工落后，国内肉食初级加工产品多，精深加工产品少，品种单一，品质欠佳。这些情况从侧面反映了我国的肉类市场还没有完全进入成熟期，蕴藏无限发展潜力。为此，科尔沁牛业公司着力开发深加工高附加值产品，改变传统肉类屠宰加工业利润微薄的局面，挖掘产品潜在的竞争力，提升产品的附加值，寻找新的利润增长点。将冷却肉进一步发展成小包装产品，并充分利用加工过程中的分割肉和修割肉，开发出了丁、丝、条、片、肉糜等适于大众消费的新产品。

随着市场消费的升级，科尔沁牛业的产品结构持续转型升级，一方面将大块肉进行精细化分割，形成不同规格的小分量的真空热缩袋装、气调托盒装等小包装产品；另一方面为满足便捷美味的消费需求，持续研发推出调理深加工制品，同时开发了牛肉片、牛柳、牛肉粒等中式家庭调理制品，消费者只需几分钟简单的操作即可吃到美味的牛肉大餐，经过不断的迭代开发，科尔沁现已形成鲜肉类、加工产品类、牛副产品、休闲食品等产品系列（见表 12－1）。

科尔沁牛业公司在全国分布有 9 处销售大区，产品覆盖全国 3000 多家大卖场，400多家专卖店，并在全国形成了以商超卖场、专卖店、便利店、生鲜店、农贸市场、餐饮店、工业客户、进出口贸易、电子商务全渠道的庞大的销售网络，以面向家庭和个人消费者为主要消费群体，从牛肉原料供应商转型为牛肉食品生产销售商，把基本完全依靠 B2B 的业务模式转型为 B2C 为主的商业模式，从民族特色的地域产品拓展到大众休闲的大市场。

表 12－1　科尔沁牛业公司主要产品市场分布

产品类别	产品名称	主要产品市场分布情况
鲜肉类	筋头巴脑、牛腩肉、牛后腿肉、飘香牛小肉、牛肉馅、肥牛卷、牛脊骨、牛肚丝等	线上网店零售、线下火锅店、高级宾馆、大型超市等
休闲食品类	牛板筋、牛肉干、麻辣牛肉、卤汁牛肉、牛肉粒、奶酪等	线上网店零售、线下大型购物广场、大型连锁超市
加工产品类	牛排穿、牛肉肠、牛肉汉堡饼、牛肉丁等	食品加工中心、大型超市等
牛肉礼品盒	有机牛肉、风干牛肉、草原尚品、中国红等	线上网店零售、大型超市、特产专卖店等
牛副产品	牛大肠、牛心、刮骨牛肉、牛红肠等	大型超市、食品加工中心等

二、科尔沁牛的品牌发展历程

据1999年世界粮农组织公布的数据表明，世界牛肉年人均消费水平为39公斤，而中国平均消费水平只有6公斤。并且由于行业的不规范，一些地方私屠滥宰的现象还很严重，一些来源不明的牛肉流入市场，严重损害了消费者的利益，造成了目前我国牛业品牌集中度低，产品质量普遍不够高，食品安全存在隐患，制约牛业的健康发展。

正是在这样的市场环境下，科尔沁牛业应运而生，并在公司成立之初就将“安全可靠”作为公司产品的宗旨和“科尔沁”品牌的内涵，从生产加工各个环节严格把控产品质量，不断升级生产线，增加高科技设备购置和产品研发投入，日积月累地将“科尔沁”打造成中国第一牛肉品牌。

依靠高质量的牛肉产品，科尔沁牛业在2000年8月就被批准可以向香港、澳门提供活牛。2002年7月科尔沁牛业股份有限公司对下属甘旗卡加工厂进行了全新改造，从德国引进了当前世界上最先进屠宰加工设备，严格按照欧盟食品卫生标准对工厂进行了改造，并建立了 HACCP 食品安全质量控制体系。公司率先使用了一系列的先进技术，包括家畜自动跟踪检测系统、心脑麻电系统、自动分级系统、真空自动收集输送系统以及生产全程 PLC 控制系统。形成了年屠宰100000 头肉牛，生产冷鲜、冷冻肉 20000 吨的规模。2002 年 12 月被国家认定为第二批农业产业化国家重点龙头企业。

2003 年 1 月，科尔沁冷鲜牛肉在中国肉博会上被评为最受消费者喜爱的产品，同年公司被国务院、中国人民银行评为“国家扶贫重点龙头企业”。

2003 年 8 月，科尔沁公司通过了 HACCP 食品安全控制体系的第三方认证，HACCP 体系起源于美国，是美国航天食品安全危害控制标准。出口企业拥有第三方 HACCP 体系认证证书，可满足美国食品与药物管理局进口商验证程序中的确认步骤要求，避免繁琐的进口商验证，是目前世界上食品加工企业出口权的最高资格证书。科尔沁牛业获得 HACCP 体系第三方认证证书，表明科尔沁牛业在产品卫生控制方面的标准已达世界先进水平，为产品出口奠定了基础，同时更加坚定了科尔沁牛业打造中国名牌、创世界名牌的信心。

科尔沁牛业生产的牛肉，源于零污染的科尔沁草，是经过符合欧盟标准德国进口设备排酸工艺加工的具有国际品质的排酸牛肉，确保了牛肉安全、健康、质嫩、味美等优点，深受国内外消费者青睐。产品远销中东伊斯兰、日本、马来西亚、中国香港、中国澳门等国家和地区，荣获多项国际贸易认可和国家级认证（公司育肥牛厂被国家确认为国家储备肉活体储备基地，2003 年 11 月在中国肉博会上被评为最受消费者喜爱的产品）。

2004 年，科尔沁牛业公司所生产的牛肉系列产品全面进入香港惠康连锁集团超市，近 20 家大型超市几乎覆盖香港所有区域，完成了对香港牛肉市场的全面占领。公司另外与日本、韩国、马来西亚等国家达成了经常性业务往来，于2005 年底正式与马来西亚签订了出口贸易合同，2006 年 1 月 5 日，科尔沁牛业被国家工商管理总局认证为“中国驰名商标”。这一切的成就都与科尔沁牛业人始终坚持以质量为本、人文为本的企业精神是分不开的，科尔沁牛业入市即志存高远，致力于打造中国牛业第一品牌，世界牛业知名品牌。

2008 年以前，我国的肉牛产业一直得不到快速发展。面对遍地开花的屠宰场以及小作坊式的私屠滥宰、注水注胶，正规的肉牛企业没有价格优势，加上食品安全也没有得到足够重视，因此 90% 的正规肉牛企业挣扎在生存线附近，有的无法坚持下去，最终不得不宣布破产。然而，坚守“食品工业是道德工业”经营理念的科尔沁牛业公司在 2008 年迎来了转机，经过严格的第三方认证，成为北京奥运会牛肉指定供应商。之后，科尔沁牛业公司相继成为 2010 年广州亚运会、2011 年深圳第 26 届世界大学生运动会、2012 年第 3 届亚洲沙滩运动会的牛肉指定供应商，一举奠定了行业龙头的地位。2010 年 8 月，公司经权威的认证机构——中国质量认证中心（CQC）的审核，通过有机肉牛和有机牛肉产品认证，成为中国首家牛肉产品通过有机认证的企业。

科尔沁牛业公司主要定位于优质高档牛肉的生产，为了实现对牛肉制品的精深加工，拓展国际、国内市场，它们按照“大变小、粗变精、生变熟”的方针对整个产品线进行了规划。经过 20 年的品牌建设，科尔沁牛业公司已从“游击战”转为“阵地战”，从卖产品、卖库存转为卖订单，相继推出和研发了生鲜冷冻肉、休闲食品、牛排汉堡等四大系列 300 多种产品。科尔沁牛业公司引进全球最大食品设备制造商——冰岛马里奥公司最先进的牛肉剔骨分割生产线，以及全球最先进的美国希悦尔公司真空包装设备，使肉食品加工拥有了世界上最先进的生产冷鲜牛肉的生产线，达到了世界肉类行业的生产标准。

三、科尔沁牛的品牌经营之道

（一）多维度严把品质

1. 精选良种决定品质之本

科尔沁牛肉之所以优于其他品牌，有很多原因，首先是选种。

为保证消费者能吃到安全健康的产品，科尔沁从肉牛养殖抓起，不断对肉牛进行改良，选择著名的国外优良肉牛品种西门塔尔为父本，以地方蒙古牛、三河牛为母本，培育出了中国第一个肉牛专用品种——中国西门塔尔草原类群。

科尔沁的牛是由原产于瑞士阿尔卑斯山的西门塔尔牛改良而来，这种牛体格大、肌肉多、脂肪少，是优质的肉牛品种。而科尔沁位于中国的肉牛养殖带上，环境十分适合肉牛的生长繁育。有了良好的种牛和饲养环境，并不代表饲养出的肉牛都是优质合格的，科尔沁牛业自建监测站，在屠宰之前对肉牛进行质量检测，并要求抽血检测是否含有瘦肉精。科尔沁牛通过在天然牧场近 18 个月的自然放养，送到专业的育肥牛场进行育肥。专业的育肥牛场通过严格的管理和先进的饲养手段进行育肥，并派出专业人员指导监督饲养工作。不仅如此，为了保证牛肉的口感和品质，科尔沁牛业要求将肉牛放在待宰区观察 12 个小时，确定其处于健康状态才能进行屠宰。

同时，为了保证科尔沁牛肉的绝对优质口感，屠宰好的牛肉还要进行排酸处理，简单讲就是将牛肉挂在恒温定湿的房间里 24 小时，让肉里面的蛋白质分解成氨基酸和水，而一头牛经过排酸处理要花费 1000 多元，但这个过程可以降低肉的酸度，使牛肉的口感更细嫩，可以说科尔沁牛在追求高品质牛肉的过程中不惜成本。

2. 每头牛都有身份证，实现全程可追溯

为确保科尔沁产品安全无公害，科尔沁牛业投入260万元，建立了全程质量跟踪追溯体系。从入厂起，每头科尔沁牛都有自己独一无二的识别标识，其年龄、性别、体重、防疫、饲料等信息均有动态记录。从母牛繁育、肉牛生产、投入品管理、疫病防控等生产管理环节建立了质量监控体系和耳标追溯体系，并在中央处理器的数据库内建立档案；从屠宰加工—熟食品生产—超市—餐桌，全程实行条码标识管理，使每一个环节都能够追溯到产品来源，把食品安全控制到最佳安全点，确保产品质量安全。

在科尔沁养殖场，会给每头牛打上耳标号，记录包括该牛年龄、体重、入场时间、防疫记录、离场时间等信息，这是追溯系统第一次信息数据采集；在科尔沁牛业加工厂的活牛接收处，工作人员依据耳标号，对科尔沁架子牛（即原料牛）进行称重、接收检验检疫等测评工作以及信息二次采集录入。这是追溯系统中第二次信息数据的采集；当完成录入后，便可进入屠宰环节。屠宰前后采集牛胴体对应的活牛耳标号，这是第三次采集追溯数据；经过屠宰及前道处理后的科尔沁牛胴体，被送入排酸间，进行排酸处理，分别各有一次信息采集录入，即第四次和第五次追溯信息的采集录入。

经过马瑞奥（Marel）智能剔骨分割流水线加工处理，牛肉的分割工师、重量、部位、客户、分割要求等，均被自动采集，这构成了第六次追溯信息的采集录入。单独取出任何一个肉块，都可以还原到上一个环节，直至最初的活牛；也可以向下查询到每个客户的订单需求，自此彻底打通、贯穿养殖、生产和销售三大环节。

在国内唯一一条被欧盟卫生部门认可的肉食生产线上，整牛被一次次分割，直至变成肉制品，再经过全程0℃～4℃的冷链运输进入超市，每一个环节都有标准，每一个细节都逃不过监控。在超市里，每一件商品上都标有二维码，手机扫一扫，不仅可以追溯到上一个环节，甚至连最初的活牛、养殖户信息都一目了然。

此外，科尔沁还聘请德国和澳大利亚等国外专家做工厂管理及技术指导，严格推行HACCP产品质量控制体系，强化产品卫生检验与质量保障，严格检疫制度和检疫手段，每一块牛肉在加工过程中都要经过8次严格的检疫。在整个屠宰加工及冷冻储藏过程中均采用PLC控制。利用欧盟研制开发的心脑麻电系统、自动分级系统、真空自动收集输送系统等，配合先进的技术和设备，强化产品卫生检验与质量保障，确保产品做到零缺陷。

一块小小的牛肉有必要添加如此细致的“后台信息”吗？从各方反馈看，丰富的生产管理信息并不是“花瓶”，不同数据在不同终端都发挥了重要作用：在生产端，从活牛的接收、屠宰，到排酸处理，智能化分割剔骨，需要经过 6 道信息采集环节，单独取出任何一块肉，都可以还原到上一个环节，直至最初的活牛，方便了生产管理和质量控制；在销售端，由于追溯体系的搭建，产品的综合竞争力随之提高，为市场拓展带来信任溢价；在消费端，“千里眼”彻底解决了农产品生产信息不透明的问题，让食品安全看得见、摸得着。

3. 技术升级保障最优品质

目前，科尔沁牛业的产品已经覆盖全国大部分地区，基地在内蒙古，市场在全国，运输成为了关键的一环。为了保障产品在运输过程中的安全，保证牛肉在运输途中保持恒温冷藏，科尔沁牛业在每一辆运输车上安装温度检测计，在公司本部实时监控车内温度，以此解决运输过程中的温度风险问题。

为了将“科尔沁牛”打入欧盟市场，早在 2002 年，科尔沁牛业公司就投资 4500 万元进行重点技术改造，从德国引进了具有世界先进水平的、符合欧盟标准的牛（马）屠宰、分割、包装设备，这套设备具有年屠宰 10 万头肉牛（马）、加工冷鲜肉 2 万吨的生产能力，达到了世界肉类行业的生产标准。同时把高科技开发作为企业参与国际竞争的重要环节，集中引进了四大系统，使科尔沁牛业的生产线在总体技术水平上优于发达国家。

2017 年初，凭借在市场终端的出色表现，科尔沁牛业成功入选“2016 中国品牌食材企业”。科尔沁牛业在位于科左中旗花吐古拉一带建设科尔沁牛业产业园区。园区由法国贝尔多公司设计，新增一条年屠宰 10 万头、生产加工 2 万吨冷鲜肉生产线及年产 8000 吨肉制品生产线。从活牛进入、剔骨分割、高架冷库、存储到熟食加工进行整体工业设计。所有物流在输送线上由机器人完成，所有输送部门、仓储、物流、识别部门都实现了智能化、电子化控制，生产线工作量记录全部由计算机控制，所有制冷系统采用德国 GEA 公司成套设备，选用马瑞奥公司的智能化剔骨分割线。

高科技的开发和使用使科尔沁牛业的肉品在国内外占有了一席之地。在短短几年内，科尔沁牛业让内蒙古大草原的绿色牛肉叫响国际市场，安全优质的科尔沁牛肉获得了多项国际贸易认可和国家级有关认证，包括俄罗斯、马来西亚和中东地区伊斯兰国家的出口产品认证以及中国绿色发展中心颁发的绿色食品证书。

（二）全产业链锻造好品质

对于科尔沁牛业来说，无论是追溯体系的深度搭建还是销售渠道的不断拓宽，都是在优质产品的前提下展开的，所有创新举措都为优质牛肉的售卖而服务。目前，科尔沁牛业已经形成饲草种植、天然放牧、科学养殖、生产加工、冷链运输、全渠道销售的“种养加销”垂直一体化全产业链模式。

在饲草种植环节，科尔沁牛业已建起七大种植基地，可实现大规模联合作业，从根源上把控育牛品质，以安全优质的饲草喂养确保牛肉肉质更美、营养价值更高；在养殖环节，只有经过严格检验的科尔沁架子牛才可被接收入场，甚至每头牛都得验血体检，在此基础上，科尔沁牛业还与京东合作在科尔沁草原上建立起专属牧场，为每头牛确定合理的放牧范围，使科尔沁牛得到最优化的成长空间；在生产加工环节，科尔沁牛业引进先进的肉牛屠宰加工生产线以及现代化智能剔骨分割流水线。尤其值得一提的是，科尔沁将“贴体包装”首次引入中国，该包装采用世界领先的“贴体裹膜”技术，通过高压真空技术，在0℃～4℃高阻隔、全密封冷鲜环境下保证牛肉长时间的新鲜品质；在销售环节，科尔沁牛业已在全国建立起9个销售大区，并在北京、上海、广州设有二次分割加工车间。随着企业电商渠道的不断完善，科尔沁牛肉的市场份额有望进一步提升。

依靠合理高效的创新模式运转，科尔沁牛业在全国建有八大种植基地、七大养殖基地、四大加工基地、36家子公司，生产规模达到年屠宰肉牛30万头，生产冷鲜、冷冻肉6万吨。通过全产业链模式，科尔沁牛业成功开创了“全牛”时代，2013年以来，科尔沁牛业积极响应国家“土地流转”和“粮改饲”的号召，企业种植前端团队通过和通辽地区及周边农户签订土地流转合同，租用农户的土地。一方面增加了企业的土地使用面积，拥有了更多可支配生产要素，另一方面通过向农户支付土地租赁费用，保障了农户的基本收入。“土地流转”的农户既可以选择外出务工，也可以选择当地就业，还可以到科尔沁牛业工作，获得工资收入。

与此同时，科尔沁牛业鼓励广大种植农户改变传统种植观念和方式，从种植传统的籽粒玉米作物转为饲用型经济作物青贮玉米，实现价格和亩产的双提升，最终实现增产、增收。科尔沁牛业还与种植农户签订了饲料回购合同，保证了企业原料的稳定来源与农民的经济利益，实现了经济效益和社会效益的“双赢”。

（三）新产品新机制助力企业升级

1. 消费升级助推产品持续升级

产品升级，口感的改善与烹饪方式的改良必不可少。国内牛肉消费比例之所以低，主要原因是牛肉加工起来非常费时间，而且要做出好吃的牛肉，需要手艺。为缓解这一问题，科尔沁牛业推出系列牛肉调理制品，通过排酸、温控等工艺的改善，让牛肉的纤维更加柔软，通过各种腌制品、半成品的开发，降低家庭烹饪难度。其主打的牛排、牛肉肠等产品，甚至只需煎制 3 ~ 5 分钟即可食用，就像煎鸡蛋一样简单方便。同时，科尔沁牛业还研发出中西两种多款不同风格的牛肉系列产品，可以同时满足消费者中式和西式的不同消费习惯。

企业要根据需求侧的喜好与习惯，不断改善产品，提升消费者的消费体验，这次过程中，低廉的价格与产品体系的完善同样重要。目前，中国肉牛产业已经进入深度整合期，未来将是集约化、规模化、产业化的牛业巨头争雄时代。实际上，深度整合的好处不仅体现在食品安全风险可控上，还体现在生产成本上。

在科尔沁牛业的生产车间，牛肉自动化剔骨、智能修割、分级包装三条国际先进的肉牛生产线十分亮眼。以牛肉自动化剔骨生产线为例，这条流水线采用吊挂分段式剔骨工艺，突破了传统的案台式剔骨和轨道式剔骨的局限性，把“庖丁解牛”的全套技艺分解和再造，把过去完全依靠个人技能的剔骨过程流程化、标准化，用团队合作替代了个人全能，生产效率比过去提高了 50% 以上。正是得益于如此规模化的饲草种植、肉牛养殖以及全自动的加工生产线，企业的生产成本有了大幅下探的空间，甚至可以做到促销时低至 9.9 元的产品，产品质量也不打折。

随着市场消费的不断升级，科尔沁牛业的产品结构也在持续转型升级。一方面，科尔沁牛业将大块肉进行精细化分割，形成不同规格的小分量的真空热缩袋装、气调托盒装等小包装产品；另一方面，为满足便捷美味的消费需求，公司持续研发推出调理深加工制品，同时开发了牛肉片、牛柳、牛肉粒等中式家庭调理制品，消费者只需简单的几分钟操作即可吃到美味的牛肉大餐，经过不断的迭代开发，科尔沁现已形成鲜冻肉、深加工、牛副、休闲肉制品四大产品系列。而正在建设中的科尔沁牛业的新养殖基地里，不仅有内蒙古传统的肉牛品种，还引入了肉质鲜美的澳洲安格斯肉牛，其养殖方法也参照日本神户和牛进行了改良，科尔沁牛业一直在寻求技术与产品的同步升级。

2. 创机制扩规模

为推行标准化规模化养殖，科尔沁牛业创新地采用了“政府引导、企业主体、金融支持、农户参与、协会管理”的运行模式，吸收农户入驻标准化肉牛育肥场，并和 87 家肉牛养殖公司、合作社签订购销合同，进行配给饲料、回收产品、饲养技术跟踪和疫病防治服务等，有效地破解了制约肉牛规模化养殖的土地、资金、技术、环保、治安等环节问题。

在具体操作当中，政府负责制定规划，落实激励政策，创优发展环境；由科尔沁牛业投资建设标准化千头育肥场，养牛户与科尔沁牛业签订供牛合作协议，按照“统一饲料配方、统一防疫监管、统一技术服务、统一产品销售”的方式进行育肥，并实行自我管理，自主经营；实现互联互保，相互监督，共同发展，同时委托保安公司统一安全管理，育成后销售给科尔沁公司，以高于市场0.2元/公斤的价格收购育成牛。

为了降低养牛成本，提高规模养牛效益，科尔沁牛业成立了牛饲料科技开发公司，采用TMR新技术，研发出新型肉牛全价饲料，使每头牛每天饲养成本控制在11元以下，保证日增重在1.3公斤以上，经过100天育肥，每头牛效益在500元以上。同时大力推广秸秆青贮、麦秸糖化、酒糟喂牛技术，全方位降低养牛成本，提高规模养牛效益。

“政府引导、企业主体、金融支持、农户参与、协会管理”的“五位一体”的运行机制，解决了制约肉牛规模化养殖的土地、资金、技术、环保、治安等环节因素，在极大提高企业经济效益的同时，妥善协调了政府、企业、养牛户三方利益，促进了产业的健康发展。

（四）“三新思维”铸造中国牛肉第一品牌

1.“新营销”推动产品升级

在销售环节，科尔沁牛业已在全国建立起9个销售大区，并在北京、上海、广州设有二次分割加工车间。随着企业电商渠道的不断完善，科尔沁牛肉的市场份额有望进一步提升。通过“科尔沁”品牌效应，科尔沁牛业还探索与餐饮企业建立战略合作，开设科尔沁牛肉火锅体验店，在全国各省份打造样板体验店，吸引各地区餐饮企业加盟。目前，科尔沁牛业公司已建起商场超市、专卖店、工业原料、餐饮原料、农贸市场、批发市场和电子商务等遍布全国的全渠道销售网络。

从渠道策略上看，我们采取的是多渠道策略，主要为线下零售渠道、互联网平台线上渠道和对外出口。其中，线下渠道主要是餐饮企业、食品企业、超市、经销商、实体加盟店等批发和零售企业；工业客户主要是双汇、金锣、康师傅。对外出口主要是将冻鲜牛肉出口到包括中东、东南亚等地的18个国家和地区。零售渠道主要客户包括家乐福、麦德龙、大润发。互联网平台有天猫、京东、一号店、苏宁易购、官方网站。线上渠道主要是各大电商平台上设立的官方旗舰店。

2017 年，科尔沁牛业更携手京东生鲜，“中国好牛肉”正式上线京东品牌专卖。不同以往的从线下超市走向线上电商，科尔沁牛业此次与京东更加深度的合作，不仅仅是拓展销售渠道、提升销售能力，更在于用“互联网 + 现代农业技术”的思路推进生产过程的数字化、网络化、智能化，提高生鲜农产品品质，进而带动整个行业转型升级。

2. “新金融”带来产业链获益

与工业不同的是，农业产品的原料性态是无法改变的，只有好原料才能生产出好产品。内蒙古草原丰茂，工业不发达，具有天然、绿色、无污染的优势，在这里育成的牛，肉质自然鲜美且富含蛋白质、铁质等。不过随着牛肉销售规模的扩大，无论是牧民还是科尔沁牛业自身都面临资金问题。

2015 年，科尔沁牛业与百度金融、中信信托合作，首次试水“众筹”这一互联网金融新模式，短短 3 个月共众筹资金 5000 万元，众筹参与流程如图 12 – 1 所示。

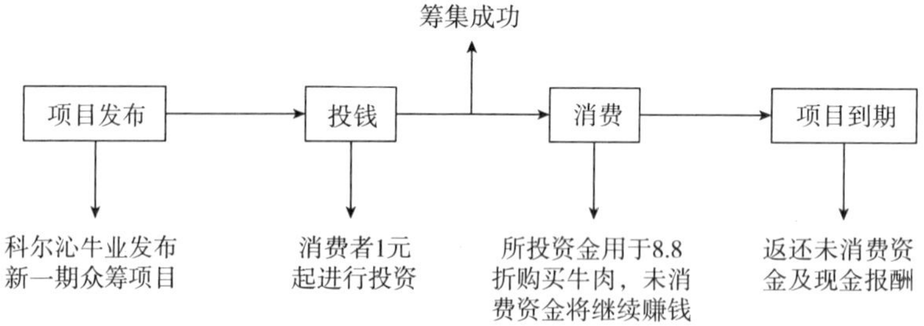

图 12 – 1　科尔沁牛业众筹项目参与流程

2016 年 11 月，蚂蚁金服、中华保险与科尔沁牛业就供应链金融方面达成合作。具体来说，蚂蚁金服提供纯信用贷款给科尔沁牛业签约的养殖户或合作社，该笔贷款通过农村淘宝的农资平台定向购买科尔沁牛业指定的品种牛及其他饲料。当肉牛出栏后，科尔沁牛业向养殖户进行收购，收购款项将优先偿还蚂蚁金服的贷款。科尔沁牛业将肉牛屠宰、加工后，产出的生鲜牛肉及牛肉制品通过天猫生鲜进行销售。在整个过程中，蚂蚁金服与中华财险联合，为农牧产业龙头企业提供新的解决方案，通过保证保险增信方式获得低成本、高效率的融资。

3. “新合作模式”吸纳多方助力发展

经过多年的运作，科尔沁牛业公司在硬件上已搭建起高标准的平台，在软件上已拥有了现代企业的管理模式。2013 年，公司牵头成立两个合作社，一是科尔沁肉牛养殖合作社，鼓励农牧民加入合作社，公司为合作社成员提供资金支持、技术指导及产品回收，最终形成规模强大的肉牛产业基地，增加肉牛存栏量，提高农牧民的收入。二是牵头成立了科尔沁农机种植合作社，以土地流转的形式鼓励农民入社，实行土地连片节水灌溉，大型机械化统一耕作，完善肉牛饲料体系，实现饲料供给加工的机械化、现代化、标准化，未来五年，种植规模将发展到12万亩。

长期以来，科尔沁牛业的牛源收购模式以“公司+农户”为主，规模较小的农户经常面临资金不足、无法预防及抵御在企业发展的进程中，科尔沁牛业注重与农牧户的联结。通过“公司+基地+协会+经纪人+大户带农户”“公司+金融机构+农户”等模式为养殖户提供发展资金和技术支持，解决农牧区卖牛难的问题，加快农牧民致富增收步伐。

科尔沁牛业公司与农户之间按照合同或订单建立关系，首先对养牛户提供技术支持和必要的资金，农户按公司的要求和标准进行饲养和短期育肥，并按协议价卖给公司，通过公司大型育肥牛场，进行必要的检验，积累技术材料。以发展产业化为方向，以现代化加工企业为龙头，以规模化养殖场为基地，以千家万户农牧民养殖户为依托，把通辽市建成一个无公害、无规定疫病的区域性绿色肉牛产业带。

为帮助农户解决养牛资金短缺问题，科尔沁牛业自2011年开始，组织发动各界资源，大力推进为养殖户贷款，此举惠及2349户养殖户，累计贷款24548.7万元。2016年带动农户总数达31763户。

四、结论与启示

（一）充分发挥区位优势，以高品质铸就品牌之魂

基于农产品品牌和原产地效应理论等可知，原产地是农产品品牌尤其是区域品牌发展的刚性依赖。区域的原生自然地理资源禀赋，如气候、纬度、水土、日照、土壤、温度、地质特征、植被特征等会直接影响到农产品品质，形成可识别的区域特征。同时，区域的人文历史传承会伴随着某农产品的生产过程逐渐发展成为一方的消费习俗和文化惯例，从而为农产品区域品牌发展积累了深厚的品牌文化基础。

美丽富饶的科尔沁大草原，是蒙古族文化与红山文化的发祥地之一，自古以来就是蒙古民族最集中的游牧地区，这里具有悠久的草原畜牧传统。400万亩的天然牧场生长着近160多种植物，这片神奇的土地素有“黄牛之乡”的美誉，是

科尔沁牛与西门塔尔牛的繁育基地。经过近50年的精心培育，原产瑞士的西门塔尔牛与本地黄牛杂交，形成了中国西门塔尔牛草原类群，为中国的牛肉产业发展提供了得天独厚的优质牛源。“科尔沁”品牌正是取自在科尔沁地区优厚地理条件的保障下，产自科尔沁地区的牛肉肉质鲜美，口感丰富，从而赋予了品牌高品质的内涵。

除了借助科尔沁地区的区位优势，科尔沁牛业深谙“品质乃品牌之本”的道理，对牛肉制品的质量控制从牛的胚胎选育开始。即从牛胚胎的选育，到牛犊的断奶、育胚、出栏、屠宰加工，牛肉的分割都有系统完整的档案记载。当消费者购买科尔沁牛业股份有限公司的产品时，每一块肉都能找到它出自哪头牛，这头牛是哪个育肥牛场育肥的，是哪头母牛产的犊，胚胎是哪个品种的档案资料。正是这一环扣一环的质量控制，在选种、育肥、屠宰、加工、包装各个生产环节中精益求精，使科尔沁牛业股份有限公司的产品赢得了国内外消费者的信赖，为“科尔沁牛”的品牌升级之路打下了坚实的基础。

食品工业又是道德工业，农产品品牌的塑造离不开安全、绿色、无公害。为保证食品质量安全，创一流品牌，科尔沁牛业从德国引进屠宰加工生产线及配套工程，此生产线由欧盟兽医官员签字认可。从2006年农业部启动948项目“全国牛肉质量安全追溯系统建设”，科尔沁牛业第一批加入其中并积极参与了项目的全过程，还作为试点企业自筹资金配合项目运行，到如今和阿里巴巴、京东电商合作，推出牛肉的二维码“身份证”，科尔沁牛业让产品实现了全程透明可追溯，为产品品质提供了有力背书。

目前国内肉类流通最欠缺的是“最后一公里”的安全保障，传统的现场分割、热鲜肉售卖从流通加工环境到包装存在着一定的安全隐患。而在科尔沁牛的加工中心，生产厂房严格按照食品生产卫生、肉类食品生产管理要求改建，将冷鲜、冷冻牛肉进行二次加工，采用全球最先进的气调保鲜设备和包装材料，真正做到全程冷链，低温加工、隔离包装、惰性气体保鲜、低温运输、低温存储，也将中央厨房理念融入到了流通环节中，以实现产品从牧场到餐桌的无缝对接，确保牛肉产品的安全。

（二）充分发挥农业产业优势，以现代化推动品牌升级

农业现代化是传统农业向现代农业转型发展的必然阶段，主要包括农业机械化、生产科技化、农业产业化、农业信息化、劳动者素质提高、农业发展可持续化。在农业产业化经营中，产生一批“公司+农户”“龙头企业+基地+农户”或“企业+中介+农户”等农业产业化模式。

基于区域化布局、专业化生产、一体化经营的农业产业现代化发展，加强农业产业化标准示范基地建设，促进区域农业生产规模化，将带动整个农产品品牌产业发展。而农业产业化，不仅集生产、加工、储运、营销及相关产业一体化，更能实现农产品“从土地到餐桌”全程质量管控，从管理、组织、资料、生产四个方面，将农业产业化发展与农产品品牌发展有机结合起来，建立标准化农业示范区，从而促进农业标准化体系完善。

科尔沁牛业是以肉食品加工为龙头，以绿色饲料加工、畜牧产品研制开发以及生物制剂、医药原料、草原生态建设为基础的大型股份制企业。科尔沁牛业以肉食品加工为主体，以绿色饲料加工、畜牧产品研制开发、草原生态建设为基础，建设了肉牛集约化和规模化的产业链条。

作为国内新兴的肉类加工企业，引进最先进的、符合欧盟标准的屠宰加工设备，公司还把欧洲国家最先进的技术和软件系统逐项研究，集中引进了四大系统，包括家畜自动跟踪监测系统、自动分级系统、真空自动收集输送系统和生产加工全程 PLC 控制系统，使公司的生产线在总体技术水平上优于发达国家。除硬件设备和软件系统外，科尔沁牛业在生产过程中还采用了先进的胴体处理加工技术、排酸肉质嫩化技术、先进的电刺激胴体技术与低温排酸技术，聘请了德国和澳大利亚等国外专家做工厂管理及技术指导人员，严格推行美国农业部食品安全控制办法，强化产品卫生检验与质量保障。

得益于完善的产业链建设，科尔沁牛业的产品在保证品质的前提下成本不断下降，为营销创造了有利条件。此外，自动化产业链的投入使用和全产业协作生产有效节约了大量社会资源，真正实现了绿色生产。

（三）高效经营管理助力品牌腾飞

高效的经营管理首先源自对品牌的维护。由原产地效应理论可知，原产地通过标志产品质量信号来影响消费者评价，通过经营管理塑造良好原产地形象，将积极影响消费者对该地产品品牌态度继而影响其购买。商标注册和授权管理是促进农产品品牌产权清晰化和品牌化发展的基础，强化品牌经营管理，明晰产权，规范管理，运用现代经营管理理念显得非常必要且重要。

科尔沁牛业公司注重加强品牌建设，从种牛培育到多渠道销售，每个环节都注重对“科尔沁”商标的维护和赋能。随着科尔沁牛在市场上的良好表现，产品相继获得了中国驰名商标、可出口商标、特供产品供应商、有机认证等上百项认证与荣誉。

除了商标维护管理，作为农产品企业，销售环节亦是企业经营管理的重中之重。妥善的营销推广能够提高品牌知名度和塑造良好品牌形象，广告宣传、事件营销、公共外交、互联网虚拟营销、农事节庆营销、会展营销、自媒体传播等是建立区域品牌形象的重要手段。科尔沁牛业建立了多重营销渠道，并在出口许可获得、特供重要赛事牛肉产品、多项质量标准认证等方面加强了品牌形象建立，极大地促进了产品的宣传和推广。

高效的经营管理还体现在企业生产销售过程的不断创新中，持续创新是品牌经营的内在动力。科尔沁牛业的持续创新重点体现在三个方面：第一，跟随消费升级出现的产品创新为消费者提供了日益丰富的消费选择；第二，跟随互联网金融发展实施的融资模式创新弥补了农产品企业资金回笼周期长、手续繁琐的问题；第三，跟随信息化、资源共享发展尝试的合作模式创新为企业原材料供应、产品研发提供了更多来源。依托科尔沁牛业的不断创新，全产业链合作关系更加紧密，产品的消费群变得更加广泛，直接推动了公司效益的提升，长此以往，创新性升级发展模式定会为科尔沁牛业注入源源不断的发展动力，使“科尔沁”品牌成为当之无愧的中国乃至世界第一牛肉品牌。

第十三章　五常大米无处不在

一、五常大米概况

白山黑水五常米，匠心古稻帝王粮。五常地处黑龙江省最南端，原名欢喜岭，清咸丰四年设“举仁、由义、崇礼、尚智、诚信”五个甲社，取其“三纲五常”之意，得名五常。五常市是典型农业大县（市）、国家重要的商品粮食基地、全国粮食生产十大先进县之一，也是全国水稻五强县之一。五常水稻种植面积占全省的1/10，占哈尔滨市的1/4，因盛产大米而闻名天下，被誉为张广才岭下的“水稻王国”。

黑龙江省五常市是我国著名的大米产区，其良好的自然环境、悠久的种植历史及先进的生产技术，造就了五常大米的优良品质。为充分发挥五常大米的品牌优势，五常市于1999年成立了大米协会。大米协会依法注册了“五常大米”产地证明商标。2001年，五常市开始整合稻米资源及品牌，同时对全市稻米产业实行规范管理，从而使“五常大米”产生了巨大的社会效益和经济效益。2003年，五常大米获“地理标志产品”称号。2004年被国家质检总局命名为“中国名牌”产品，被农业部评为中国名牌农产品，2007年再次被评为“中国名牌”产品。2004年、2008年评为黑龙江省著名商标，五常大米带给五常市带来了巨大的声望和经济的快速发展。2009年，“五常大米”被国家评为地理标志产品，“五常大米”受到地理标志权的保护。五常大米在全国拥有极高的知名度，继摘得“中国地理标志保护产品”“农产品地理标志证明商标”和“中国名牌产品”三项桂冠后，2015年又获得中国驰名商标。

二、五常大米的品牌策略

（一）质量控制策略

五常依托农业技术推广中心、黑龙江省第二水稻研究所、葵花阳光米业研究所等9家农技推广和科研机构，推广水稻新品种、新技术的应用，在民乐、营城子、志广、龙凤山乡建设3万亩良种繁育基地，提纯复壮稻花香2号，培育水稻新品种，解决水稻品种老化问题。连续几年投资1.25亿元，在民乐、卫国、志广、杜家、龙凤山乡新建14处全国最先进的大型智能化育秧工厂及基地，一次可完成浸种催芽3300吨，可为130万亩水田提供优质芽种。在食材的法则里，品质重于一切。五常稻作基地周边环境优美，空气清新，方圆100公里内无工厂污染。土壤类型主要为寒地黑土、土层厚度均达2米以上，土壤酸碱度、有机质平均含量和微量元素含量适中，区域内水系发达，河网密布，平均年径流总量为34亿立方米，属于极软水类型，pH值在6.7~7.3，属于中性或弱碱性水。水温为12℃~18℃，灌溉期，各河流水质各项指标均符合国家农田灌溉标准，属完全适应灌溉水质。更重要的是，河水经过阳光的照射，水温得到了适当的提高，使得地温升高。黑土有机质含量奇高，地温升高使黑土中的养分更好地被水稻根系吸收和利用。稻作区收获的稻谷颗粒饱满、质地坚硬，蒸成饭后米粒油亮、香味浓郁，由于水稻中干物质积累丰富，营养成分高，可速溶解的双链糖含量高，所以吃起来更香甜。这赋予了五常大米粒珍珠碧，有着“方圆十里香”的美誉。

（二）品牌延伸策略

根据不同品种，五常大米分别注册了四个商品名称，它们是：“五常香米”“五常大米”“五常黑米”和“五常糯米”。五常大米注册了14个品牌，还有8个品牌正在申报注册。五常大米的绿色基地自1994年被批准使用国家绿色食品标志以来不断在扩大。1997年五常大米被国家工商行政管理局商标局批准，注册了可保护原产地名称的“五常大米”证明商标。该“证明商标”于2013年被评为“中国驰名商标”。为了保证有权使用该商标的446家大米加工企业的权益，让商标不被挪用、不失控和不流失，五常市大米协会采取了封闭式管理方式，统一印制包装和标志、统一企业编号，并且将其统一配送。五常大米已经建立了可追溯体系，由五常市政府授权，在每袋大米的包装袋上贴上只有五常大米生产企业专属才可以使用的“身份证”证明标识。同时推进一条龙的大米质量与安全监管体系的工作。

（三）宣传促销策略

单纯的广告宣传费用高，效果也不一定好。可以利用政府网站的介绍等方式，靠信誉度高来赢得消费者。如五常市政府把具备五常地理标志的全部五常大米品牌，放置在市政府官方网站的醒目位置进行集中展示，就是一个很好的促销宣传的方式。五常大米品牌促销与宣传还可以利用各种展览会来实现。如参加黑龙江国际绿色有机食品博览会、哈尔滨世界农业博览会、哈尔滨国际经济贸易洽谈会等展会，让更多国家和地区的人们了解和购买五常大米。

拓宽五常大米的销售渠道除了传统的营销渠道以外，为了加快农业转变方式、调整结构步伐，五常大米还可以建立农机合作社探索农业发展新模式，扩大规模经营、升级为绿色经营、拓展特色经营。可以依托建设绿色农产品及粮食交易中心项目，大力推进“互联网 + 农业”销售平台建设，形成外销窗口。还可以拓展农产品销售渠道，丰富绿色产业业态。

三、五常大米的发展优势

五常大米作为我国大米中的顶级品牌，百姓餐桌上的最爱，却因为一直受到严重的假冒伪劣侵害，始终卖不出好价格，直接导致五常农民增产增收难。各大电视台纷纷报道“五常大米”在全国各地造假掺假的问题。面对这样的情景，五常市政府决定利用网络打开销路，将合作社种植的大米拿到淘宝上让更多的人通过网络购买，农民直接发货，让真正的农家五常大米走向全国餐桌。在发展农村电子商务方面，五常市具有很多优势。

（一）品牌优势

在自然和基础设施方面，五常市水稻生产条件得天独厚，绿色植被覆盖率高达75%以上，大气环境达国家A级绿色食品大气标准。常年活动积温在2700℃左右，无霜期130~140天，是优良的粳稻种植地区。境内龙凤山水库蓄水2.7亿平方米，新建成的磨盘山水库蓄水5.4亿立方米。水利设施完备，有大、中、小各类灌区2200多处，有效灌溉面积200万亩。

在现有企业规模五常现有大米加工企业350家，按所有制性质分，国有企业1家，日本独资1家，中外合资3家，合股经营26家，民营319家。按加工能力分，10万吨左右5家，3万~5万吨23家，1万吨46家，5000吨以下的275家。从企业注册品牌上看，依法注册大米品牌163个，正在申报12个。现已建成国家级绿色水稻原料标准化生产基地150万亩，有机水稻基地认证面积11万亩。

销售情况而言，五常大米现已在全国30多个省份建立旗舰店、专卖店、连锁店、配送中心400多个，进入大小超市2000多家。

（二）产业优势

五常是“中国优质稻米之乡”、全国重要商品粮生产基地、国家现代农业示范区、全国水稻标准化生产示范县、国家级高产高效示范基地、全国单季水稻生产第一大县，连续9年被评为全国粮食生产先进县。“五常大米”拥有“中国地理标志保护产品”“产地证明商标”“中国名牌产品”“中国驰名商标”四块金字招牌。五常市水稻种植面积达到 210 万亩，总产超过 23 亿斤，年产值超过 100 亿元。中央电视台《舌尖上的中国》节目评价“五常大米是中国最好的大米”。2016 年 3 月，经国家质检总局组织评价，五常大米品牌价值 425.92 亿元，在全国价值评价中居第七位。

（三）交通物流优势

境内公路总里程达 3276 公里，硬质水泥路已通达辖区内所有行政村。五常市连续 8 年被评为黑龙江省公路建设和养护第一名。拉滨铁路贯穿南北。目前，该市境内专业邮路总里程达到 870 公里，设有 25 个邮政网点。业务范围覆盖该市所有行政村。2015 年收发件数量超过 530 万件。此外，该市还有包括“四通一达”在内的各类快递企业近 40 个，县级物流配送中心、各乡镇商贸中心、连锁店、直营店、万村千乡连锁农家店等构成了三级流通体系，万村千乡连锁店 90% 实现网上提交货物配送。全市共有货运车辆 20000 多台，其中物流快递车辆 500 辆，基本能够满足电子商务进农村的发展需求。年初，五常市与阿里巴巴合作，利用其菜鸟物流信息平台，打造开放、透明、共享的社会化物流大平台，最终实现在全国任意一个地区都可以做到 24 小时内送达的目标。

（四）网络优势

目前，五常市全光网络实现“村村通”。宽带接入率和带宽均位居黑龙江省县域前列。该市现有基站 959 个，光缆 19040 公里，宽带用户 84500 户，手机用户 61.7 万，宽带和移动网络实现了行政村接入率 100%。出口带宽达到 20G，居民宽带接入能力全面提升到 20M，企事业单位及商务楼宇宽带接入能力提升至最高 100M 以上。

四、结论与启示

（一）以水稻溯源服务系统和产地直供维护产品质量

五常大米集地理标志产品、产地证明商标、中国驰名商标、中国名牌、中国名牌农产品五项桂冠于一身，在全国拥有较高的知名度和信誉度。但近几年，域外造假的行为愈演愈烈，使消费者真假难辨，已经对五常大米品牌造成了极大的损害，五常市委、市政府为切实做好五常大米品牌建设与保护工作，打造龙江知名绿色食品品牌，维护消费者的合法权益，根据各级政府领导在五常大米品牌建设与保护工作会议上的要求，对五常大米实行“三确一检一码”溯源防伪。

五常大米溯源防伪体系由五常优质水稻溯源服务系统（农业物联网）、五常臻米网、溯源防伪查询平台三个部分组成，通过五常大米溯源防伪体系的建立，确保五常大米的品质。

引进了博码防伪技术，通过“三确一检一码”机制，真正实现了全链路下的农产品质量无死角追溯，实现对五常大米的全程追溯，确保每一位消费者能够买到真正的五常大米。“三确”即确地、确种子、确投入品。确地就是将五常210.7万亩水田信息全部录入系统，实现对水稻产量的分户核算和总量控制；确种子是将全市15家有五优稻四号繁育资质的企业纳入系统管理，对种业基地进行总量、地块、品种控制；确投入品指根据土壤氮磷钾含量确定农药、化肥施用量，划定无公害、绿色、有机和欧盟四个生产标准。“一检一码”：“一检”就是质量检测，引进德国傅立叶变换近红外光谱仪，根据基因性状，确定五常大米真伪；“一码”就是运用最新的无法仿造的博码技术，对五常大米包装进行防伪。消费者通过终端点击或者扫描博码，可以直接查到种植地块、加工、仓储、物流等信息，实现全程质量追溯无死角。

五常大米与“天猫”合作，在网上开设五常大米官方旗舰店、专营店、卖场等形式进行保真五常大米销售，实现“网货下乡”和“五常大米进城”的双向流通。对进驻五常大米官方旗舰店企业的资质和生产能力进行严格的审核，必须为获得地标使用权的企业，保证产品品质纯正；严格执行溯源防伪码核发流程，根据五常大米溯源防伪系统原粮数量和企业包装规格进行核发，经过检验合格后激活溯源防伪码；建立退出机制，进驻五常大米官方旗舰店的企业生产的产品出现质量问题将实行一次退出机制，并在五常臻米网企业诚信榜进行公示。

“防伪码”和原产地直供模式这套组合拳可以有效解决“劣币驱逐良币”的问题，只有农户经济利益得到保证，整个农产品供应链才是健康完整的。通过原产地直供模式，让品质农产品实现真正意义上的“物有所值”。原产地直供是农产品质量的最好保障，它不仅意味着农产品从源头上得到全程品质保证，也是保护农户经济收入的最好途径。只有让高品质农产品得到应有的收益，才能在真正意义上实现健康、可持续的“绿色消费”。

（二）以安全和价格策略提高产品销量

五常市现在大米的每年生产加工能力是320万吨，有大米加工企业446家，拥有大型的农副产品产业化的龙头企业12家。为保证五常大米质量安全，五常市要求大米的生产经营者建立起信息数据库。这些数据或档案包括：生产企业档案数据、生产基地档案数据、生产情况如实数据记录、大米的生产地证明等。并且还建立起大米生产质量安全信息的录入与可查询系统。由此还构建了“产销一体化”的大米质量安全追溯信息平台，消费者上网就可以及时查询到大米的质量安全信息。在生产加工工艺方面要不断改进，以便能保证其色泽、无异味并保留大米固有气味、口感等方面优势，还要规范绿色食品的生产流程。

由于五常市稻米产业规范管理，所以产生了很大的社会效益和经济效益。五常大米每公斤比其他大米售价虽然高，但是仍然因为其高营养、高质量广受人们喜爱。今后需要改进的对策是要在保证质量的前提下，尽量控制在生产、运输、营销等方面的成本，以便给广大群众提供质量高、价格上适宜的好大米。五常大米的渠道与促销策略、渠道策略是指生产企业把产品或服务送达消费者的途径和手段，是生产者投向消费者的“桥梁”。只有通过“渠道”和“传播”才能创造差异化的竞争优势。促销策略是指企业以利用各种信息传播手段刺激消费者欲望促进产品销售的方式，来实现其营销目标之中各种因素的组合和应用。

（三）以“互联网＋农业”推动品牌现代化转型

2017年以来，五常市共投入4500万元，建成2400平方米农业物联网服务中心。这个中心以大数据采集控制和专家云平台为支撑，深度构建起统领农业生产的社会化服务体系、水稻溯源服务体系、农产品电子信息服务体系、政务资源服务体系四大体系，有望彻底改变五常农业全产业链面貌。

社会化服务体系：农业生产步入智能精准时代。遍布各生产区的摄像头、扎根田间地头的传感器、联通农户手机与数据中心的云平台、专家服务与市场供求无缝对接，串起了五常现代农业的社会化服务体系。这个体系将以八种智能精准服务，彻底颠覆人们对农业生产的刻板印象。一是信息发布。物联网中心每天对五常气象信息和平台采集的信息进行整理分析，向农民的手机发布信息，对不同时期、不同品种、不同地域的农作物生产进行技术指导。二是农民生产自助。农民通过手机可以在平台上随时查询所需技术要领，对每个生产环节和病虫害防治实现自我诊断、自我防治。三是实现专家与农户互动。农户利用手机把语音、图片、短信等发送到平台上，专家及时给予诊断和回复防治方案，平台可以根据关键词自动生成解决方案。农民随时随地接受视频培训。农民在手机上可以随时查询和收看相关技术信息，接受各类专家以及本地的农业技术人员的指导。四是智能控制功能。可以不受地域、时间限制，随时对农田监控；对设施农业可以实行远程控制和自动控制，达到无人值守、精准化生产、智能化管理、农机服务功能。五是平台可以跟踪农业作业情况，提供农机保养维修服务，全年全程监管合作社和农机大户。六是可以提供“叫车服务”，实现农户与车户的无缝对接。七是用工服务功能。在平台上适时发布并更新域内外用工信息，实现供需双方的直接对接。八是自动化办公功能。平台可以为合作社和企业提供全程管理模式和操作指南，解决管理滞后、不科学、不规范的问题。同时，为林业、畜牧、水产等产业提供全程服务。

农产品电子信息体系：政府公信搭农产品“互联网+”平台。既然有农业物联网的基础，为什么不让农业在市场化方面进一步拥抱“互联网+”？五常农产品电子信息体系应运而生。五常农产品电子信息服务体系以物联网水稻溯源服务体系为基础，形成电子商务服务体系。政府还确定相应标准的准入制度和门槛，只有进入水稻溯源服务体系的企业和产品，才能进入电子商务服务体系。今后将根据大米的市场投入量和检验结果，来确定博码发放量，并进行相关信息发布。消费者通过点击网站，可以直接与企业对接，政府只搭建诚信平台，负责提供信息和监管，不干涉产品交易。同时，对进入系统的企业和经销商实施制假售假零容忍，直接列入黑名单，引入保险机制，保障消费者利益，以此达到净化市场的目的。

政务资源服务体系：行政高效化，农业也有“110”。借助于日渐完善的农业物联网平台，五常市开始大力拓展政务资源服务体系。一方面通过物联网平台让政务公开，将政府职能、部门职能、政策法规等内容对外公布。另一方面是实现资源管理，对进入平台的国有和集体资源进行监管和管理。同时还实施信息发布，对林业、草原、水面、畜牧等农业信息进行发布。而且，加载预警监控功能，通过对水库水位、山洪、泥石流、森林火灾、畜牧疫情等灾害进行预警监控并实施科学调度，实现了不到现场就能指挥调度，相当于农业的110指挥中心。

“内外兼修”重塑乡村之美。五常市共有261个行政村，人口103万。如何让这么多村庄快速美起来？五常市以“五带百村工程”为载体，以改善农村人居环境为重点，形成规划统筹、部门联动为准则，合力打造村容整洁、环境优美、生产发展、乡风文明的美丽乡村。通过制定《美丽乡村“五带百村工程”实施方案》，五常市重点打造围绕哈五路、安石路、铁通路、拉双路、蜚拉路五条主要公路沿线18个乡镇138个自然屯的“整洁干净”示范工程和“绿化美化”升级改造工程，以点连线，以线带面，让美丽乡村建设形成梯次推进。

第十四章　库尔勒香梨香飘万里

一、库尔勒香梨的发展概况

（一）产地概况

在中国的行政版图中，巴音郭楞蒙古自治州（以下简称“巴州”）作为陆地面积最大的地市级形成区划，享有特殊的地位。北抵天山巍峨群峰，南倚昆仑磅礴大山，中有塔里木盆地、塔克拉玛干沙漠、巴音布鲁克草原，以及境内的楼兰古城、博斯腾湖、罗布泊、轮台胡杨林等历史自然遗迹如星点般散落，让其无愧“华夏第一州”的美誉。所有关于山川形胜、地理浩瀚的名称似乎都和这里有关。

库尔勒市就位于巴州的心脏位置，它自古就是西域文明发源地之一，在孔雀河畔留下过新时期时代的人类足迹，诞生了西域三十六古国时期的灿烂文化，而它更为后人所熟知的，是曾经作为西域都护府的属地。大概从两千多年前的西汉开始，孔雀河畔一种罕见的珍果开始落地成林、香飘海内，它据传由张骞通西域时从内地带到新疆所种，却能在猎猎朔风和黄沙漫卷之中傲雪而生，逐渐长成大漠瀚海中的天下奇珍。东晋葛洪的《西京杂记》有关于它最早的记载，名曰“瀚海梨”，而千年之后，它再次以全国名优果品区域公用品牌的形象示人，拥有了统一的名称——“库尔勒香梨”。

库尔勒香梨还有一个有名的传说。相传，古代有一个叫艾丽曼的姑娘，为了让乡亲们吃上梨子，她不畏艰难，朝东翻越 99 座山，到过 99 个地方，骑死 99 头毛驴，引进 99 株梨树，在当地栽植。其中只有一株梨树与本地的野梨树嫁接成功。当梨树上结的梨子成熟时，香气浓郁，随风飘散，乡亲高兴地称它为“奶西姆提”，意思是喷香的梨子。

（二）产业概况

库尔勒香梨在新疆已有 1300 年的栽培历史，经过多年的发展，种植面积稳步扩大、产量大幅增长，已成为巴州主导产业之一。截止到2016年，库尔勒香梨的栽培面积为109.49万亩，种植香梨的积极性显现，尤其新疆生产建设兵团第一、第二、第三师权衡利弊，科学选择，新种植面积较大，且今后还将继续扩大规模，当年总产量达到104.6万吨，其中巴州地区64.6万吨，阿克苏地区37.11万吨，第三师2.92万吨。

目前，在库尔勒市境内，经工商局注册备案的香梨包装纸箱、包装袋、包装扣企业已有32家，年生产香梨内外包装5000万套以上，其中，有10家规模较大，具有先进的工艺设备和完善的质量管理体系，基本上满足了香梨生产所需。包装是经分选后依次包拷贝纸套、发泡网套、塑料周转筐或纸箱，然后入库冷藏，周转筐净重16公斤，纸箱净重由8公斤/箱改为7~6公斤/箱，少量的礼品小包装箱净重2~3公斤。另外，要求所有香梨包装箱必须张贴或直接印制库尔勒香梨地理标志和产地，出口的包装箱还要求规范张贴出口检验检疫标示。

库尔勒香梨储藏主要以冷库贮藏为主，这种贮藏方法使库尔勒香梨入库保鲜率达到90%左右。到2011年底，库尔勒市域内有大中小贮藏保鲜库104座，总库容量达50.77万吨。其中，普通库44.47万吨，气调库6.3万吨。已形成了拓普、世光仓储、金丰利等一大批以香梨储藏保鲜、营销为主的龙头企业，确保了库尔勒香梨采收后能及时入库保鲜，并能全年供应国内外市场。

库尔勒香梨精深加工产业发展状况良好。其中，冠农果茸公司的香梨浓缩汁已经开始批量生产；香梨股份公司生产的香梨果酒、香梨清酒、香梨白兰地、香梨浊汁以及香梨发酵饮料等已进入批量生产期；库尔勒龙之源药业的“秋梨润肺膏”药品，通过加大投资，进行技术改造和扩大再生产。库尔勒香梨物流业也发展迅速，基本建立与生产水平、贮藏保鲜能力相适应的冷链运输系统，初步形成南疆地区包装、物流中心。

（三）市场现状

90%的库尔勒香梨主要销往内地市场。目前，主要在北京、上海等大中城市设立了经销点和全国体验店，并在北京、山东、安徽、浙江、广东等地设立了终端市场。

20世纪70年代末，库尔勒香梨首次出口到中国港澳地区及东南亚各国，1993年出口加拿大；2006年打入美国、澳大利亚和南美洲等高端水果市场；2008年5月香梨登陆欧盟市场；与此同时，库尔勒香梨经营主体积极推进了农超对接模式，2010年8月与世界超市巨头沃尔玛（中国）正式签约，设立水果农超对接基地，同年9月又与世界500强企业欧尚集团建立了农超对接项目，开辟了香梨销售新模式；到2011年，库尔勒香梨出口国已发展到20多个，为美国、加拿大、澳大利亚、泰国、新加坡、马来西亚、菲律宾、印度尼西亚、新西兰、智利、秘鲁、阿根廷、墨西哥、毛里求斯、荷兰、苏丹、英国、南非、沙特阿拉伯、阿联酋、伊朗等。据统计，库尔勒香梨的年出口量达2万~3万吨，年均创汇约3000万美元。

二、库尔勒香梨的品牌成就

（一）品牌发展现状

库尔勒香梨经过30多年的发展，“库尔勒香梨”这个区域品牌荣获了多项国家级殊荣，形成了库尔勒香梨品牌效应。1957年，在全国梨业生产会议上被评为第一名。1985年，又被评为全国优质水果。1996年，经国家工商行政管理总局商标局核准注册了全国第一件地理标志商标——“库尔勒香梨地理标志商标”，从此库尔勒香梨成为“中国驰名商标”。1999年，昆明世界园艺博览会上，库尔勒香梨获得金奖。2002年，库尔勒香梨标志被自治区确定为“新疆著名商标”。2004年，国家质监总局批准库尔勒香梨的“地理标志证明商标”。2006年10月，库尔勒香梨再次被国家工商总局商标局认定为“中国驰名商标”。2011年，库尔勒香梨以第三名的成绩，成功加入中国著名农产品区域公用品牌行列。2014年，库尔勒香梨加入巴州发展“四大百亿产业”行列。

经过多年市场培育，“库尔勒香梨”品牌的知名度和美誉度不断提升。近两年，库尔勒市着力打造的“孔雀河畔”库尔勒香梨品牌，提高了香梨在国内外高端市场占有率，带动了香梨合作社的发展，抬高了果园果品的销售价格。虽然历史上库尔勒香梨曾出现过销售难的情况，但自1998年以来再未出现过销售难问题。

“库尔勒香梨”是地理标志证明商标。据初步统计，现有比较成形的库尔勒香梨产业化龙头企业注册商标11个，包括金丰利、拓普、盛、天梨之乡、沙依东等，其余中小企业注册香梨商标多达50个。库尔勒香梨甚至开始远销海外，在国际上拥有一定的知名度。库尔勒香梨成功地推广到国际市场，拉动了当地的经济发展，实现了巴州当地农业的产业化和国际化发展，在提高了巴州农村的经济实力的同时，也切实地增加了农民的收益。

（二）“库尔勒香梨”区域品牌的保护

巴州香梨协会为维护“库尔勒香梨”这个区域品牌，实行筛选和分级分类包装，大力推行小包装、精美包装，做到“从田到箱”全环节无害化操作。推行《库尔勒香梨标准体系》，以此来管控香梨的质量，并要求所有进行库尔勒香梨生产和销售的单位和个人都要按照《库尔勒香梨证明商标使用管理规则》来保证香梨的质量，同时还要向巴州库尔勒香梨协会递交申请，办理《“库尔勒香梨”证明商标准用证》，对该商标进行使用。在包装方面，香梨协会通过办理“准许使用证”和“准许印制证”要求各包装制品单位和库尔勒香梨生产者、经营者树立品牌保护意识，按照要求印制和采购库尔勒香梨品牌包装，突出库尔勒香梨地理标志，对香梨的等级进行区分，用以维护库尔勒香梨的品牌声誉并且保证库尔勒香梨在众多香梨中的竞争力。

“库尔勒香梨”区域品牌是以证明商标形式申请地理标志保护的，它作为一种原产地域的证明商标，应由地域、品牌效应和产业基础三个要素构成，地域是指库尔勒香梨种植生产范围被限定在一定的区域内，具有很强的地域特色，库尔勒香梨地理标志保护范围集中在新疆巴州南部和阿克苏东南部，具体位于塔克拉玛干沙漠的北边缘和孔雀河流域、塔里木河流域之间的冷热空气剧烈冲击地带，分布在库尔勒、尉犁、轮台、库车、新和、沙雅、阿克苏、阿瓦提和这些地区里的国营园（团）场。品牌效应是指“库尔勒香梨”趋于品牌代表着香梨产业的整体形象，同时也是库尔勒经济发展的支柱之一。产业基础是指库尔勒香梨从种植到销售规模。

三、库尔勒香梨产业发展现状

（一）品牌保护意识薄弱

香梨协会会长盛振明曾说：最初，香梨只有不到 9 万亩地，规模很小，但是当时因为是原生态的栽种模式，所以品质非常好。随后种植规模开始急速增长，目前，整个库尔勒产区有 63 万亩，阿克苏产区有 28 万亩，总计 100 万亩。但是，越来越多的人在享用库尔勒香梨商标，却很少有人保护它。自库尔勒香梨地理标志商标品牌知名度提升以来，在利益的驱动下，许多不是库尔勒原产地生产的梨打着“库尔勒香梨”的品牌冲击市场，严重损坏了“库尔勒香梨”这一品牌，据不严格统计，市面上 90% 以上的香梨都是假冒伪劣产品。

（二）包装标识混乱

巴州政府虽对《库尔勒香梨地理标志准用证》实行了硬性规定，纸箱印制企业能够按照要求印制相关标识，但在纸箱颜色、规格上无严格要求、等级标示欠缺，经销商以次充好、以劣充优现象普遍。以第二师纸箱厂为例，样品架上摆放着不同规格、不同颜色香梨包装箱 50 余种，可以想象 32 家纸箱厂制造出多少种规格的香梨包装箱在琳琅满目的货架面前，信息的不对称使消费者茫然失措，这也给商贩以次充好带来了机会，但势必会影响到库尔勒香梨的品牌形象。

（三）深加工技术薄弱

随着香梨园陆续进入挂果和盛果期，消化香梨的残次果是增加梨农收入的重要渠道之一。2008 年库尔勒香梨商品率为 82.7%，香梨的商品果产量约为 17 万吨，残次果产量约为 6.75 吨。新疆冠农果茸股份公司是巴州唯一一家从事香梨汁加工的企业，因梨汁运输成本高，企业生产的梨汁与国内其他地区相比缺乏竞争力，市场仅限于中亚少数国家，2008 年该企业梨汁生产线处于停产状态。除了榨汁之外，开发具有特色的残次果深加工技术与产品将有助于梨农的进一步增收。

（四）自然灾害抵御能力差

生态防护林能力有限，无法应对重大自然灾害，而香梨冻害检测与防控体系建设压力较大。2000 年以来库尔勒市极端恶劣天气过程频繁发生，导致香梨产业不断遭受十分罕见的冻害、雹灾、风灾损失非常严重，严重阻碍了库尔勒香梨产业的健康持续发展。对此库尔勒市已经启动《香梨冻害监测预警及冻害防控关键技术研究》工作，在冻害频发区建立低温冻害监测点 3 个，累计气象数据，为香梨低温冻害监测与防控关键技术试验提供依据，但是极端气候对库尔勒香梨造成的影响不容忽视：2000 年以来，已出现 4 次大范围的冻害：2002～2003 年冬季、2008 年冬季、2010～2011 年冬季，2012～2013 年冬季。其中 2010～2011 年冬季冻害全市香梨受灾总面积 153616.91 亩，受冻重的果园面积 65258.18 亩，受冻中等的果园面积 40547.17 亩，受冻较轻的果园面积 47803.37 亩，造成直接经济损失 7.72 亿元。2012～2013 年冻害全市受灾面积 7.4 万亩，因冻害接近毁园的结果果园面积 32109 亩，因冻害死树、死枝严重而无经济产量的结果果园面积 10601 亩。这些灾害给香梨生产造成了巨大的损失。

（五）香梨品质下降

质量是生命，品牌是价值，市场需要品质上等的好产品，尤其在销售过程中更加突出。在提升香梨品质方面，虽然已制定并颁布了《库尔勒香梨标准体系》，该体系中提到香梨产品质量、安全质量标准和质量检验技术标准等，但由于实施力度不强，近几年来，香梨品质开始下降，严重影响了库尔勒香梨品牌信誉。品质下降的主要原因有：一方面，梨农在生产管理中，盲目地追求产量，不能按照库尔勒香梨标准体系的技术要求组织实施，造成特级果率低，经济效益相对下降；另一方面，销售企业为了竞争，不到成熟季节就提前收购，导致梨农采摘抢青。还有部分梨农为了提高产量，在采摘期灌水施尿素，造成果实耐贮性变差、黑心比例增大、果品味淡、口感差。

四、结论与启示

库尔勒香梨品牌的发展，不仅要依赖于政府出台相关保护措施和扶持政策，更应该从加强生产者对于“库尔勒香梨”品牌保护的意识，同时也需要依靠各组织力量，共同助力库尔勒香梨的发展。

（一）生产经营者

1. 增强生产经营者的品牌意识

建立起农产品品牌将为该产品在市场中占有一席之地，品牌的知名度与美誉度更是决定了该产品在同类商品中的市场占有率。因此，重视商标意识是作为品牌农业不断向前发展的首要前提，如若不然就会造成品牌没有对应的负责人，市场运作就有可能因此出现混乱，相应地，品牌也会在这期间遭受一定的损失。与此同时，品牌管理及设计要得到相应的强化，一旦品牌遭遇生产经营危机的时候，企业便可运用相应的危机公关意识处理。策略规划要在品牌经营时着重体现，也就是说管理以及生产具有同等重要的价值。

2. 保证农产品质量安全

作为农产品品牌亘古不变与经久不衰的保障和基础，质量一直是生产者所追求的黄金指标。因此，在加工与生产农产品的过程当中，生产者应时刻做到对产品质量保持着清醒的认识，杜绝一切马虎。正是由于严重甚至轻度的质量问题都有可能导致品牌在一夕之间的彻底倾倒，因此应确保将质量安全的先决性问题落实到农产品生产的产前、产中以及产后全程之中，通过采用制定并按要求严格实施标准的手段，将已有的、先进的、农业科技成果在大范围内进行推广宣传，从而积累充分的实战经验，确保后期加工制作的农产品的质量和安全性。从根本上来看，标准是质量的先决条件，质量又是名牌产品的最好保障，只有做到严格落实农产品在生产、收购以及销售等多个环节的质量把关，才能真真正正地将农产品的质量安全问题彻底落实。

3. 提高农产品科研能力

但是，全面完善农产品的质量问题应放在充分满足数量的基本需求以后，同时再满足文化等深层次的需求，以上三个环节均就农业科研部门针对市场需求来生产品质优良的产品提出了较高的要求，不仅需要科研部门将产品的科技含量提高，更需要科研部门对整合后的产品品牌建设进行积极有效的推进。但是鉴于农产品鲜活易腐和质量不易监测的特殊性，这就对运输条件提出了较高的要求，要求生产者采取科学的包装方法和加强保鲜技术，而这恰好是农业发展的必要保障与支柱。与此同时，提高农产品的科技含量应在引进优良品种的基础之上，加强对生产与经营过程中的生产、加工、包装、储存以及运输技术监督与管理，从而全面保障农产品的优良质量。

（二）政府管理者

1. 完善农产品质量监督制度体系，加强市场管理

各级政府部门应当建立健全、完善农产品质量标准体系，以确保产品的质量安全。在标准体系实施的基础上，逐步建立农产品相关的市场服务以及监管机构，尽快使得其质量安全快速检测运用到实际中。与此同时，要使得特色农产品的分级标准加快出台步伐，强化原产地标志的使用以及认证管理，以此便可做到农产品在生产时具有向公众更大的透明度，市场上的农产品的质量就可以得到最大程度的保障。促进农业有关研究机构以及生产企业之间保持稳定的合作关系，在拥有国际化的实验仪器及场地的同时组建高标准的研究队伍，以此可以使产品质量得到保障，而且也是具有权威性的，同时研究机构在进行有关研究时也能够以此为平台。农产品品牌在大力发展的同时，政府部门可适当介入，以此保证其生存环境的良好性，譬如严厉打击市场竞争时不正当行为，严防低劣产品流入市场，执法时力争公平严格，使相关企业合法权益得到保证，为企业给予相应的信息服务团队及技术。

2. 加强特色农产品地域标志的宣传力度

当人们越来越重视品牌的影响力时，创建和维护品牌的费用相应地愈发昂贵，农产品品牌在发展过程中受到制约的相关重要因素就涵盖了规模以及价格。这在一定程度上就对企业提出了要求，即加快落实农产品品牌的整合策略，使得农业产业集群能够实现。通过地理标志以及集体商标等的使用，加强了农产品品牌的外部性。农业相关企业就急需政府的支持、配合及协调。政府在其中发挥作用的时候，应该做到有计划有安排，以此使其区域品牌商标的注册相关方面得到引导，因为原产地产品得到认证，那么区域品牌也就得到了相应的保护。

3. 扶持龙头企业，培育品牌主体

对于区域特色农产品，政府有关部门要求强化其市场调节作用，这就包括能够对农产品加以扶持及引导。生产经营有关企业也需要得到相应的培训，制定吸引有关人才（科技人才及专业人才）的措施，出台相应政策鼓励有关企业走出一条自主创新的道路。与此同时，也可针对品牌农业企业给予相关优惠，譬如税

收及资金等方面，促使企业逐渐规模化，以此做到优胜劣汰，淘汰一批不合潮流的企业，譬如品质差、能耗高及产值低等企业。

（三）行业协会

传统的农业行业协会和农户之间是一种松散的组织关系，协会的中介协调作用未能充分发挥，导致协会并没有发挥它所扮演角色的作用。而作为农产品品牌整合的第三方主体，其行业协会需要加快内部组织建设，对于企业服务的职能得到完善，使得效率提升，同时要求基于行业信息能够做到定期的统计分析。在全省范围内，强化对于相关工作的经验总结，通过举行有关推介活动，促进龙头企业在市场上的宣传和使特色农产品得以广泛推广。就产品质量、环境及安全性加强监督管理机制，可选择进行多方合作的方式。拓展多条销售渠道，对于一系列不正当竞争应该做到相应的联合，共同营造一个良好的市场环境。

香梨协会在品牌的维护方面付出了很多精力，在推行地理标志公用商标标准化的行动中，香梨协会制定了一整套生产标准，凡是不按照标准生产的企业和农户，都不容许再使用“库尔勒香梨”这一公用品牌。为了让农户能够严格按照标准生产，库尔勒政府还专门拿出 200 万元作为培训基金，实施“万人培训计划”，将农民培训成“专业农民”，以满足标准化生产的需求。香梨协会的会长说，“以前农民追求的是产量，现在我们要引导他们追求产品质量”。只有大家的观念扭转了，才能自觉地维护库尔勒香梨的品牌形象，并从优质优价中获得更多的效益。在发展商业品牌这条路上，香梨协会也会不遗余力。目前，香梨协会正在着力打造包括“孔雀河畔”在内的 20 个商业品牌。为了推广商业品牌，协会和政府组织了“库尔勒香梨”文化节，大力推广库尔勒香梨品牌，并与“百果园”等销售商达成了销售协议。在协会的努力下，“库尔勒香梨”品牌的未来一定会更有作为。

第十五章　美国新奇士橙“橙新橙意”

我国作为世界上的农业大国，享誉世界的农产品品牌却寥寥无几，其原因值得深思。而美国新奇士是如今世界上最著名的农产品品牌，新奇士种植者股份有限公司从最初的种植者的组织和协会发展成为现在最大的、历史最悠久的农果合作社，其发展过程也有许多值得借鉴和吸收之处。本章从新奇士橙的基本概况、商业模式和竞争优势这三个方面，深入分析美国新奇士橙的各个方面，最后为我国农业品牌的建设提供一定的借鉴。

一、新奇士橙的基本概况

（一）新奇士橙的基本情况介绍

新奇士种植者股份有限公司（Sunkist Growers Inc.）是世界上最大的柑橘合作社、著名的品牌农产品，是全球历史最悠久、声誉最超著的果农合作社，是成功的饮料生产商和全球公认的柑橘供应商，拥有600余种商品，全世界有20多个销售代表处，在世界上53个国家中有45处总代理，在全球脐橙市场的占有率、卖价都高居榜首。新奇士商标已成为新鲜、健康、品质的代名词。

关于新奇士橙名字的来源，合作社的主任戴维森这样解释：“新奇士的英文名称是Sunkist，含义为太阳亲吻它。”“我们的水果经过充足的阳光照射，表面上有一层诱人的光泽，表明质量很好。这个名字一方面鼓励我们的会员要种出最好的水果，另一方面也表明我们的水果质量确实很棒。”

（二）新奇士橙的发展

在过去的美国，柑橘种植者曾经高度依赖中间商、分销商，无论丰收还是减产，价格都会被需求方把控，连寄送成本也要由种植者承担。这样一来，一方面种植者不论在丰收期还是减产期，均无法获得理应获得的利润；另一方面对于消费者来说，由于冗长的销售链条，其购买价格也一直居高不下。在这种情况下，柑橘的各个种植者们决定联合起来，形成各个组织和协会，来负责柑橘的包装和运输，省去冗长的中间环节。

到了 19 世纪 20 年代末，加州 75% 的柑橘、1.3 万名果农都通过合作社销售。合作社的成立一定程度上保障了价格稳定和信息共享。1893 年 8 月 29 日，由 100 多名橘农代表发起，在洛杉矶成立南加利福尼亚水果销售协会（Southern California Fruit Exchange）。协会制定柑橘分级标准，严格控制产品质量，为本地区 60 户柑橘生产者提供运销服务。在第一个收获季节，共为橘农卖出 600 万箱柑橘，每箱价格比橘农通过销售代理商销售高出 75 美分。后来，随着协会规模的扩大，成员发展到 5000 户以上，每年运销 1400 万箱柑橘，占加利福尼亚州柑橘产量的 45%。

1909 年，该水果合作社注册了“新奇士”的商标，由此，新奇士正式诞生。为了与新奇士产品更加匹配，1952 年合作社更名为“新奇士种植者股份有限公司”。1914 年，协会进入加工领域，生产橘子酱、橘子汁等产品。1916 年，新奇士第一次开展促销柑橘果汁的广告运动，鲜明提出“喝一个橙子”的口号，从而为果汁工业的开创和发展奠定了基础。1916 年，美国食品协会第一次提供奖励给买新奇士果汁的消费者。1922 年，新奇士第一次在广告中使用了维生素 C 作为诉求点，明晰地走上了把健康作为产品营销主题的道路。1926 年，新奇士商标第一次直接印在新鲜的水果上，品牌视觉标志建设进入了自觉的阶段。20 世纪 20 年代后期，新奇士第一次赞助加利福尼亚州和东海岸之间的商业电台，并第一次启用电影明星做广告。1981 年，新奇士进入美国全国和世界十大畅销软饮料之列。1993 年，新奇士成为第一个超过 100 年的商业性的农业合作组织。

新奇士发展至今，已成为世界上最大的水果合作社，而其品牌市值已超过 70 亿美元。

二、新奇士橙的商业模式

（一）运营模式

新奇士合作社的组织结构由社员大会、董事会、总经理、社员四个层次组成。由各地果农自愿加入成立自己的包装厂，同一地域的若干个包装厂组建成一个区域交易所。由各包装厂选出当地区域交易所的董事，再由各区域交易所选出新奇士合作社的董事，董事席位与所占新奇士的市场份额对应。所有果农既是新奇士的成员，也是包装厂和区域交易所的成员。包装厂和区域交易所相对独立，不归新奇士所有，但接受新奇士统一调度。新奇士橙农协会的运作模式之一是

“合同制”，果农、园管理公司、包装厂等自愿加入成为股东之一，将产前、产中和产后各环节形成合同制的利益分配机制。产品流程是先由协会驻世界各地的代表处将订单传回总部，总部将订单分散到60多个打包厂，打包厂根据情况向果农收购果品。

为了提高产品质量，新奇士实行信息化、数字化产销管理，除了建立起区域乃至全球性的销售网络信息体系及客户管理系统外，还建立起果树信息档案管理系统。新奇士对每一棵果树的品种、种植时间、地处方位、生长情况、果实采摘等都有精确的记录，其中成熟期能够精确到周，不仅使产量均匀分布在各个时期，在不同时期均有果品上市，而且大大提高了果品收购速度，从接到订单到装箱运输只需2～3天。为使全年都有新鲜水果供应，合作社还通过新技术的应用与推广、品种改良等手段，调节果实成熟期，使橙子一年可以收获两季，4～7月成熟的夏橙和10月至翌年4月成熟的脐橙分期上市，柠檬、葡萄柚和柑橘的品种系列也可以一年四季不断。

合作社拥有的60多个包装厂向果农提供摘、选、包全套服务，合作社内部实行专业化分工，有近百家包装厂、饮料加工厂和副产品加工厂，并拥有一批专职从事各种服务的专业队伍，使果农工作很轻松。每逢收获季节，合作社的科技人员专门向果农讲授采摘技巧，果农也可以打电话让合作社派专业采摘人员上门摘果。在摘果过程中，第一次是人工挑选，摘完后又采用全套流水线由机器选果及包装，使果品大小、色泽一致，洗净弄干后按72只一箱、88只一箱和100只一箱三种规格包装。每个包装厂都有十几位质检人员，每箱果实都打上包装厂及责任人标记，一旦发现问题，可迅速追查到经办责任人。那些外表难看或者是体积太大或太小的水果，则送到合作社的加工厂制成饮料。果皮还可以加工成饲料等副产品，剩余废料则作为电厂燃料。由于采取冷藏等先进保鲜手段，新奇士水果一般保鲜期可达30天左右。

（二）盈利模式

新奇士合作社的利润来自两个方面，一方面是加入合作社所缴纳的会费，另一方面是专利费。自2003年起，新奇士推出商标授权计划，授权全世界各地有能力的合作伙伴使用其商标，并收取不菲的专利费。如美国通用磨坊食品公司、英国吉百利史威士股份有限公司、中国香港屈臣氏集团有限公司等。截至2017年2月，全球范围内共有49家公司使用“新奇士”品牌商标，生产饮料、糖果、果干，甚至书籍、家居用品等接近700种产品，产品遍布世界77个国家和地区。这些产品虽然并不由“新奇士”出产，但是它们的质量检测和宣传标准都在“新奇士”的监督之下。授权计划使得“新奇士”能够免费获得广泛的宣传效益，授权的 49 家公司都相当于在为“新奇士”做免费广告。新奇士无须花费一毛钱就能享有价值数百万美元的宣传效益，专利费收入也使新奇士果农的投资额低于全球任何一个合作社。此外，每个经授权使用新奇士商标的组织都是新奇士海外加工产品的大宗购买者，为新奇士增加数百万美元的收入。

（三）营销方式

1. 树立品牌形象

中国和美国签订中国加入 WTO 协议后，新奇士就组织了快速抢滩中国市场的成功策略：1999 年 3 月 24 日，一个装满 20 吨“新奇士”橙的集装箱从美国长滩离港，由与中国进行 WTO 谈判的美国首席贸易代表巴尼舍夫斯基、美国农业部副部长亲自为它“送行”；当日，新奇士促销团抵达上海，一下飞机就举行了新闻发布会；紧接着，促销广告实行地毯式轰炸。1800 箱新奇士橙一到岸就在 2 小时内被销售一空。

为树立品牌形象，新奇士合作社积极投放广告，并参与各种社会活动以提高产品知名度，它赞助美国著名的橄榄球冠军锦标赛，向青少年球队捐赠水果，每年“柑橘小姐”评选活动的优胜者就是产品的代言人。在新奇士的网站上，还有“柠檬小姐”专栏，介绍各种用柑橘、柠檬做的好吃的食品。

2. 广告营销

在 1916 年以前，柑橘一直只是当作水果生吃的，但是，当新奇士推出其“喝一个橘子”的广告后，橘子的销售翻了四番。1917 年，新奇士又向餐馆和汽水店推出了榨汁机，后来又向家庭推出这种机器。在一段时期内，新奇士不断利用广告来扩大其产品的用途。例如，它曾向妇女推销柠檬，宣称柠檬是使女性头发更加柔顺光滑的良方。几十年以后，新奇士仍在继续突出表现柑橘的维生素 C 含量。今天，由于大多数人都深知柑橘类水果有益于人的健康，因此新奇士只使用上面这条引人注目的广告来提示这些益处，以及标志着品质的品牌名称。

在电视上，新奇士广告的任务是要用一种便于记忆、引人注目、令人愉快而又包含信息的方式向消费者表现新奇士的品牌与别的品牌的差异。按广告所说，为了找到最好的橘子，有些顾客对每一个橘子又挤、又摇、又端详。其实，他们只需“转一下手腕”，还有，“别忘了看一下标签”。

三、新奇士橙的竞争优势

（一）注重产品质量

品质控制是新奇士橙的第一守则。因此监察员每日均要巡视每个包装厂房，以保证每道工序都能严格遵守所有规定，凡是果农会员交上来但不合标准的果品都拿去加工。这个程序也是新奇士橙是成功的主要因素之一。水果市场要求的橘果，都会在此加工，制成各种果汁及果皮产品。长期以来新奇士在推广营养教育方面一直处于领导地位。新奇士是全美首个提出研究维生素 C 营养价值的广告商，也是首个出品富有营养标签冷藏浓缩橙汁的橘果加工制造商。

（二）避免内部竞争

100 多年前，美国西部的加利福尼亚州和亚利桑那州就有大面积的果树种植园，因为这里阳光充足、土壤肥沃、昼暖夜凉，十分适合水果的生长和储存。但由于大家生产的水果都差不多，每逢风调雨顺的好年景，往往出现产品积压。为争夺市场，大家竞相压价，结果“果贱伤农”，谁也没得到多少好处。

经过多次“窝里斗”之后，果农们开始在一起商量，不能擅自杀价，应该一致对外，让大家都有利可图。于是，个体果农们自发组织起“水果合作社”。如今，合作社拥有长期工作人员 300 人，临时工 500 人，成员达 6000 多个，涵盖了加州和亚利桑那州的大部分果农。所有成员产的水果都用统一的“新奇士”商标。合作社成员生产的脐橙、柑橘、柠檬、葡萄柚等水果，根据质量不同分成不同档次，每个档次都有统一价格，统一用新奇士商标，避免成员之间的价格竞争。

（三）产品因地制宜

“新奇士”对各个国家柑橘水果消费者的爱好进行了研究，利用不同地区的特质，进行地理市场细分，实行有针对性的出口。比如，日本人喜欢吃鱼，习惯用柠檬去除腥味，因此着力于攻占日本的柠檬市场。而中国人喜欢吃甜的，就以出口脐橙和夏橙为主。同时，针对中国消费者喜好，还曾在柑橘上印上了代表中国的龙图案，使得“新奇士”柑橘产品一度受到消费者热捧。此外，为满足高端消费者的需求，“新奇士”推出了有机柑橘产品，该产品的种植者和包装公司均通过了美国农业部的有机认证。2015 年，美国有机柑橘产品的零售额增长了 14%，是普通柑橘产品的 3 倍（美国新奇士网站）。

四、结论与启示

新奇士作为一个农产品品牌，之所以可以享誉全球市场，主要在于以下几个方面：第一，新奇士作为一个合作社，显然其运行和管理是十分合理的，这为一个品牌的成功提供了最基础的保障；第二，作为农产品来说，消费者最注重的便是质量和口感。而新奇士有着完备的果树档案和标准体系，因此，其质量深受消费者的信任；第三，一个品牌的成功除了质量过硬以外，还需要合理的宣传与营销，而新奇士橙在这一方面，做得也是非常到位的。因此，新奇士橙这一农产品品牌的成功之路值得我国借鉴。

（一）成立合理可行的运营机构

美国新奇士橙这一品牌主要是以合作社的方式在运营，且其组织结构根据其农业的具体情况而定，是非常合理的。

我国也有类似的农业合作社品牌，如内蒙古鄂温克旗伊兰嘎查牧民专业合作社的呼伦贝尔羊肉、江苏省南京市高淳区青松水产专业合作社的固城湖螃蟹等，但在我国各种合作社中，部分是由政府主导建立，因此会缺乏文化根基。反观新奇士橙，其名称“Sunkist”意为太阳亲吻它，这会鼓励会员应当竭尽全力种出最好的水果，这就是文化的力量。新奇士橙这一合作社品牌之所以发展良好，在于重视合作社文化建设，有意识地把合作社理念、合作社基本人文精神等贯穿到农民教育中去。而品牌与文化息息相关，合作社品牌的发展在很大程度上依赖于组织文化建设，合作社文化与农民的民主意识、参与意识的发展，人文精神和公民社会的培育都密不可分。因此，对于由合作社进行运营和管理的农产品品牌，应吸取新奇士橙的运营经验，注重品牌文化建设，让所有社员感受到独特的文化并真正地融入到合作社中去。

当然，我国农产品品牌更多的是区域品牌、渠道品牌以及个人品牌。对于这三种不同类型的品牌建设，应根据不同的农产品进行不同方式的建设和管理。

（二）建立健全农产品标准化体系

新奇士橙的成功不仅仅在于品牌的宣传和营销，最重要的是其质量和口感深受消费者喜爱。从上文的分析我们可以看出，对于新奇士橙的生产，合作社有一套自身的标准体系，且所有的产品均按照这一套标准来进行生产和加工，由此，质量可以得到保证。就我国农产品市场而言，中国的标准化建设还处在起步阶段，有关农业的标准化体系同发达国家相比还存在较大差距。由于缺乏一套标准体系，市场上的农产品质量参差不齐，由此，我们应做到以下几点：国家有关部门应尽快制定和颁布一部与农业标准化管理相对应的法律，并以此建立健全农产品的质量标准体系、质量检验体系和质量认证体系，确保其与国际标准相配套，并且接近或超过国际标准。按照农产品质量标准体系制定出一套包含农产品产前、产中、产后各环节的标准化生产规范。发挥市场机制的作用，建立市场准入制度，引导和提高果农的标准化意识。将标准化始终贯穿于农产品生产、加工、贮藏、运输的全过程，提高农产品产业化经营的整体水平。对于拥有品牌的农产品来说，应建立自身的一套生产和经营标准，而这项标准应达到甚至超过国家规定的标准，并应该严格按照这套体系执行，以保证产品的质量和品牌的名誉。

（三）加强品牌宣传

品牌运作是现代农业的一个重要组成部分。美国的“新奇士”，品牌价值超过 10 亿美元。一方面受益于其严格的标准体系，另一方面则是其巧妙的品牌宣传。反观我国柑橘的情况，我国柑橘的品牌建设始于 20 世纪 90 年代初，十多年来品牌数量有了很大的增长，浙江省注册的柑橘品牌不下 200 个。但是，目前浙江省柑橘的品牌发展仍处于“春秋战国”时期，表现为品牌数量多、知名品牌少，小品牌多、有一定实力的品牌少，因此，在市场上并无具有代表性的大品牌。

根据新奇士橙的品牌运作和宣传方式，我国建设品牌时应做到以下几点。首先，我国农产品应该根据自身的不同情况明确市场定位生产产品，优化特色农产品品种结构，并使用同一品牌开拓销售渠道，促进品牌农产品走向世界市场。其次，做好品牌的宣传和营销。上文提到，新奇士橙赞助美国著名的橄榄球冠军锦标赛，向青少年球队捐赠水果，每年“柑橘小姐”评选活动的优胜者就是产品的代言人，等等，再加上让人过目不忘的具有代表性的广告宣传标语，因此给消费者留下了十分深刻的印象。就我国来说，应加大品牌宣传力度。除此以外，对于我国许许多多的品牌侵权现象，品牌商一方面应加强内部管理，提高产品质量，珍惜和维护品牌信誉，另一方面应对自己的品牌进行商标注册，求得法律保护；国家有关部门应积极培育优良的市场竞争环境，打击假冒伪劣产品，为品牌农产品保驾护航。

（四）加大扶持力度，落实优惠政策

当然，除了学习新奇士橙的经验以外，根据我国农业的基本情况，还应加大对农业的扶持力度。不仅要加强财政资金的扶持力度。各级财政应该设立专项资金来扶持农业合作社以及农业品牌商的项目建设。对于农业合作社应加强技术方面的投入和管理，鼓励相关技术人员深入农业合作社，对农民进行培训和技术指导。对于品牌商来说，国家应增加品牌建设的扶持力度。也要加强信贷支持。对于农业合作社来说，农村信用社每年要安排一定比例的信贷资金解决合作社发展的资金问题。对于品牌商来说，加大信贷支持以便于品牌商的资金流动，更好地对品牌进行建设和推广。还要落实税收优惠政策。贯彻落实中央、省、市各级政府出台的一系列扶持农业发展的优惠政策。

第十六章 “褚橙”进京之路

本章案例首先对“褚橙”发展历程进行梳理，介绍“褚橙”发展的概况；其次分析“褚橙”再造的营销模式。其中互联网营销模式主要包括买手制、讲品牌故事和新媒体营销；在对“褚橙”有了一定的了解后，对“褚橙”火爆背后采取的品牌运作策略进行全面细致的分析，一是“褚橙”在品牌定位上的运作策略包括品牌的成功命名、确立品牌核心价值以及目标消费者的定位，二是“褚橙”在互联网背景下运用的社会化营销策略，包括故事营销策略、口碑营销策略等。“褚橙”经验表明：在互联网时代要想成功开拓电商渠道，就必须明确市场定位，以品牌个性和文化构建品牌价值、重视品牌建设、运用多种品牌营销策略。

一、褚橙案例简介

近几年，每到入冬时节，“褚橙”上市都成为一个热门话题。“褚橙”，因昔日“烟王”红塔集团原董事长褚时健而得名。因褚时健75岁再创业，辛苦种植8年而成，也有人称“褚橙”为“励志橙”。“褚橙”甜中微微泛着酸，像极了人生的味道。提起“褚橙”两个字，在感觉上好像离我们很遥远，但褚时健已经通过电商平台，让其离我们很近。如果一个人想购买，十分简单，只要轻点鼠标，就能坐等“褚橙”送货上门了。

目前，从本来生活网上看，“褚橙”家庭版优级128元/箱（5公斤），经典版特级148元/箱（5公斤），便宜的“褚橙”也要12.8元/斤，论价格，一点不便宜，有的消费者买后认为，卖相也不太好，但“褚橙”依旧在网上卖得火热。褚时健种植的“褚橙”能够大卖，电商的功劳不小。2013年11月，“褚橙”再次借助本来生活网在北京销售。此前，预售一周，个性化包装的青春版“褚橙”全部售罄；预售三周，首批特级“褚橙”于11月11日当天全部售罄。“双11”

当天，本来生活网的“褚橙”销量超过上年销量200吨，创下国内农产品销售奇迹。同时，“褚橙”还吸引了不少互联网巨头的参与，聚划算、新浪微博、360等平台提供了很大的支持，口袋购物等无线终端也参与其中。

“褚橙”除了借助电商销售的途径，褚时健的特殊身份和人脉关系也帮了不少忙。“褚橙”首次进京，经媒体报道后，深圳万科股份有限公司董事长王石、天使投资人徐小平等名人在微博上进行了转发，引发热议。名人确实让“褚橙”火了一把，但王石、徐小平等人的影响力所辐射的主要是“50后”“60后”，或“70后”的人群。为了让“褚橙”辐射的人群更广，“褚橙”的电商邀请了赵蕊蕊、蒋方舟、黄凯、张博等十位“80后”励志人物代表，拍摄了“‘80后’致敬‘80后’”（85岁的褚时健）梦想传承系列视频，其符合“80后”价值观的励志话语深深打动了这一代年轻人，视频随之迅速在网上流传，“褚橙”被更多的年轻人所认识。

如今的“褚橙”确实火了。75岁高龄再创业，原红塔集团董事长褚时健卖橙子，名人效应加上微博、平面媒体的免费传播，再加上橙子独特的品质，褚时健种植的橙子已经形成了强大的品牌，选择电商打入北上广等一线城市市场，成功对于“褚橙”来说似乎水到渠成。不得不承认的是，“褚橙”的发展模式可能难以复制，但其热销的背后，让人们看到了一个新型的发展模式，从基地生产、产品培育、品牌塑造，到渠道销售，再到依靠电商销售，实现了农产品与电商的完美结合。

二、“褚橙”的营销模式

“褚橙”营销中的早期电商——本来生活网所采用的各种营销策略是互联网时代的“褚橙”营销再造的集中体现。本来生活网不直接从事生产，其核心业务着眼于产品开发和用户沟通，善于借助互联网营销获得市场份额，在“褚橙”营销再造中发挥领头羊作用。本来生活网采用的互联网营销策略主要包括买手制、讲品牌故事和新媒体营销。

第一，买手制。为保证农产品质量，本来生活网通过买手制从全国各地优质基地中精挑细选平台商品，实现基地平台直供。网站商品销售介绍中标明买手名字和照片，并记录其采购心得，用户可以直观了解买手选择该商品理由，可以直接参与评论，用户意见成为网站优化采购决策的重要依据。买手制好处在于：买手亲临一线挖掘产品，有助于找到货真价实的好产品；买手与消费者及时有效沟通，有助于找到满足消费者需求的好产品；具有记者功底的买手可以利用采购过程中的一手资料，设计出真实、辨识度高的营销策略，增加消费者购买欲望。

第二，讲品牌故事。本来生活网买手把“褚橙”包装成一个有故事的橙子，褚橙故事源自生产者褚时健的个人故事：2002年曾经因贪污罪入狱的原红塔集团董事长褚时健75岁保外就医再创业，开始种植云南冰糖脐橙；8年后上市，“褚橙”经历销售难，直到被冠以“褚时健种的橙子”才好卖。本来生活网将“褚时健种的橙子”简化为“褚橙”品牌，并将褚老跌宕人生的励志故事浓缩为“励志”二字形成品牌核心价值，通过讲故事的方法给消费者呈现出一款与众不同的冰糖橙。讲品牌故事实质上是通过好故事进行品牌建设和差异化营销。

第三，新媒体营销。互联网时代酒香也怕巷子深，好故事要有好媒介才能广而告之。互联网时代的好媒介就是新媒体。新媒体（New Media）是一个相对概念，是继报刊、广播、电视等传统媒体以后发展起来的新媒体形态，包括网络媒体、手机媒体、数字电视等，实质是数字化营销。其特点是交互性与即时性、海量性与共享性、多媒体与超文本以及个性化与社群化。以新媒体为媒介，每个网民都是自媒体，都是信息中心和内容发布者，大部分网民喜欢“围观”偏好“从众”，喜欢“简单”偏好“爆款”，注重体验营销、口碑意见，愿意响应意见领袖号召。

本来生活网根据新媒体特点发起三次营销。第一次是“‘褚橙’进京”，本来生活网微博转发2012年10月27日经济观察刊出的《“褚橙”进京》文章，获得王石、柳传志等人的情感共鸣和转发，随后在微博圈被广泛转发，“褚橙”迎来电商销售开门红。第二次是“‘80后’致敬‘80后’”。本来生活网邀请赵蕊蕊、蒋方舟、黄凯、张博等十位“80后”励志人物代表，拍摄他们自述的励志故事视频向褚老致敬。视频同样在网上广为流传，该活动成功将“褚橙”目标群体由“60后”扩散至年轻人。第三次是为网络大V和各领域达人推出定制化包装的褚橙，以韩寒为例，当他收到“褚橙”并将“褚橙”照片上传网络后获得300万次阅读和5000多次评论；该活动再次成功地为“褚橙”做了推广。本来生活网通过门户网站、微博、微信等新媒体将好故事以接近零成本方式广而告之，成功地将“褚橙”打造成网络“精品和爆款”。

三、褚橙品牌的经营之道

（一）准确市场定位确立品牌价值

从一个普通的冰糖橙到市场爆款的“励志橙”，这种成功并不是偶然发生的，在这火爆的背后蕴含了许多品牌运作策略。

1. 成功的品牌命名

2008 年，褚时健老两口在街头促销的是名为“云冠”的冰糖橙，因为当地冰糖橙种类繁多，并没有统一的品牌，加上市场竞争激烈，橙子很难卖出。后来，褚时健的妻子打出“褚时健种的冰糖橙”这样一条横幅，促销效果明显好转，“褚时健种的冰糖橙”很快就销售一空。“褚橙”这个品牌能够得到消费者的认可，符合品牌命名的以下几个原则：易读易记原则、暗示产品属性原则、启发品牌联想。

2. 品牌核心价值的确立

品牌核心价值让消费者清晰地识别并记住品牌的与众不同的个性和独特的利益点，是驱动消费者认同、喜欢乃至对这个品牌的忠诚的主要力量。

消费者吃到甜中带酸的“褚橙”后首先联想到的就是褚时健的人生，从而联想到身边还在奋斗的亲朋好友，将褚橙作为礼品相送，代表的是一种励志精神的传承。而这里的励志精神就是“褚橙”以情感性与自我表现利益为主的品牌核心价值。他将品牌人格化、个性化，给予消费者情感归属，精神享受，并且成为消费者展现表达自我价值观、人生观的载体，因此，消费者就会自觉地、积极地参与到品牌的传播当中来表现其独特的自我利益。当然，没有过硬的产品质量就没有独特的功能性利益，没有功能性利益、情感性利益和自我表达利益就没有根基，“褚橙”的品牌核心价值就是这三种利益的和谐统一。

3. 品牌目标消费者定位

消费者有着各种各样的类型，不同消费群体有着不同的消费层次、消费习惯和购买力，企业的品牌定位需要从目标消费者出发，关注目标消费者的需求动态进而满足消费者的需求。随着时代的发展和产品的更迭，企业还可以将目标消费者向年轻群体转移。

2012 年之前，“褚橙”的购买群体大多为“60 后”“70 后”，这是由于褚时健代表老一辈的企业家，他的个人故事为老一辈所熟知。2013 年 11 月，为了扩大褚橙的目标消费群体，本来生活网拍摄了“‘80 后’向‘80 后’致敬”的梦想传承系列视频，在该视频中当代十位“80 后”优秀励志代表包括蒋方舟、黄凯、张博等都分别讲述了自己的励志故事，并向褚老表达出自己的敬意。在当月的 16 日，“80 后”作家韩寒发布一条“我觉得，送礼的时候不用那么精准的”微博，得到网友 300 多万人次阅读量。经过这两波的营销推广，“褚橙”将目标消费者群体迅速从“60 后”转移到“80 后”，完成了品牌消费群体的年轻化。

（二）互联网思维体现营销理念

互联网时代的营销必须有效利用互联网。互联网营销虽然没有约定俗成的套路，但是要求营销主体拥有用户思维、简约思维、极致思维、迭代思维、流量思维和平台思维。以褚橙互联网营销为例，从“60 后”到年轻人不断调整目标群体，只做好产品、注重用户体验和用户口碑是用户思维的体现。只推出三种型号的“褚橙”，品牌精神精练、产品挑选容易、付款简单、送货及时是简约思维的体现。将“褚橙”做到同类最好达到自我营销目的是极致思维的体现。案例中虽然没有出现更新迭代产品，但是通过三次不同迭代主题的新媒体营销吸引消费者持续“围观”，这是迭代思维的体现。通过新媒体营销在短时间内增加平台消费者流量形成需方规模经济，这是流量思维的体现。最后，本来生活网没有土地、没有果农、不做储存、不做物流，只做自己最擅长的模块——互联网营销和用户沟通；新平金泰公司只管生产和渠道建设，尊重电商营销策略，双方互惠共赢，这是平台思维的体现。以上几种思维方式实质上是市场营销理念在互联网时代的有效表达。

（三）故事营销展现品牌核心价值

故事营销指的是在品牌塑造时以讲故事的形式向消费者传达产品、品牌的相关信息，为品牌注入情感，提升和丰富品牌的内涵，从而得到消费者对产品品牌认可的一种营销策略。“褚橙”正是成功地运用褚时健个人的励志精神来讲故事，从而引发消费者共鸣的。

“褚橙”通过讲故事的营销策略，为“褚橙”注入品牌核心价值——励志精神，而对于购买“褚橙”的消费行为，实际上就是一种励志精神的传承，完美表达了“褚橙”“人生总有起落，精神终可传承”的广告标语。“褚橙”故事营销的成功之处有以下几点：第一，“褚橙”的故事营销成功将创始人褚时健带有传奇色彩的人生经历融入营销，极易抓取消费者的眼球；第二，“褚橙”的故事营销将产品独特功能传递出来，得到消费者信任；第三，“褚橙”所讲的故事既包含了褚老的励志精神又包括了企业家对产品精益求精的极致追求，这种正能量和匠心精神在日益浮躁的今天非常容易打动消费者的内心，引起消费者的共鸣。因此，褚橙过硬的产品质量与其励志内涵故事相辅相成，才能够让故事营销策略如此成功。

（四）网络口碑营销策略刺激消费

随着互联网的迅猛发展，网络口碑营销越来越成为企业营销的一种重要手段。实际上网络口碑营销是网络营销与口碑营销相结合的一种营销方式，通过互联网信息传播技术与互联网平台，消费者以文字，图片、视频等多种方式表达、分享自己对产品或服务的使用感受，这种由消费者在网上表达分享的内容即为网络口碑。在现代的完整网络购物过程中一般包含以下几个步骤：首先发现商品，其次与同类型的产品进行比较，再次确认购买已选择的产品，最后在网上分享其购买产品的心得和体会。

褚橙的网络口碑营销策略也是围绕这四个步骤逐步展开。首先通过社会化媒体大肆宣传让消费者发现褚橙这个产品；其次与其他同类竞争产品进行比较，着重突出褚橙独特的功能性和品牌核心价值，得到消费者的信任并且产生购买行为；最后鼓励和支持消费者在购物网站和社交网站留下购买心得和体会。褚橙充分利用社交网站和购物网站的传播优势来进行口碑营销，将产品的信息、功能、特点等成功融入消费者的社交圈，让每个消费者积极地、自觉地参与到口碑传播当中，最后以非常低的成本甚至零成本达到裂变式传播效果。这种正向的网络口碑传播，又进一步得到了目标消费者的信任，加强了目标消费者的购买冲动，促使其产生消费行为，这种良性循环不仅具有强大的影响力，而且节省了很多营销成本，这就是网络口碑营销的力量。

四、结论与启示

本章案例首先对褚橙发展历程进行了梳理，介绍了褚橙的发展概况，其次分析了褚橙再造的营销模式，最后对褚橙火爆背后采取的品牌运作策略进行全面细致的分析。褚橙经验表明：在互联网时代要想成功开拓电商渠道，就必须明确市场定位，以品牌个性和文化构建品牌价值重视品牌建设、运用多种品牌营销策略。

（一）明确市场定位

市场定位有助于消费者牢记品牌，有助于传达品牌的核心价值，是品牌营销的基础。目标市场定位的实质在于对已经确定的目标市场，从产品特征出发进行更深层次的剖析，进而确定企业营销，最终落实到具体产品的生产和推销上。企业的任务就是创造产品的特色，使之在消费者心目中占据突出的地位，留下鲜明的印象。一些企业在选择市场定位策略时很容易，但在许多时候，两家或者更多的企业会有相同的定位，因此，必须想办法将自己与其他企业区别开。为获得竞争优势而进行的目标市场定位包括以下主要任务：识别可能的竞争优势，选择适当的竞争优势和传播选定的市场定位。

（二）以品牌个性和文化构建品牌价值

在品牌社群内，由于消费者往往会对某一个品牌产生特殊感情，会顺带接受该品牌所宣传的形象价值以及世界观、人生观、价值观，认为自己与之相吻合，并因此引起了共鸣。因此，一个企业的品牌理念、品牌个性就直接决定了能否吸引社群成员以及吸引到什么样的社群成员。这就要求企业需要对自己的产品品牌有着清晰明确的品牌定位，并且具有能引起目标消费者情感共鸣的品牌象征，并将这种象征宣传出去，这样才能最大限度地吸引相近群体的加入、聚集、连接，并加深这些成员对品牌的深入理解，获得他们的认可和支持。

品牌的个性化形象实际上也是社群成员的个人形象，社群成员将他们认可的价值观，审美观寄托在品牌的象征意义上，与此同时，社群成员在社群中生产的内容，在社群中参与的活动都会与品牌的定位、品牌的个性相符合，从而使社群拥有了品牌个性，与之相互影响，相互融合。

（三）运用多种品牌营销策略

互联网时代的营销必须有效利用互联网，并善用多种品牌营销策略。本章的“褚橙”营销案例中，“褚橙”通过三次不同迭代主题的新媒体营销吸引消费者持续“围观”，通过新媒体营销在短时间内形成需方规模经济，没有土地的果农只做自己最擅长的模块，这便是互联网思维的体现。此外，善用故事可展现品牌核心价值，“褚橙”正是成功地运用褚时健个人的励志精神来讲故事，从而引发消费者共鸣的；善用网络口碑营销策略可刺激消费，消费者以文字、图片、视频等多种方式表达、分享自己对产品或服务的使用感受，从而吸引了一批又一批的消费者，实现了互利共赢。

参考文献

[1] Debra Riley, Nathalie Charlton, Hillary Wason. The Impact of Brand Image Fiton Attitude towards a Brand Alliance [J]. Management & Marketing, 2015, 10 (4).

[2] Evans. Robert, Timothy. W. Guinnane. Collective Reputation, Professional Regulation and Franchising. Discussion Paper [EB/OL]. http://cowles. econ. yale. edu? 4. Cosmides. J., Tooby. J. Better than Rational: Evolutionary Psychology and the Invisible Hand [J]. The American Economic Review, 1994, 84 (2): 327–332.

[3] Francois Marticotte, Manon Arcand, Damien Baudry. The Impact of Brand Evangelismon Oppositional Referrals towards a Rival Brand [J]. Journal of Product & Brand Management, 2016 (6): 25–30.

[4] Hannelore Crijns, Veroline Cauberghe, Liselot Hudders, An – Sofie Claeys. How to Deal With Online Consumer Comments During a Crisis? The Impact of Personalized Organizational Responses on Organizational Reputation [J]. Computers in Human Behavior, 2017 (2): 70–75.

[5] JanneHepola, Heikki Karjaluoto, Anni Hintikka. The Effect of Sensory Brand Experience and Involvement on Brand Equity Directly and Indirectly through Consumer Brand Engagement [J]. Journal of Product & Brand Management, 2017, 26 (3).

[6] Jean – Noel Kapfer. Strategic Brand Management: New Approaches to Creating and Evaluating Brand Equity [M]. London: Prentice Hall, 1992.

[7] Kevin Lane Keller. Strategic Brand Mangaement: Building, Measuring, and Managing Brand Equity [M]. Nwe Jersey: Pearson Prentice Hall, 1998.

[8] Quagrainie K K, J J Mc Cluskey, M L Loureiro. A Latent Structure Approachto

Measuring Reputation [J]. Sourthern Economic Journal, 2003 (67): 966－977.

[9] Shapiro I J. Marketing Terms: Definitions, Explanations and Aspects (3rd ed) [M]. UK: S－M－C Publishing Company, 1995.

[10] Winfree J A, Mc Cluskey, J. Collective Reputationand Quality [J]. American Journal of Agricultural Economics, 2005 (87): 206－213.

[11] Young Gin Choi, Chihyung "Michael" Ok, Sunghyup Sean Hyun. Relationships between Brand Experiences, Personality Traits, Prestige, Relationship Quality, and Loyalty [J]. International Journal of Contemporary Hospitality Management, 2017, 29 (4).

[12] [英] 加文·安布罗斯，保罗·哈里斯，创造品牌的包装设计 [M]. 张馥玫译. 北京：中国青年出版社，2012.

[13] 艾·里斯等. 品牌的起源. [M]. 寿雯译. 北京：机械工业出版社，2013.

[14] 曹立群. 舟山特色农产品区域品牌建设研究 [D]. 杭州：浙江海洋大学，2017.

[15] 曹琳. 品牌的质量信号特征及信息传递模型 [J]. 西安财经学院学报，2010，23 (6)：43－47.

[16] 曹文成. 行业协会在现代农业中的作用和意义 [C]. 首届湖湘三农论坛论文集（中），2008.

[17] 陈晨. 品牌建设对我国经济增长的影响研究 [D]. 南京：南京大学，2016.

[18] 陈汇才. 基于信息不对称视角的农产品质量安全探析 [J]. 生态经济，2011 (11)：130－133.

[19] 陈磊，姜海，孙佳新，马秀云. 农业品牌化的建设路径与政策选择——基于黑林镇特色水果产业品牌实证研究 [J]. 农业现代化研究，2018，39 (2)：203－210.

[20] 陈书明. 基于信息不对称理论的河南农产品质量安全体系现状分析及发展对策 [J]. 粮食加工，2016，41 (6)：5－8.

[21] 陈锡富. 工业品牌的特点和战略 [J]. 现代管理科学，2007 (10).

[22] 陈艳莹，桑池军. 集体声誉、市场结构与农民专业合作社的垄断规制 [J]. 产业经济评论（山东大学），2015，14 (3)：46－58.

[23] 陈颖. "万州红桔" 特色农产品品牌建设研究 [D]. 长沙：中南林业

科技大学，2017.

［24］单泪源，谢瑶瑶，刘小红．品牌资产形成过程与食品企业产品可追溯体系建设的内部动因及策略——基于信号机制对品牌资产形成影响机理的研究［J］．商业研究，2017（11）：7－16.

［25］邓海建．携程在手，到底该怎么“走”［J］．法律与生活，2017（21）.

［26］丁辉．品牌、信息、风险与不确定性——品牌的本质与未来［J］．品牌研究，2018（4）：3.

［27］丁涛．品牌形象设计导论［M］．北京：中国水利水电出版社，2015.

［28］盖雄雄．解读农产品品牌命名误区［J］．市场观察，2012（2）：36.

［29］高鑫，董志文．品牌价值研究综述［J］．江苏商论，2014（11）：17－21.

［30］高原，朱丽莉．品牌食品加工企业质量信号发送机制实证研究［J］．企业经济，2017，36（1）：147－152.

［31］葛继红，周曙东，王文昊．互联网时代农产品运销再造——来自“褚橙”的例证［J］．农业经济问题，2016，37（10）：51－59＋111.

［32］耿建忠，吴殿廷，叶倩，杨欢．基于图论的西藏旅游线路评价与优化研究［J］．地域研究与开发，2011，30（1）：104－109.

［33］耿献辉，陈凯渊．如何做好蔬菜品牌建设［J］．长江蔬菜，2014（7）：54－56.

［34］耿献辉，高梦茹，方芳．梨产业品牌建设探讨——兼论海城南果梨品牌管理［J］．北方果树，2017（6）：38－40.

［35］管红，李文文．基于社会化媒体的公共图书馆服务研究［J］．现代情报，2013，33（10）：159－161.

［36］郭桂萍，李斌玉，张炬．品牌策划与推广［M］．北京：清华大学出版社，2015.

［37］郭建男．做一个有“故事”的农产品［J］．新农业，2017（8）：51－52.

［38］韩科锋．农产品营销中市场细分策略应用［J］．商业时代，2004（15）：32－33.

［39］韩志辉．狂吃十万亿：中国农产品食品高附加值成长模式［M］．北京：机械工业出版社，2012.

［40］何坪华，凌远云，刘华楠．消费者对食品质量信号的利用及其影响因素分析——来自9市、县消费者的调查［J］．中国农村观察，2008（4）：41－52.

［41］何瑛，吴韵琴．农产品品牌建设中政府扶持政策研究［J］．安徽农业科学，2012，40（10）：6219－6220.

［42］洪文生．区域品牌建设的途径［J］．发展研究，2005（3）：34－36.

［43］胡旺盛，魏晓敏．品牌杠杆作用下品牌创新的策略研究［J］．商业经济研究，2017（19）：67－68.

［44］胡钰．农产品“柠檬困境”中的市场主体分析——基于信息不对称下的农产品市场视角［J］．经济研究导刊，2015（12）：65－66.

［45］黄静．品牌管理（第二版）［M］．武汉：武汉大学出版社，2015.

［46］黄蕾，罗明．特色农产品经营中的声誉机制研究［J］．农村经济，2007（9）：25－29.

［47］黄俐晔．农产品区域品牌建设主体和机制分析［J］．科技管理研究，2008（5）：51－55.

［48］黄俐晔．农产品区域品牌研究——基于主体、机制的角度［J］．贵州社会科学，2008（4）：97－101.

［49］黄修杰．基于传播学视角的我国农产品品牌培育研究［J］．中国农学通报，2010，26（24）：416－420.

［50］贾爱萍．中小企业集群区域品牌建设初探［J］．北方经贸，2004（3）：81－82.

［51］贾昌荣．工业品品牌传播的操作之道［J］．中国机电工业，2005（5）：56－58.

［52］姜胜利．基于原产地形象的银宝公司品牌提升策略研究［D］．济南：山东大学，2008.

［53］蒋雯昊．论农产品的市场营销［J］．时代金融，2008（10）：53－54.

［54］焦金芝．消费者对食品质量信号的认知及其影响因素分析［D］．武汉：华中农业大学，2008.

［55］靳娟．中国企业的国际品牌策略——品牌文化内涵的国际化扩散［J］．价值工程，2013（22）：142－143.

［56］菁菁．如何有效实施品牌战略管理［J］．中国质量技术监督，2011（11）：70－71.

［57］［美］凯文·莱恩·凯勒，吴水龙．战略品牌管理．［M］．何云译，

北京：中国人民大学出版社，2009.

［58］黎建新．品牌管理品牌管理［M］．北京：机械工业出版社，2012.

［59］李保仁，赵晓亮．我国农村未来改革之展望——基于俱乐部理论的我国两次农村改革的经济学分析与启示［J］．理论探讨，2016（3）：73－77.

［60］李春成，李崇光．农产品营销渠道发展对策探讨［J］．华南农业大学学报（社会科学版），2006（1）：27－31.

［61］李东奇，葛文光，张雪梅．农产品营销策略研究综述［J］．热带农业工程，2012，36（4）：49－55.

［62］李干琼．SV因子分析框架下的农产品市场短期预测［D］．北京：中国农业科学院，2012.

［63］李金波，聂辉华，沈吉．团队生产、集体声誉和分享规则［J］．经济学（季刊），2010，9（3）：941－960.

［64］李莉．以文化为依托的社会化媒体品牌传播策略——以天津市农产品为例［A］．中国管理现代化研究会、复旦管理学奖励基金会．第十二届（2017）中国管理学年会论文集［C］．中国管理现代化研究会、复旦管理学奖励基金会：中国管理现代化研究会，2017.

［65］李敏．农产品品牌命名与品牌传播——以中国国际农业博览会种植业478种名牌产品品名为例的分析［J］．华东经济管理，2006（4）：23－25.

［66］李琦．农产品品牌形象多形态设计的应用研究［D］．杭州：浙江理工大学，2017.

［67］李姗．中国农产品品牌发展研究报告　下一步将探索建立农产品品牌目录制度［J］．农村工作通讯，2014（24）：61－61.

［68］李淑梅．供应链产品销售与定价策略研究——基于品牌价值差异化的分析与选择［J］．价格理论与实践，2017（12）：157－160.

［69］李苏，韩科锋．农产品营销中市场细分策略应用［J］．商业时代，2004（15）：32－33.

［70］李想，王晓璇．哈尔滨市珠宝行业品牌维护的探索之路［J］．经济师，2017（12）：162－163.

［71］李亚林．农产品区域品牌：内涵、特征和作用［J］．品牌营销，2010（2）：107－108.

［72］李勇，任国元，杨万江．安全农产品市场信息不对称及政府干预［J］．农业经济问题，2004（3）：62－64.

［73］李逾男．品牌管理［M］．北京：北京理工大学出版社，2017.

［74］梁天宝．基于消费认知的地理标志农产品品牌战略研究——以广东地理标志砂糖橘为例［J］．农村经济与科技，2011，22（6）：187－189.

［75］林汉铮，温宏岩，李于昆．数字化时代的品牌标志设计发展趋势［J］．美与时代（上），2016（10）：67－69.

［76］刘常宝，肖永添．品牌管理［M］．北京：机械工业出版社，2011.

［77］刘春影．浅谈农产品品牌包装设计［J］．艺术科技，2016，29（11）：252.

［78］刘刚．基于农民专业合作社的鲜活农产品流通模式创新研究［J］．商业经济与管理，2013（8）：5－10.

［79］刘丽．农产品品牌的季节性传播策略［J］．新闻传播，2009（11）：86.

［80］刘生同．浅谈农产品营销问题与对策［J］．现代营销（学苑版），2012（1）：66.

［81］刘毅菲．农产品品牌推广的主要方式和成功要领［J］．科技经济导刊，2018，26（19）：195＋197.

［82］吕光远，王艳红，王颖．21世纪我国营销理论发展的新动态［J］．商业研究，2000（10）：82－85.

［83］罗鹏．浅谈我国农产品的市场竞争策略［J］．现代商业，2014（30）：25－26.

［84］罗滔，张鹏．大数据时代基于叙事性理论的农产品品牌包装设计研究［J］．包装工程，2016，37（2）：5－8＋12＋197.

［85］骆浩文，林伟君．基于信息对称的中国农产品质量安全监管体系构建探析［J］．农业展望，2017，13（8）：81－85.

［86］马骋．论危机公关的重要性与企业的应对策略［J］．现代商业，2013（33）：135－136.

［87］［美］马克·贝尔．品牌的本质［M］．李桂华等译．北京：经济管理出版社，2015.

［88］毛世红，龚正礼．整合营销传播理论在茶叶品牌构建中的应用［J］．蚕桑茶叶通讯，2008（3）：27－28.

［89］孟祥庆．农产品品牌营销与整合营销传播策略［J］．农产品加工（学刊），2008（4）：93－94.

［90］孟召将．农民专业合作社声誉效应与制度创新［J］．农村经济，2011（3）：88－91.

［91］莫家颖，余建宇，龚强，李三希．集体声誉、认证制度与有机食品行业发展［J］．浙江社会科学，2016（3）：4－17＋156.

［92］穆俊峰，穆俊秋．中国农产品品牌发展现状及其存在问题分析［J］．吉林农业，2010（8）：15－16.

［93］欧霞．品牌体验对客户感知价值、品牌偏好与品牌忠诚度的影响研究［D］．武汉：武汉大学，2017.

［94］彭璀，钟嘉馨．工业品的营销创新：品牌营销［J］．广东工业大学学报（社会科学版），2006（1）：40－42.

［95］彭红枫，米雁翔．信息不对称、信号质量与股权众筹融资绩效［J］．财贸经济，2017，38（5）：80－95.

［96］彭鑫．论产品包装设计在农产品品牌营销中的作用［J］．产业与科技论坛，2011，10（19）：232－233.

［97］浦徐进，蒋力，刘焕明．农户维护集体品牌的行为分析：个人声誉与组织声誉的互动［J］．农业经济问题，2011，32（4）：99－104.

［98］漆雁斌．农产品目标市场战略选择与定位探讨［J］．农村经济，2005（5）：12－14.

［99］钱永忠，王芳．“农产品”和“食品”概念界定的探讨［J］．中国科技术语，2005，7（4）：33－35.

［100］邱爱梅．从交易成本角度看渠道品牌优化［J］．品牌塑造，2005（35）：38－39.

［101］曲研真．信息不对称理论下农产品市场问题研究［J］．改革与开放，2013（8）：77－78.

［102］瞿艳平，郑少锋，秦宏．创建农产品强势品牌提高品牌竞争力［J］．农业现代化研究，2016，26（3）：225－228.

［103］任大鹏，曹海霞．合作社制度的理想主义与现实主义———基于集体行动理论视角的思考［J］．农业经济问题，2008（3）：90－94.

［104］沈正舜．品牌塑造下农产品品牌推广策略分析［J］．安徽农业科学，2008，36（31）：13880－13881＋13907.

［105］宋娟娟．农产品物流特性及相关问题研究［D］．重庆：西南大学，2006.

［106］苏霞，同勤学．农产品品牌营销：统筹陕西城乡发展的有效路径［J］．改革与战略，2014，30（2）：75－78＋128.

［107］苏勇，史健勇，何智美．品牌管理［M］．北京：机械工业出版社，2017.

［108］孙丽辉，毕楠，李阳，孙领．国外区域品牌化理论研究进展探析［J］．外国经济与管理，2009，31（2）：40－49.

［109］孙小燕．农产品质量安全问题的成因与治理［D］．成都：西南财经大学，2008.

［110］谭俊华、沈金菊．市场营销学（第二版）［M］．北京：清华大学出版社，2016.

［111］唐玉生，曲立中，肖琼芳．产业价值链视角下品牌价值传递机理研究［J］．软科学，2014，28（10）：105－110.

［112］涂传清，王爱虎．农产品区域公用品牌的经济学解析：一个基于声誉的信号传递模型［J］．商业经济与管理，2012（11）：15－23＋32.

［113］汪普庆．基于"连坐制"的食品安全治理研究［J］．理论月刊，2016（3）：93－97.

［114］汪寿阳，许世卫，杨翠红，陆凤彬．数量经济与系统科学方法在农产品市场预测中的应用专辑［J］．系统科学与数学，2013，33（1）：1.

［115］王建华，包含，路璐．标签信号、价格信号与信任品市场均衡形态分析［J］．软科学，2014，28（10）：91－95.

［116］王健敏，王晶．浙江省勿忘农集团品牌营销战略的 SWOT 分析［J］．种子世界，2009（2）：17－20.

［117］王文龙．中国地理标志农产品品牌竞争力提升研究［J］．财经问题研究，2016（8）：80－86.

［118］王曦．浅析企业应如何进行品牌创新［J］．经营者，2015（11）.

［119］王晓东．农产品市场信息需求情况调研分析［J］．农业展望，2015，11（9）：69－76.

［120］王兴明．城乡产业统筹发展研究［D］．北京：中国社会科学院研究生院，2010.

［121］王旭然．基于农产品物流配送的郑州粮食批发市场调研［J］．粮食科技与经济，2008（5）：20＋24.

［122］王运宏．试论农产品品牌推广的实施［J］．中外企业家，2011（1）：

61－65.

［123］王兆阳．我国农产品国际竞争力的现状及应对措施［J］．宏观经济研究，2001（5）：31－34.

［124］韦桂华．国美永乐引发渠道品牌 PK 制造品牌［J］．管理与财富，2006（9）：35－36.

［125］魏浩．信息不对称对农产品交易的影响研究［J］．农村经济与科技，2018，29（4）：17＋70.

［126］文鹏燕．我国农产品市场信息不对称问题研究［D］．西安：陕西科技大学，2013.

［127］［德］沃尔夫冈·谢弗，J. P. 库尔文．品牌思维：世界一线品牌的7大不败奥秘．［M］．李逊楠译．北京：古吴轩出版社，2017.

［128］吴长顺．工业品营销管理［M］．广州：广东高等教育出版社，2004.

［129］吴传清．区域产业集群品牌的术语、权属和商标保护模式分析［A］．全国经济地理研究会，全国经济地理研究会第十二届学术年会暨“全球化与中国区域发展”研讨会论文集［C］．全国经济地理研究会：全国经济地理研究会，2008.

［130］吴桂荣．小议品牌延伸策略［J］．上海商业，2014（7）：57－60.

［131］吴健安．市场营销学［M］．北京：高等教育出版社，2007.

［132］奚国泉，李岳云．中国农产品品牌战略研究［J］．中国农村经济，2001（9）：65－68.

［133］席佳蓓．品牌管理［M］．南京：东南大学出版社，2017.

［134］夏红玉，李玉海．信息不对称情况下的农产品市场——基于柠檬模型分析［J］．图书情报工作网刊，2012（10）：26－30.

［135］夏曾玉，谢健．区域品牌建设探讨——温州案例研究［J］．中国工业经济，2003（10）：43－48.

［136］徐浩然．个人品牌：学会自我经营的生存法则［M］．北京：机械工业出版社，2007.

［137］许基南．品牌竞争力研究［D］．南昌：江西财经大学，2004.

［138］许应楠．企业品牌社群经济形成与增长过程中的信息不对称研究——基于信息经济学理论［J］．商业经济研究，2017（11）：95－97.

［139］许志杰．农产品营销渠道现状与优化策略分析［J］．农业经济，2016（2）：120－122.

［140］杨全顺．农产品品牌战略探析［J］．农村经济，2004（4）：52－54.

［141］杨松，庄晋财，唐步龙．信息不对称下考虑消费者品牌偏好的激励策略［J］．企业经济，2018，37（3）：42－47.

［142］姚家庆．信息不对称下的农产品供应链协调研究［D］．马鞍山：安徽工业大学，2014.

［143］叶冠姝．我国农产品市场信息不对称问题研究综述［J］．现代化农业，2013（8）：41－44.

［144］于振伟．基于产品特性的农产品营销问题研究［D］．哈尔滨：东北林业大学，2011.

［145］余红，张玲玉，胡光忠等．浅谈产品设计与品牌形象塑造［C］．全国高等院校工业设计教育研讨会暨国际学术论坛，2010.

［146］余进韬．信息不对称下会展声誉形成研究［D］．南宁：广西大学，2016.

［147］袁航．信息不对称、合作社异质性与议价能力［D］．西安：西北农林科技大学，2015.

［148］约翰尼·K. 约翰逊．现代品牌建设与管理．［M］．北京：经济管理出版社，2017.

［149］张蓓，林家宝．食品企业产品伤害行为对消费者逆向选择的影响研究——基于品牌资产视角［J］．消费经济，2017，33（2）：45－51.

［150］张蓓，张光辉．农产品品牌推广策略探析［J］．商场现代化，2006（28）：213－214.

［151］张冬．吉林省农产品品牌建设研究［D］．长春：吉林农业大学，2017.

［152］张红，杨悦，刘戈，魏静．北京市农业产品资源供给与消费格局分析［J］．资源科学，2010，32（8）：1578－1583.

［153］张红霞，安玉发．食品质量安全信号传递的理论与实证分析［J］．经济与管理研究，2014（6）：123－128.

［154］张厚明．借鉴国外先进经验加快培育我国世界级工业品牌［J］．中国工业评论，2017（8）：50－55.

［155］张会云，李军．基础工业品的品牌战略［J］．当代财经，2004（6）：65－67.

［156］张靖会．农民专业合作社效率研究［D］．济南：山东大学，2012.

［157］张可成，王孝莹．我国农产品品牌建设分析［J］．农业经济问题，2009（2）：22－24.

［158］张可成，杨学成．农产品品牌作用机理分析［J］．生产力研究，2008（21）：28－29.

［159］张明．农产品营销中市场细分策略［J］．合作经济与科技，2016（2）：60－61.

［160］张秋林．市场营销学：原理、案例、策划［M］．南京：南京大学出版社，2007.

［161］张世贤．论工业品品牌竞争力及其量化分析［J］．经济导刊，1996（5）：38－43.

［162］张晓溪，倪爽，郭剑，刘雪冰．产业价值链视角下品牌价值传递的动力因素——基于扎根理论的探索性研究［J］．现代商贸工业，2017（20）：62－64.

［163］张芝兰．关于企业品牌创新及保护的战略选择［J］．山西科技，2008（4）：5－7.

［164］赵静．浅析企业的品牌策略［J］．商业经济，2013（8）：62－63.

［165］周发明．论农产品区域品牌建设［J］．经济师，2006（12）：235－236.

［166］周丰婕．"互联网＋"背景下福建农产品流通中的信息不对称问题探析［J］．商业经济研究，2017（21）：134－136.

［167］周丰婕．农产品信息不对称问题文献综述［J］．物流科技，2017，40（8）：11－13.

［168］周军，胡正明．工业品营销中品牌核心价值模式分析［J］．工会论坛：山东省工会管理干部学院学报，2004，10（5）：55－56.

［169］周小梅，范鸿飞．区域声誉可激励农产品质量安全水平提升吗？——基于浙江省丽水区域品牌案例的研究［J］．农业经济问题，2017，38（4）：85－92＋112.

［170］周修亭，王珏．农产品品牌建设中政府的角色与作用［J］．蔬菜，2008（6）：36－39.

［171］周修亭．农产品品牌保护策略［J］．蔬菜，2008（4）：36－40.

［172］周修亭．农产品品牌命名技巧［J］．农村百事通，2009（14）：19.

［173］周修亭．农产品品牌延伸策略［J］．蔬菜，2008（5）：36－39.

［174］朱床文．发展品牌建设实施名牌战略提升企业竞争力［J］．机械工

业标准化与质量，2009（2）：43-45.

［175］朱坤岭．抓准策划核心定位与众不同赢人心［J］．现代营销，2005（6）：37.

［176］朱明礼．企业集群最优规模——基于俱乐部理论的研究［J］．全国商情（经济理论研究），2007（1）：60-62.

［177］朱晓虹．基于信息不对称理论的农产品质量安全认证研究［D］．昆明：云南大学，2014.

后　记

在对农业品牌建设理论剖析的基础上，结合国内外农业品牌成功案例，对农业品牌建设管理机制进行研究，从理论层面系统阐述农业品牌运营管理的理论机制，从实务层面提供操作指南，从案例层面借鉴国内外成功的农业品牌运营管理经验。在章节安排上，本书共分为三个部分：理论篇、实务篇和案例篇。理论篇详细介绍品牌的定义、特征及相关概念，从农业品牌与工业品牌建设的差异化和特性入手，阐明农业品牌建设的内涵和重要性，完善农业品牌建设的理论支撑；实务篇主要针对我国农业品牌影响力不足、社会信任度不高、品牌发展缺少组织和引导等问题，结合新时代背景对农业品牌建设的各个步骤提供详细指导；案例篇主要引进阳澄湖大闸蟹、盱眙龙虾、五常大米、库尔勒香梨以及美国新奇士脐橙、“褚橙”等，从水产到作物，从国内到国外，剖析农业品牌的成功案例，为农业品牌建设提供现实解答。

充分借鉴和吸收了当今国内外《营销管理》《农业企业管理》《品牌管理》、*Agribusiness* 等同类课程和教材的优秀成果与内容，逐渐形成了农业品牌运营管理的结构框架与主体内容。从理论和实践结合的角度解决农业品牌建设中的热点与难点问题，既有科学的理论基础框架又有丰富的实践案例解析，从操作层面为农业品牌建设相关主体提供参考。既可以作为农业品牌建设的教材用书，也可以作为农业品牌管理与运营的参考用书，还可以供其他有志于从事农业品牌研究的学者参考。

编著团队长期从事农产品流通管理和农业关联产业经济的教学与科学研究工作，多次赴新西兰梅西大学、日本九州大学、荷兰瓦赫宁根大学和英国东英吉利大学作为访问学者开展国内外的农产品流通管理和品牌管理合作研究。在本科生与研究生中开设《农产品运销学》《营销管理》和《农业关联产业经济》。在长期教学与科研实践中，编著团队积累了较为丰富的农产品流通管理和农业品牌管理相关的经验和素材，结合课题的调研与咨询，对教学内容不断补充和完善，由此成为书稿的主要素材来源。

在教学的基础上，还以农产品流通管理和品牌营销为主要指导思想和研究方法在农业高质量发展、生鲜农产品渠道优化、区域品牌农业探索等领域获得了国家社会科学基金、清华大学委托课题、南京市政府委托课题等资助，编著团队的农业品牌管理研究获得了进一步发展与深入，对包括中国在内的世界主要国家的农业品牌进行了案例分析，获得了第一手的科研结论，在经验探索的基础上归纳分析了农业品牌的特性与管理规律，对我国农业品牌管理与运营提供了重要借鉴与政策建议。正是在这些教学科研的积累中，编著团队对农业品牌运营管理有了进一步的认识，而当前国内还没有一本以农业品牌运营管理为研究对象从理论、实践和案例三大维度构建主要内容的科学读物，这也就成为编著团队把教学科研积累转换成科学读物的动力所在。

编著过程中得到了很多同仁的帮助与支持，在此对他们付出的心血表示深深谢意。本书可用于国内农业经济、农村发展等相关学科与专业的高年级本科生和研究生的教学，也可以作为农业品牌管理相关政府部门、农业企业和家庭农场主等相关实践人员的参考用书。

由于知识结构原因，笔者对书中可能存在的缺陷与不足承担全部责任。